Peter Amann

CILENTO aktiv

Aktiv-Urlaub
im ursprünglichen Süditalien

mit Costa di Maratea

Haben Sie Fragen an den Autor? Anregungen zum Buch?
Erfahrungen, die Sie mit anderen teilen möchten?
Nutzen Sie unser Internetforum: www.mankau-verlag.de

mankau

Bibliografische Information der Deutschen Nationalbibliothek

Die Deutsche Nationalbibliothek verzeichnet diese Publikation in der Deutschen National-
bibliografie; detaillierte bibliografische Daten sind im Internet über http://dnb.d-nb.de abrufbar.

Peter Amann

Cilento aktiv

Aktiv-Urlaub im ursprünglichen Süditalien

5. aktualisierte und erweiterte Auflage, Januar 2012

ISBN 978-3-86374-025-2

Mankau Verlag GmbH
Postfach 13 22, D-82413 Murnau a. Staffelsee
Im Netz: www.mankau-verlag.de

Layout: Grafikstudio Art und Weise, Heike Brückner, Regensburg

Korrektorat: Dr. Thomas Wolf, MetaLexis

Fotos:
Alle Fotos Peter Amann, außer Parco del Cilento S. 15 und 16 oben, ©tuemmler-Fotolia.com S. 16 unten,
Gundula Anders S. 50, 54 (2), 60 und 61, Roberto Simoni S. 100, Alessandro Piccariello S. 125, Claudio
Pagliaro S. 130, Gino Fedullo S. 131.

„Cilento aktiv" erschien 2005 in der 1. Auflage. An dieser Stelle bedanken wir uns herzlich bei allen
Lesern für die zahlreichen Tipps und Verbesserungsvorschläge! Die Anzahl der von uns beschriebenen
Wanderungen hat sich von 20 auf 30 erhöht, viele sind inzwischen Klassiker und haben auch Eingang
in andere Wanderführer gefunden. Seit der 3. Auflage 2007 ist die südlich sich anschließende Costa di
Maratea in der Nachbarregion Basilikata ein Teil des Buches. Ab der 5. Auflage erscheint „Cilento aktiv"
nicht nur in Farbe, das Buch bereichern zusätzlich die Kapitel „Cilento Natur", „Cilento Kultur" und „Cilento
kulinarisch". Hinzu gekommen sind Pinco und Pallina®, die eine Menge neugieriger Fragen stellen.

Der Erhalt und die Pflege von Wanderwegen in Süditalien bleiben ein generelles Problem. Davon machen
auch die offiziellen Nationalparkwege im Cilento (bislang) leider keine Ausnahme. So kann es immer wieder
vorkommen, dass Wanderwege zuwachsen oder Erdrutschschäden lange Zeit nicht behoben werden. Auch
die Markierung offizieller Wege steckt noch in den Kinder(berg)schuhen. Teilen Sie Ihre Erfahrungen mit
anderen Reisenden! Auf der Webseite www.cilento-aktiv.info veröffentlichen wir aktuelle Infos und Tipps,
auf der Verlagswebseite www.mankau-verlag.de haben wir ein Forum eingerichtet.

Bitte helfen Sie uns, diesen Cilento-Reiseführer aktiv zu verbessern!

Aktuelle Cilento-Informationen und Tipps: www.cilento-aktiv.info
Internetforum mit Peter Amann: www.mankau-verlag.de/forum
Informationen zum Autor: www.italien-aktiv.info

Inhalt

Einstimmung 5

Cilento Natur 9

Cilento Kultur 17

Cilento kulinarisch 33

Cilento aktiv 45

Wanderungen 45

1. Capáccio Vecchio – *Ausblick auf Geschichte* 52
2. Monte Vésole – *Gelato con vista* 53
3. Gola Tremonti – *Imposanter Talkessel* 55
4. Punta Tresino – *Halbinsel mit Vergangenheit* 57
5. Punta Licosa – *Sirenen-Kap* 60
6. Monte Licosa – *Belvedere für Bambini* 62
7. Monte della Stella – *Den Cilento im Blick* 63
8. Von Pioppi nach Acciaroli – *Lohnender Umweg* 65
9. Magliano Vétere – *Felskapellen mit Fernblick* 67
10. Gole del Calore – *Paradies für Flussotter* 69
11. Monte Panormo – *Auf dem Dach der Monti Alburni* 71
12. Costa Palomba – *Steinkrieger in den Monti Alburni* 73
13. Grava di Vesalo – *Ein Bach verschwindet* 74
14. Monte Cervati – *Höchstes Gipfelglück* 76
15. Monte Gelbison – *Heiliger Berg* 78
16. Vélia – *Wettlauf mit Philosophen* 80
17. Castelluccio – *Hausberg von Pisciotta* 81
18. Capo Palinuro – *Weiter Horizont* 84
19. San Severino di Centola – *Eine Geisterstadt* 86
20. Camerota – S. Cono – *Höhenweg über dem Meer* 86
21. Porto degli Infreschi – *Erfrischende Paradiesbucht* 89
22. La Vaccuta – *Gipfel auf die Schnelle* 91
23. Vallone del Marcellino – *Wildes Tal* 92

24. Monte Bulgherìa – *Weitblick und Lavendelduft* 94

25. Scário – *Über dem Golf von Policastro* 96

26. Morigerati – *Ein Fluss taucht auf* 98

27. Caselle in Pittari – *S. Michele genießt die Aussicht* 99

28. Monte S. Biágio – *Christus sieht fern* 100

29. Monte Crivo – *Alpinistische Kühe* 102

30. Secca di Castrocucco – *Ausschau nach Piraten* 104

Radtouren 105

1. Meer und Monte Stella 107

2. Über alle Berge nach Paestum 108

3. Cilentissima – über den Sentinella-Pass 109

4. Auf der Küstenstraße 111

5. Mingardo- und Lambrotal 112

6. Zwischen Mingardo und Fiumarella 113

7. Terradura und Rodío 114

8. Am Fuße des Monte Sacro 115

9. Um den Monte Bulgherìa 117

10. Nach Scário an den Golf von Policastro 119

Küsten und Meer 121

Kajakfahren 130

Reiten 131

Drachen- und Gleitschirmfliegen 132

Tipps von A bis Z 133

Der Autor 140

Ortsregister 141

Einstimmung

Liebe Cilento-Freunde,

langsam spricht es sich herum: Reisen an den Golf von Neapel müssen nicht bei Paestum enden. Das Beste kommt noch! Der Cilento ist bislang ein vom Massentourismus verschont gebliebenes, ursprüngliches Stück Süditalien. Dank des Nationalparks wird er es hoffentlich auch in Zukunft bleiben.

Hundert tolle Küstenkilometer

Im Süden der Provinz Salerno liegt der Cilento als große Halbinsel zwischen dem Golf von Salerno und dem Golf von Policastro am Tyrrhenischen Meer. Mit über 100 Küstenkilometern muss er landschaftliche Vergleiche mit der weltberühmten Amalfitana nicht scheuen. Endlose Dünenstrände vor Paestum und Agròpoli, familienfreundliche Sandstrände bei Santa Maria di Castellabate, Acciaroli, Marina di Casal Velino, Marina di Ascea, Palinuro und Marina di Camerota sowie aufregend schöne Steilküsten am Capo Palinuro und östlich von Marina di Camerota sorgen für Abwechslung. Das Meer ist sauber und kristallklar, ein Traumziel auch für Schnorchler und Taucher. Und das Beste ist: Von den italienischen Ferienmonaten Juli und August abgesehen, sind die meisten Strände beinahe menschenleer.

Olivenhaine und heilige Berge

Den grünen Kontrast zum türkisblauen Meer bilden Olivenhaine auf terrassierten Hügeln und bewaldete Gebirge. In Ufernähe bilden Aleppo-Pinien lichte Haine, wie z. B. an der Punta Licosa. Die immergrünen Macchia-

Paradiesbucht im Porto degli Infreschi.

sträucher behaupten sich auch auf ärmsten Böden, wie an der wilden Costa degli Infreschi, oder erobern aufgelassenes Ackerland zurück. Vermutlich von Griechen im 7. Jh. v. Chr. eingeführt, prägt der Ölbaum bis heute weite Teile der Kulturlandschaft. Eindrucksvoll sind die Olivenhaine um Pisciotta, und „Pisciottana" heißt die bekannteste Olivensorte des Cilento.

Von der Küste kommt man schnell in den Bereich der sommergrünen Eichen, Hainbuchen- und Ess-Kastanienwälder. Über 1.000 m Höhe schließt sich meist ein schmaler Gürtel neapolitanischer Erlen an, gefolgt von ausgedehnten Buchenwäldern. Oberhalb der Baumgrenze breiten sich blumenübersäte Almwiesen aus. Diese Mischung aus typischer Mittelmeervegetation mit mitteleuropäischen Anklängen ist besonders reizvoll. Den ausgedehnten Wäldern verdankt der Cilento seinen Reichtum an Flüssen und macht ihn zum natürlichen Trinkwasserreservoir für Kampanien. In den Oberläufen von Alento, Bussento, Calore, Lambro, Mingardo, Sele und Tanagro lebt etwa die Hälfte der scheuen italienischen Flussotter-Population. Auch Apenninen-Wölfe haben sich in diesem Naturparadies ein Refugium bewahrt.

Wie der Monte della Stella ist auch der Monte Gelbison (Monte Sacro) seit Urzeiten ein heiliger Berg. Auf dem Monte Cervati, mit 1.899 m der höchste Gipfel des Cilento und der Region Kampanien, wird ebenfalls die Madonna verehrt. Trotz geringer Höhe ist auch der Monte Bulgherìa dank seiner exponierten Lage über dem Golf von Policastro ein herrlicher Aussichtsberg. Im nordöstlichen Cilento erheben sich bis zu 1.742 m hoch die Monti Alburni über Sele-Ebene, Calore-Tal und Vallo di Diano. Karsterscheinungen prägen den dolomitischen Gebirgszug, zu den spektakulärsten zählen die Tropfsteinhöhlen von Pertosa und Castelcívita. Zwischen den Bergen des Cilento und dem lukanischen Apennin erstreckt sich als Hochtal das Vallo di Diano, seit altersher eine natürliche Transitstrecke. Der römischen Via Popilia-Annia, die bis Reghion (Reggio di Calabria) an die Spitze des italienischen Stiefels führte, folgt heute die A 3.

Hochweiden am Monte Cervati.

Der Cilento gestern und heute

Die ältesten Menschheitsspuren im Cilento sind eine halbe Million Jahre alt. Zahlreiche Funde rühren aus der mittleren Alt- und Jungsteinzeit, als natürliche Karstgrotten den Menschen als Wohn- und Lagerstätten dienten. Damals schon besaß der Cilento eine Schlüsselstellung im überregionalen Handelsverkehr, wie Obsidianfunde von den Liparischen Inseln und Keramiken aus Apulien belegen. Große Geschichte schrieben die Griechen ab dem 7. Jh. v. Chr. mit der Gründung von Poseidonia, dem später lukanischen, dann römischen Paestum. An der Mündung des Sele berührten sich damals die etruskische und die griechische Welt. Mitte des 6. Jh. v. Chr. gründeten Griechen aus Kleinasien die Stadt Elea. Ihre Philosophen- und Ärzteschule erlangte große Bedeutung und lebte im Mittelalter in der Medizinschule von Salerno fort. Die dorischen Tempel von Paestum und das antike Vélia wurden übrigens, wie auch die Kartause von Padula im Vallo di Diano, von der UNESCO zum Welterbe erklärt.

In den unsicheren Zeiten der Spätantike wurden die Küstenstädte verlassen und es entstanden die zahlreichen mittelalterlichen Städtchen im Landesinneren. Die neapolitanischen Sanseverino herrschten als Feudalherren jahrhundertelang über den Cilento, und auch die Benediktinerabtei von Cava dei Tirreni übte ihren Einfluss aus. Um die Bevölkerung rechtzeitig vor Piraten zu warnen, wurden entlang der Küste sogenannte Sarazenentürme errichtet. Die Unterdrückung durch die Barone machte im 17. Jh. viele landlose Tagelöhner zu Briganten. Im 18. und 19. Jh. beteiligte sich auch die Bevölkerung des Cilento an den revolutionären Aufständen gegen die Bourbonen. Eine neue Welle der Unterdrückung war die Antwort.

Ende des 19. Jh. erfasste auch den Cilento das Auswanderungsfieber, zahlreiche Menschen suchten ein besseres Leben in

Pinco und Pallina

„Pinco Pallino" ist im Italienischen ein reiner Fantasiename, so etwa wie „Hinz und Kunz" oder „Lieschen Müller" auf Deutsch. Pinco und Pallina hingegen sind neugierige Kinder, die Fragen stellen, die Erwachsenen manchmal gar nicht erst einfallen. Und manchmal entdecken sie tolle Sachen und erzählen dann davon.

Amerika. In den 1950er Jahren wanderten viele nach Deutschland aus. Inzwischen sind viele Emigranten, in einigen Fällen auch die Enkel und Kinder der Emigranten, zurückgekehrt. Sie sehen eine neue Hoffnung im Tourismus.

Ein Nationalpark für Menschen – sanfter Tourismus mit UNESCO-Prädikat

Seit 1991 existiert der Parco Nazionale del Cilento e Vallo di Diano, mit über 180.000 Hektar der zweitgrößte Nationalpark Italiens. In der südöstlichen Nachbarregion Basilikata wurde 2007 der Parco Nazionale dell' Apennino Lucano eingerichtet und nur knapp 30 km Luftlinie trennen den Cilento vom größten Nationalpark Italiens. Der Parco Nazionale del Pollino zieht sich südlich des Golfs von Policastro über die Grenzen der Regionen Basilikata und Kalabrien hinweg. Im Mittelmeerraum findet man nur selten so viel landschaftlich-kulturellen Reichtum und eine solche biologische Vielfalt konzentriert. Das hat auch die UNESCO erkannt, die den Cilento 1997 in die Liste der Biosphärenreservate und ein Jahr später in die Liste des Weltkulturerbes aufgenommen hat. Das UNESCO-Programm *Man and Biosphere (MaB)* strebt an, eine dauerhaft umweltgerechte Entwicklung und Verbesserung der ökonomisch-sozialen Lebensbedingungen der Menschen mit der langfristigen Sicherung der natürlichen Lebensgrundlagen in Einklang zu bringen. Diese Ziele unterschreiben auch wir. Damit sind die Weichen auf „sanften Tourismus" gestellt. Wer Ruhe, intakte Natur und eine noch unverfälschte Gastfreundschaft sucht, ist im Cilento richtig. Die Bevölkerung stand dem Nationalpark anfänglich kritisch gegenüber, viele fürchteten die Gängelung durch die Bürokratie (nicht zu Unrecht!) und wirtschaftliche Einbußen. Inzwischen zeigt sich, dass biologische Landwirtschaft und umweltverträglicher Tourismus eine Zukunftsperspektive sind.

Auch die bäuerliche Landwirtschaft prägt das Gesicht des Nationalparks Cilento.

Bäuerlicher Reichtum

In zahlreichen Bergdörfern und auch in einigen der malerischen Hafenstädtchen ist die Zeit zwar nicht stehen geblieben, doch verläuft sie hier langsamer als anderswo. Der große Reichtum des Cilento ist die intakte Natur und die natürliche Gastfreundschaft seiner Bewohner. Den Cilento, uraltes Kulturland zwischen Bergen und Meer, lernt man nicht zuletzt durch seine Küche kennen. Was heute als „mediterrane Diät" in aller Munde ist, wurde übrigens 1954 zum ersten Mal vom amerikanischen Ernährungswissenschaftler Ancel Keys im Cilento untersucht. Der Cilento, seit jeher bekannt für gutes Olivenöl, macht seit einigen Jahren auch durch seine Weine von sich reden.

Aktiv-Urlaub – oder einfach auch nur faul sein am Strand

Der Cilento ist ein Eldorado für Wassersportler. Surfer und Taucher sind hier in ihrem Element. Endlose kinderfreundliche Sandstrände und verschwiegene Kiesbuchten, die nur zu Fuß oder mit dem Boot zu erreichen sind ... – jeder findet hier seinen Lieblingsstrand. Neben der Badehose gehören unbedingt auch die Wanderschuhe ins Gepäck! Auf schönen alten Wirtschaftswegen, von leicht bis anspruchsvoll, ist der ganze landschaftliche Reichtum des Nationalparks zu erleben. Verkehrsarme, gut asphaltierte Straßen laden zu ausgedehnten Radtouren ein. Der Cilento bietet auch Reitern ein besonderes Landschaftserlebnis, der Calore ist ein reizvolles Revier für Kajakfahrer. Sogar aus Vogelperspektive ist der Cilento zu entdecken: Capáccio Vecchio ist eine der Top-Locations für Drachen- und Gleitschirmflieger in Süditalien. Kurz, der Cilento ist ein rundum ideales Urlaubsziel für die ganze Familie!

Costa di Maratea – das beste Stück Basilikata

Die Küsten- und Berglandschaft des Cilento findet am östlichen Ufer des Golfo di Policastro eine 25 km lange und nicht minder spektakuläre Fortsetzung in der Basilikata. Auch hier beste Wander- und Bademöglichkeiten und Maratea Borgo, wo sich die Segnungen des Tourismus bestens mit mediterranem Kleinstadtcharme vertragen.

Einen sonnig-kurzweiligen Urlaub im Cilento und an der Costa di Maratea wünscht Ihnen

Ihr

Peter Amann

CILENTO
Natur

Als gebirgige Halbinsel erstreckt sich der Cilento zwischen Golf von Salerno und Golf von Policastro am Thyrrhenischen Meer. Von Salerno kommend, durchquert man zunächst die Piana del Sele, die fruchtbare Schwemmlandebene des Sele. Nach Osten bildet das langgestreckte Hochtal des Vallo di Diano eine natürliche Grenze; seit Menschheitsgedenken stellt es eine wichtige Transitroute in den Süden der Apeninnenhalbinsel dar. So folgt dem Verlauf der römischen Via Popilia-Annia heute die A 3.

Zwei geologische Gesichter

Geologisch zeigt der Cilento zwei Gesichter. Landeinwärts der gedachten Linie Capáccio – Sapri dominieren die parallel zum Apeninnenhauptkamm verlaufenden hellen Kalksteinreliefs der Alburni, des Cervati-Massivs – mit 1.898 m die höchste Erhebung Kampaniens –, und die langgezogene Bergkette, die sich von Capáccio Vecchio über den M. Vésole zieht, um im M. Chianello zu gipfeln. Karst ist sehr ausgeprägt und besonders formenreich in diesem Gebiet, dazu zählen Dolinen und Schlucklöcher auf den Hochebenen, v.a. aber auch die gewaltigen Grotten der M. Alburni. Niederschlagswasser, das hier versickert, tritt nach unterirdischem Lauf am Fuße der Berge wieder ans Tageslicht, der gelöste Kalk fällt aus und es bilden sich mächtige Travertin-Schichten, wie sie im antiken Paestum als Baumaterial verwendet wurden.

Aus meist dunklen Konglomeraten, Sandsteinen und Mergeln bauen sich die Berge meerseitig der oben erwähnten geologischen

Festem Kalksandstein verdanken die Cilento-Berge ihr markantes Profil.

Trennlinie auf. Dabei handelt es sich um emporgehobene Sedimentgesteine vom Boden des urzeitlichen Tethys-Meeres. In Anlehnung an ähnliche Formationen des Alpenvorlandes spricht man auch vom *Flysch del Cilento*. Die Böden verwittern tiefgründig auf diesem Untergrund, das erklärt den Wald- und Wasserreichtum von Flyschbergen wie z. B. dem M. Stella (siehe W 7) oder M. Gelbison (siehe W 15). Flysch neigt allerdings auch zu Hang- und Erdrutschen, wie auf der Küstenstraße zwischen Montecorice und Pisciotta häufig zu sehen ist. Besonders eindrucksvoll treten die Schichtgesteine an der Punta Tresino (siehe W 4), Punta Licosa (siehe W 5) oder den Ripe Rosse bei Agnone zu Tage.

Im Süden des Cilento ist wieder dolomitischer Kalk der Hauptbildner und verleiht dem M. Bulgherìa (siehe W 24) seine unverwechselbare Gestalt. Hohe Kalkfelsen, unterbrochen von kilometerlangen Kiesstränden und verschwiegenen Buchten, prägen den spektakulären Küstenabschnitt zwischen Capo Palinuro und Scário (siehe W 18, 21, 23 und 25). Es gibt zahlreiche Karstgrotten über und unter Wasser. Lösungswasser

Blaue Grotte an der Costa degli Infreschi.

und Meeresbrandung haben ihre Kräfte vereint und faszinierende Formen geschaffen, Steinzeitmenschen dienten die Höhlen über Jahrtausende als Wohn- und Kultstätten. Ein Karstphänomen sind auch die zahlreichen Süßwasseraustritte im Meer, wie z. B. im Porto degli Infreschi (siehe W 21).

Wasserreicher Cilento

Den Cilento durchzieht ein dichtes Netz an Wasserläufen, deren Erosionskraft den Gebirgen erst ihre besondere Gestalt verleiht. Gemeinsam ist ihnen ein kurzer Lauf, so misst der Sele mit dem größten Einzugsgebiet des Cilento nur 64 km. Seine wichtigsten Zuflüsse sind der Tanagro und der am M. Cervati (siehe W 14) entspringende Calore, der auf seinem Lauf eine Reihe spektakulärer Talschluchten durchquert (siehe W 10). Ganzjährig wasserführend sind auch der zu einem Stausee aufgestaute Alento, der Mingardo und Bussento.

Steine, die schwimmen

Am Strand liegt so alles Mögliche, leider auch Plastikflaschen. Guckt man aber genauer hin, entdeckt man oft weiße Steine mit vielen winzigen Löchern. Wirft man sie ins Wasser und schwimmen sie, ist es Bimsstein, ein Vulkanstein, der von der Insel Lipari übers Meer herangetrieben wird. Das schwarze Vulkanglas Obsidian, das in der Steinzeit ebenfalls von Lipari in Form scharfer Klingen exportiert wurde, die man im Museum sehen kann, ist übrigens aus dem gleichen Material. Bims wurde beim Ausbruch aufgeschäumt (das ist so ähnlich wie „Eiweiß zu Schnee schlagen"), der glasklare Obsidian nicht.

Eindrucksvoller Formenreichtum unter Erde

Schlechtwetteralternative gesucht? In Höhlen regnet es nicht und die Temperaturen sind meist konstant. Allenfalls tropft es von der Felsdecke, und die steten Tropfen haben im Lauf von Jahrmillionen den fantasiebeflügelnden Formenreichtum der Stalaktiten und Stalagmiten geschaffen.

Besonders die dolomitischen Monti Alburni (siehe W 11, 12) prägen unzählige Karstphänomene, die spektakulärsten sind sicher die Höhlen von Castelcívita im Valle del Calore und die nördlich des Vallo di Diano gelegene Grotta di Pertosa. Eindrucksvolle Karsterscheinungen des Cilento sind die großen Dolinen am Monte Cervati (siehe W 14) oder unheimliche Schlucklöcher wie die Grava del Vesalo (siehe W 13). Der Bussento, der bei Caselle in Pittari in einem gigantischen Schluckloch verschwindet (siehe W 27), taucht bei Morigerati in einem Canyon plötzlich wieder auf (siehe W 26). Karstprozessen verdanken die Meeresgrotten am Capo Palinuro und an der Costa degli Infreschi ihre Entstehung. Faszinierende Meereshöhlen öffnen sich auch an der Costa di Maratea in der südlichen Nachbarregion Basilikata. Auf einer Bootsfahrt erlebt man, dass es Blaue Grotten nicht nur auf Capri gibt (siehe „Küsten und Meer").

Castelcívita

Das freundliche Mittelalter-Städtchen liegt auf einem sonnenverwöhnten Plateau an den südlichen Abhängen der Alburni. Unterhalb des Ortes versteckt sich im Calore-Tal der Eingang ins ausgedehnte Grottenreich. Prachtvoller noch als in der Grotta di Pertosa ist hier die Fülle der zauberhaften Tropfsteinformationen. Der unterirdische Rundgang erstreckt sich über mehrere Kilometer. Nicht weit vom Grotteneingang führt eine römische Brücke über den Calore (siehe „Kajakfahren"). Spartakus soll hier mit seinem Sklavenheer vorbeigezogen sein, vielleicht hat er die Grotte als Versteck genutzt. Auf dem westlichen Flussufer liegt ein schöner Picknickplatz.

◆ Grotte di Castelcívita, Località Grotta, Tel. 08 28 77 23 97, www.grottediCastelcívita.it. Mitte März bis September Führungen um 10.30, 12, 13.30, 15, 16.30 und 18 Uhr; Oktober bis Mitte März 10.30, 12, 13.30 und 15 Uhr. Eintritt 10 Euro, ermäßigt 8 Euro. Speleologiekurs für Amateure 20 Euro.

In Sant'Angelo a Fasanella wird der hl. Michael in einer Grotte verehrt. Ihm ist am 8. Mai ein großes Fest geweiht.

Pertosa

Vor über 35 Millionen Jahren hat ein unterirdischer Fluss die großen Kavernen ausgespült (*pertosa*, im Dialekt „Loch"), seither formt sich die märchenhafte Welt aus Tropfstein. Bereits in der Steinzeit bewohnt, wurde die Höhle in der Antike als Orakel und Heiligtum genutzt. Archäologische Funde deuten auf Fruchtbarkeitsriten hin. Das Christentum exorzierte das „Böse" und weihte die Grotte dem Erzengel Michael, daher auch Grotta dell'Angelo oder Grotta di S. Michele. Der auf 2,5 km Länge erforschte Höhlenkomplex ist als Touristenattraktion bestens erschlossen. Aus dem Höhleneingang mit Michaelsaltar werden die Besucher in Booten über einen unterirdischen See in das Innere des Berges gezogen. Aus der ersten riesigen Kaverne verzweigen sich die Wege, die man in Begleitung von Führern betritt. Der eigenen Fantasie sind beim Betrachten der Tropfsteingebilde keine Grenzen gesetzt.

Jeden Samstagabend öffnen die Grotten für das theatralische Spektakel „L'inferno di Dante". Ein Schauspieler führt als Dante Besucher durch die Hölle (www.tappetovolante.org/dante/). Ein modernes Naturhistorisches Museum bietet anschauliche Einblicke in die bewegte Erdgeschichte des Cilento.

Grotta di Pertosa: Steter Tropfen bildet Stalaktiten und Stalagmiten in fantastischer Gestalt.

◆ Grotta di Pertosa, Località Muraglione, Tel. 0975397037, www.grottedellangelo.sa.it. März bis Oktober tägl. 9–19 Uhr, November bis Februar tägl. 9–16 Uhr. Kurzer Rundgang 10 Euro, ermäßigt 7 Euro; langer Rundgang 16 Euro, ermäßigt 13 Euro. Die Temperatur in der Grotte beträgt konstante 16 °C!

Einige der Kavernen dienten bereits in der Antike als Kulträume.

Seit 2010 zählt der Cilento zum Netzwerk der European Geoparks (www.euro peangeoparks.org), Erdgeschichte soll erlebbar gemacht werden, der Geopark einen Beitrag zur nachhaltigen Tourismusentwicklung leisten *(speriamo!)*.

Meer – geschützt und prämiert

Die Küstenabschnitte in den Gemeindegebieten von Castellabate und Camerota sind als Meeresschutzgebiete ausgewiesen. Über vielen Stränden des Cilento weht die „Blaue Flagge", andere wurden vom italienischen Umweltverband Legambiente ausgezeichnet (siehe „Küsten und Meer").

Pflanzenparadies Cilento

Der Landschaftsreichtum des Cilento spiegelt sich in einer artenreichen Flora und vielgestaltigen Vegetation wider, die noch längst nicht vollständig erforscht ist. Im Cilento gibt es schätzungsweise 1.900 Pflanzenarten, darunter zahlreiche Endemismen, d. h. auschließlich hier vorkommend. Dazu zählt auch die seltene Palinuro-Primel *(Primula palinuris)*, Emblem des Parkes und präeiszeitliches Relikt.

An Dünenstränden, wie sie kilometerlang die Piana del Sele bei Paestum säumen, in den Buchten von Santa Maria di Castellabate, Ogliastro Marina oder Ascea und an den langgezogenen Sandstränden zu beiden Seiten des Capo Palinuro trifft man auf die im Sommer weiß blühende Dünen-Trichternarzisse *(Pancratium maritimum)*. An Felsstränden wächst Meer-Fenchel *(Crithmum maritimum)*. Ob die lichten Aleppo-Kiefernwälder *(Pinus halepensis)* an der Punta Tresino (siehe W4) oder Punta Licosa (siehe W5) natürlichen Ursprungs sind, ist nicht geklärt. Im Unterwuchs gedeihen auf jeden Fall die typischen Pflanzen der Küstenmachia, wie z. B. Rosmarin – „ros marinus" (Tau des Meeres), so der lateinische Name. Dazu gesellen sich immergrüne

Das Orchideen-Tal

Sassano, Teggianos südlicher Nachbarort und am nördlichen Hangfuß des M. Cervati gelegen, ist im Mai ein Mekka der Orchideenliebhaber. Im Parco del Cilento blühen mit über 250 Spezies ca. 80 % aller in Europa vorkommenden Arten. Im sogenannten Valle delle Orchidee lassen sich über 180 wild blühende Spezies entdecken. Um nur einige zu nennen: *Ophrys apifera, Ophrys biscutella, Ophrys spegodes, Ophrys lutea, Serapias lingua, Serapias parviflora, Orchis ustulata, Orchis lactea, Orchis italica, Orchis morio, Orchis antropophora, Orchis papilionacea* oder *Dactylorhiza fuchsii*.

Vom südlichen Ortsende folgt man der Ausschilderung durch das Valle di S. Nicola und oberhalb einer Brücke aus dem Jahre 1000 wählt man die bergseitig in Richtung Volta di Gravole ansteigende Straße. Nach einigen Kilometern erreicht man ein verkarstetes Hochtal auf 1.000 m Höhe, eine archaische Weidelandschaft, die nicht nur zur Blütezeit der Orchideen faszinierend ist. Zu allen Seiten kann man beliebig ausschwärmen. Es informiert Prof. Nicola Di Novella (Mobil 34 09 37 90 77), auf dessen Initiative in Teggiano auch das kleine Museo delle Erbe geschaffen wurde. Auf Wanderungen begleitet z. B. der GET Vallo di Diano (siehe „Bergführer").

◆ www.valledelleorchidee.it
◆ www.comune.sassano.sa.it

Breitblättriges Knabenkraut.

Alpenveilchen.　　　*Dünen-Trichternarzisse.*　　　*Dichter-Narzisse.*

Mastix-Sträucher *(Pistacia lentiscus)* und Zistrosen. Auf saurem Flyschboden gedeiht an offenen Stellen Schopf-Lavendel *(Lavandula stoechas)*. Neben Rosmarin sind es graulaubiger Wermut, Felsnelken und v. a. die kugelförmigen Büsche der Baumförmigen Wolfsmilch *(Euphorbia dendroides)*, die sich malerisch an die steilen Küstenfelsen klammern.

Bis etwa in 800 m Höhe reichen Steineichenwälder *(Quercus ilex),* die auf sauren Böden mit Baum-Heide *(Erica arborea)* und dem Erdbeerbaum *(Arbutus unedo)* vergesellschaftet sind. Letzterer ist ebenfalls ein Heidekrautgewächs, seinen hübschen roten Früchten *(unedo,* lat. „eine esse ich") verdankt er den Namen. Infolge jahrtausendelanger menschlicher Einflussnahme durch

Der Kaugummistrauch

Einer der immergrünen Büsche, die wir auf unseren Wanderungen in Küstennähe häufig sehen, ist der Mastix-Strauch *(Pistacia lentiscus)*. Die Blätter sind paarig gefiedert und sehen im Sommer besonders frisch und grün aus. Aus dem Harz der Rinde gewannen die alten (eine ebenso gebräuchliche, wie unglückliche Formulierung) Griechen den Vorläufer des heutigen Kaugummis. Die älteren Bauern im Cilento wissen das noch heute und kauen jeden Tag ein paar frische Blätter (bitter!). Das ist gut für gesunden Atem und festes Zahnfleisch. Bereits in den Schriften von Plinius, Dioskurides, Theophrastus, Hippokrates oder Galen, berühmten Ärzten der Antike, ist davon die Rede. Auch gegen Magenbeschwerden soll Mastix helfen. Das italienische Wort für „kauen" heißt übrigens

„masticare". Ein naher Verwandter des Mastix-Strauchs ist die Echte Pistazie aus dem Iran. Sieht man sich die winzigen Früchte mit der Lupe an, kann man die Ähnlichkeit erkennen.

Mastix-Strauch.

Der Apenninen-Wolf kehrt zurück

Zu Gesicht bekommt man die scheuen Apenninen-Wölfe *(Canis lupus italicus)* kaum, dafür kann man im Winter bei Schneeschuh-Wanderungen in den M. Alburni (siehe W 11) oder auf dem M. Cervati (siehe W 14) auf ihre Spuren stoßen. Die italienische Regierung hat den Wolf 1976 unter Schutz gestellt. Aus dem Gebiet des Abruzzen-Nationalparks heraus haben sich Wölfe wieder über den gesamten Apennin verbreitet. In Italien gibt es geschätzt 500 bis 800 Wölfe. Im Cilento existieren etwa 20 Exemplare, die in kleinen Rudeln oder als Einzelgänger leben. Ein Forschungsprojekt unter Beteiligung von Wildbiologen, Tierärzten, Viehzüchtern und Ökologen soll Aufschluss über die tatsächliche Zahl der Tiere geben, Schutzmaßnahmen erkennen und v. a. auch die Bevölkerung aufklären. In den Abruzzen hatte es sich bewährt, die Hirten für das angeblich von Wölfen gerissene Vieh zu entschädigen – dabei traf die Schuld meist streunende Hunde. Wölfe begnügen sich oft mit kleinen Beutetieren, Kadavern, pflanzlicher Kost und Abfallresten.

Apenninen-Wolf.

Brand, Beweidung und Rodung haben oft artenreiche Macchia bzw. Olivenhaine die Steineichenwälder abgelöst. Auf Weideflächen, die mit Hilfe von Feuer gesäubert werden, breiten sich massenhaft Affodill und Diss *(Ampelodesmos mauritanica)* aus. Die Halme des Riesengrases wurden früher zum Flechten von Reusen und Abtropfkörben für Ricotta verwendet.

An den immergrünen Eichengürtel schließt sich ein sommergrüner Eichengürtel an und in diesem Vegetationsstockwerk sind neben Hainbuchen ausgedehnte Kastanienwälder anzutreffen. Die Esskastanie *(Castanea sativa)* führten vermutlich bereits die Griechen der Antike aus Kleinasien ein. Sie werden heute noch der Früchte wegen und als Brenn- und Bauholzlieferanten angebaut. Über 1.000 m Höhe schließt sich meist ein schmaler Erlengürtel an, gefolgt von ausgedehnten Buchenwäldern. Im Frühjahr, bevor die Blätter austreiben, überzieht sich der Waldboden mit Myriaden blühender Zwiebelgewächse. In ein Blütenmeer verwandeln sich im Sommer auch die hoch gelegenen Almwiesen.

Mai und Juni sind die schönsten Monate für Pflanzenfreunde, interessante Beobachtungen kann man jedoch das ganze Jahr über anstellen.

Wo sich Wolf und Fischotter „gute Nacht" sagen

Wie die Palinuro-Primel, so ist auch der seltene Fischotter ein Emblem des Parco Nazionale. An den sauberen Flussläufen des Calore, Sele, Mingardo, Sammaro und Bussento lebt etwa die Hälfte der gesamten italienischen Population. Trotzdem wird man die scheuen, nachtaktiven Tiere genauso selten zu Gesicht bekommen wie Wildkatzen oder Wölfe. Hirsche (ital. *cervo*) haben dem M. Cervati den Namen geliehen, bereits Neandertaler zählten sie zu ihrer Jagdbeute. Nachdem sie wie die meisten Großsäuger gegen Ende des 19. Jh. bzw. Anfang des 20. Jh. ausgerottet waren, hat man vor einigen Jahren mit der Wiedereinbürgerung begonnen, auch um den Wolfsrudeln eine natürliche Nahrungsgrundlage zu bieten. Wilderer unterlaufen immer wieder die Bemühungen der Wildbiologen, Strafverfolgung ist selten. Häufig trifft man beim Wandern auf Wildschweinspuren, gelegentlich bekommt man einen Apeninnen-Hasen zu Gesicht. Erst vor wenigen Jahren wurde er als eigene Art erkannt. Er zählt zu den bevorzugten Beutetieren des Steinadlers. Der Cilento bietet gute Möglichkeiten, Vögel zu beobachten – es lohnt sich also, ein Fernglas einzustecken.

Die scheue Wildkatze.

Häufig sind die Begegnungen mit den hübschen Mauereidechsen oder eleganten Smaragdeidechsen.

Keine Angst – Schlangen unterwegs

Oft trifft man in der Macchia oder auf Feldwegen die ungiftigen Gelbgrünen Zornnattern (*Coluber viridiflavus*, ital. *biacco*). Die flinken tagaktiven Tiere, in Süditalien in schwarzer Pigmentfärbung vorkommend, werden in Ausnahmefällen bis zu 2 m lang. Die absolut harmlosen, ca. 2 m langen Äskulap-Nattern (*Zamesis longissimus*, ital. *colubro d'esculapio*) haben als Symbol des antiken Gottes der Heilkunst Eingang in die Kulturgeschichte gefunden. Vierstreifennattern (*Elaphe quatuorlineata*, ital. *cervone*), die ihren Namen vier schwarzen Streifen oder Fleckenreihen längs des ca. 150 cm langen Körpers verdanken, suchen die Wassernähe. Als fleißige Vertilger von Nagetieren wurden sie von den Menschen immer schon als nützlich angesehen und früher auch kultisch verehrt.

Den einzigen Giftschlangen im Cilento, Aspisvipern (*Vipera aspis*, ital. *vipera comune*), wird man nur sehr selten so nahe kommen, dass man ihren deutlich vom Körper abgesetzten dreieckigen Kopf, die aufgestülpte Schnauze und die senkrecht geschlitzten Augen erkennen könnte. Die tagaktiven Vipern bevorzugen trockene, steinige Lebensräume und fliehen bei Störungen (Bodenerschütterungen; knöchelhohe Wanderschuhe sind der beste Schutz). Ihr giftiges Sekret benötigen sie zum Jagen von Mäusen und Eidechsen. Große Säuger, wie der Mensch, müssen kaum Angst haben.

Äskulap-Natter.

CILENTO *Kultur*

Während der Eiszeiten, in denen sich feuchte Warm- mit trockenen Kaltzeiten abwechselten, streiften Neandertaler als nomadisierende Jäger und Sammler durch den Cilento. Zahlreiche Grotten in den Alburni und an der Küste bei Marina di Camerota bergen Funde der Altsteinzeit. Dieselben Höhlen wurden später vom Homo sapiens sapiens aufgesucht und bereits in der Jungsteinzeit bildeten sich die Handelswege und Siedlungsräume aus, die z.T. noch weit über die Antike hinaus Bestand hatten. Obsidianfunde aus Lipari belegen spätestens ab dem 3. Jt. v.Chr. den Handel auch übers Meer. Kenntnisse der Metallverarbeitung erreichten den Cilento, dessen Küsten ab der Bronzezeit Begegnungsstätten von mykenischen Seefahrern mit einheimischen Völkern der Apeninnen-Kultur waren. Kontakte und Kulturaustausch intensivierten sich im Lauf der Zeit und fanden literarische Niederschläge in griechischen Epen wie der Argonautensage oder der Odyssee. Mit Beginn der griechischen Kolonisation am Golf von Neapel tritt Kampanien im 8. Jh. v.Chr. in das helle Licht der uns bekannten Geschichte. Als Wirtschaftspartner begegneten sich im 7. Jh. v.Chr. Griechen und Etrusker in der Sele-Ebene. Aus ihrem etrurischen Kernland, der heutigen Toskana, hatten Etrusker ihren Einfluss bis in den Bereich des heutigen Salerno ausgedehnt. Griechen unterhielten an der Mündung des Sele zunächst nur einen Handelsposten, Keimzelle der späteren Stadt Poseidonia (Paestum). Mit der Ausbreitung des Anbaus von Wein, Oliven und Esskastanien legten die Griechen die Grundlage für die heutige bäuerliche Kulturlandschaft.

Poseidonia-Paestum – Griechentempel in einer römischen Stadt

Die Geschichte des Cilento verdichtet sich in Paestum wie an wenigen anderen Orten. Nicht nur erlaubt eine moderne Abteilung des

UNESCO-Weltkulturerbe – Tempel von Paestum.

Archäologischen Museums Rückblicke in die Stein- und Bronzezeit, auch war Paestum im 18. Jh. eine der Geburtsstätten des modernen Tourismus, woran im nahen Capáccio das Museo del Grand Tour erinnert.

Jahrhundertelang standen die Ruinen von Paestum vergessen im Sumpf, bis sie 1752 bei Straßenbauarbeiten wieder „entdeckt" wurden – als Seezeichen waren die hoch aufragenden Tempel wohlbekannt. Die Nachricht von den drei hervorragend erhaltenen griechisch-dorischen Tempeln, nur einen Tagesausflug südlich von Neapel, war eine Sensation, welche die Gemüter der Antikebegeisterten erregte. In Scharen machten sich kunstsinnige Reisende, Architekten und Vedutenzeichner auf nach Paestum, und bald kursierten begeisterte Reisebeschreibungen und Stiche in Europa. Die architektonischen Studien der Tempel lieferten die Vorlage vieler klassizistischer Bauten und hatten einen erheblichen Einfluss auf die Kunstentwicklung des 18. und 19. Jh. Goethe notierte am 23. März 1787: „Endlich, ungewiß, ob wir durch Felsen oder Trümmer führen, konnten wir einige große länglich-viereckige Massen, die wir in der Ferne schon bemerkt hatten, als überbliebene Tempel und Denkmale ei-

Paestum: Grab des Tauchers.

ner ehemals so prächtigen Stadt unterscheiden." Die großartigen Tempel, denen heute noch die damals verliehenen Namen anhaften, versperrten lange Zeit den Blick auf die restliche Stadt. Mit systematisch-wissenschaftlichen Ausgrabungen wurde erst im 20. Jh. begonnen. Die über weite Strecken gut erhaltene antike Stadtmauer umgibt eine Fläche von 25 ha, davon ist nur ein geringer Teil im Zentrum rund um die drei Tempel freigelegt.

Der griechische Geograf und Historiker Strabon beschrieb den Ablauf der Stadtgründung in zwei Phasen. Eine erste Ansiedlung griechischer Seefahrer und Händler bestand auf einem Kap, auf dem sich heute die Altstadt von Agròpoli erhebt. Die felsige Halbinsel war Poseidon, dem Schutzgott der Seefahrer, geweiht. Nachdem der Ort kurze Zeit später aufgegeben wurde, stand Poseidon Pate für eine wenige Kilometer südlich des Sele durch Kolonisten aus Sybaris neu errichtete Stadt. Das antike griechische Sybaris, an der heutigen kalabrischen Südküste gelegen, war einer der größten Handelsplätze seiner Zeit. Poseidonias Gründung Ende des 7. Jh. v. Chr. erlaubte Sybaris, seinen Einfluss am Tyrrhenischen Meer auszudehnen. Von fruchtbarem Schwemmland umgeben, entwickelte sich Poseidonia rasch zu einer wohlhabenden Hafenstadt, die nicht nur vom Zwischenhandel mit den Etruskern profitierte, sondern auch die eigenen landwirtschaftlichen Produkte Gewinn bringend ausführte. Das griechische Poseidonia erlebte

Paestum: Eleganter Tempelschmuck.

seine Blüteperiode im 6. und 5. Jh. v. Chr. Aus jener Zeit stammen die drei großen Tempel im dorischen Stil. Entsprechend der Bedeutung des Ackerbaus für die Stadt waren zwei der Sakralbauten der Fruchtbarkeitsgöttin Hera geweiht. 540 v. Chr. veranlasste Poseidonia die Gründung von Elea (Vélia). Als 510 v. Chr. Sybaris zerstört wurde, flüchtete ein Teil der Bevölkerung nach Poseidonia.

Um 400 v. Chr. geriet die Stadt unter den Einfluss der Lukaner, eines italischen Stammes, der in dieser Periode weite Teile Kampaniens und damit auch den Cilento beherrschte. Bis heute ist unklar, ob es sich um eine rasche militärische Eroberung oder einen langsamen Assimilationsprozess gehandelt hat. Während die Stadtanlage ihren griechischen Charakter weitgehend behielt, deuten Grabfunde auf eine intensive

Verschmelzung griechischer und italischer Kulturformen hin. Die prachtvoll ausgemalten Kriegergräber im Archäologischen Museum stammen aus dieser Zeit. Wirtschaftlich scheint Paistos oder Paistom, wie die Stadt damals hieß, unter der Herrschaft der Lukaner nicht gelitten zu haben.

Die Einrichtung der römischen Kolonie Paestum 273 v. Chr. hatte tiefgreifende Folgen. Ein Großteil der Bevölkerung wurde ausgetauscht, das Ackerland umverteilt und das städtische Erscheinungsbild den neuen Machtverhältnissen angepasst. Im Zentrum blieben zwar aus Pietätsgründen die griechischen Tempel stehen, alle öffentlichen Einrichtungen einer typisch römischen Stadt, wie Forum, Macellum, Kapitolstempel, Curia, Comitium, Thermen oder Amphitheater, wurden aber neu errichtet. Man sollte sich

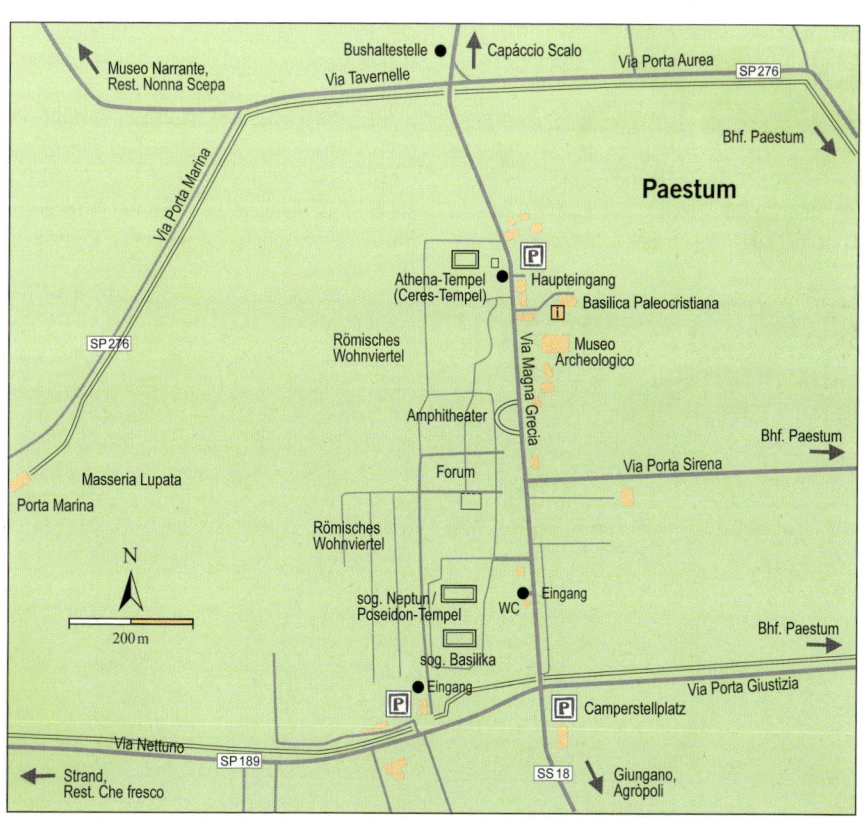

beim Besuch von Paestum klarmachen, dass die archäologische Ausgrabung eine römische Stadt mit griechischen Tempeln zeigt. Bis in die Kaiserzeit genoss Paestum relativen Wohlstand und erfuhr einen bescheidenen Aufschwung im 1. Jh. n. Chr. als Produktionsstätte eines von Ovid besungenen Rosenparfüms. Das Christentum fasste früh Fuß, um 370 gelangten die Reliquien des Apostels Matthäus in die Stadt (heute im Dom von Salerno). Im 5. Jh. wurde Paestum Bischofssitz, doch der Niedergang der Stadt war nicht aufzuhalten. Entwaldungen im Hinterland und ein Absinken der Küstenebene hatten die Versandung des Hafens zur Folge. Sümpfe und mit ihnen die Malaria breiteten sich aus. Infolge von Sarazenenüberfällen wurde Paestum im 10. Jh. endgültig aufgegeben, die Bevölkerung floh in die angrenzenden Berge nach Capáccio. Im 11. Jh. ließ der Normannenherrscher Robert Guiscard Säulen und Marmor aus Paestum zur Ausschmückung seines Domes nach Salerno bringen. Anschließend versanken die Ruinen in einen Dornröschenschlaf, aus dem sie erst Mitte des 18. Jh. wieder geweckt wurden.

◆ Area Archeologica – Templi, Via Magna Graecia. Tägl. 9 Uhr bis 1 Std. vor Sonnenuntergang. Eintritt 4 Euro, Sammelticket mit Museum 6,50 Euro.

◆ Museo Archeologico Nazionale, Via Magna Graecia, Tel. 08288110 23. Tägl. 9–18.30 Uhr, jeden 1. und 3. Mo des Monats geschl. Eintritt 4 Euro, Sammelticket mit archäologischer Ausgrabung 6,50 Euro.

Vom Flussheiligtum der Hera zum Bergheiligtum der Madonna del Granato

Laut Strabon errichtete Jason, mythischer Anführer der Argonauten, an der Mündung des Sele der Hera Argiva einen Tempel (glaubt man dem Mythos, im 14. Jh. v. Chr.), Keimzelle des späteren Paestum, dessen Tempel sich heute acht Kilometer weiter südlich erheben. Die Auffindung der Reliefmetopen eines Schatzhauses Anfang der 1930er Jahre war eine archäologische Weltsensation. Heute sind die figurengeschmückten Kalksteinplatten im Archäologischen Museum von Paestum ausgestellt (siehe oben). In der Masseria Procuriali, einem ehemaligen Gutshof aus faschistischer Zeit, rekonstruiert ein multimediales Museum die nahegelegene antike Kultstätte,

Pinco und Pallina gehen zur Schule

Die Medizinschule von Salerno war im Mittelalter allen anderen Universitäten und ihrer Zeit voraus. Männer, Frauen, Christen, Juden wie Moslems konnten gleichberechtigt Lehrer oder Schüler sein. Die antike Vorstellung, die Welt sei aus den vier Elementen Luft, Wasser, Feuer und Erde aufgebaut, war auch Grundlage medizinischen Denkens. Den Elementen entsprachen vier Eigenschaften: kalt, feucht, warm und trocken. Und man dachte, dass vier Körpersäfte – Blut, Schleim, gelbe und schwarze Galle – die Gesundheit und das Temperament der Menschen beeinflussten. Diese Vorstellung blieb noch bis Mitte des 19. Jh. weit verbreitet. Ungleichgewicht bedeutete Krankheit, mit der Verabreichung des richtigen Mittels suchte man die Harmonie wiederherzustellen. Durch Versuch und Irrtum hatte man die Wirkung vieler Pflanzen erforscht, den Anschauungsunterricht gab es im Lehrgarten. Praktisches Beispiel: Müde vom zu vielen Lernen, die Füße heiß gelaufen? Da ist ein erfrischendes Zitronengelato genau die richtige Medizin!

◆ Giardino della Minerva, Via Ferrante S. Severino 1 – Salerno, Tel. 089252423, www.giardinodellaminerva.it. Okt. bis März Di–So 9–13 Uhr, April bis Sept. Di–So 10–13 und 17–20 Uhr. Eintritt 2 Euro, Kinder ermäßigt.

zu der auch ein der Hera geweihter Garten gehörte. Die reife Frucht des Granatapfels, Sinnbild der Fruchtbarkeit, ist ihr Symbol. Innerhalb des von einer Mauer umgebenen Heiligtums stand auch ein Gebäude, in dem Frauen gemeinsam an Webstühlen saßen. Hier verbanden sich auf sinnhafte Weise praktische Hochzeitsvorbereitung – das Fertigen der Aussteuer – mit dem Kult – auch die Statuen der Göttin wurden zu Festtagen in neue Gewänder gehüllt. Ältere Frauen berieten die jungen Mädchen im heiratsfähigen Alter sicher auch in lebenspraktischen Dingen. Genial ist die Einbindung der beiden Futtersilos in den Ausstellungsparcours: Während man eine der Wendeltreppen aufsteigt, begleiten an den Wänden Reproduktionen antiker Votivgaben und aus Lautsprechern die Anrufungen der in erster Linie von Frauen verehrten Göttin in altgriechischer Sprache. Hera wurde u. a. als Königin, Kuhäugige, Hüterin des Webstuhls, Ernährerin, Eifersüchtige, Beschützerin, Allgebärerin oder Jungfrau tituliert. Im zweiten Silo geht es wieder hinab, hier wird das Fortleben des antiken Kultes in der Verehrung der Madonna del Granato sinnfällig. Aus Lautsprechern klingen griechisch-byzantinische, lateinische und italienische Litaneien, an den Wänden hängen diesmal christliche Votivgaben. Ein kurzer Fußweg führt zu den südlich gelegenen Fundamentresten des Santuario di Hera Argiva, eingebettet in ein ländliches Idyll mit Wasserbüffeln.

Der Kult der granatapfeltragenden Hera lebt bis heute in der Anbetung der katholischen Madonna del Granato fort, deren Heiligtum sich auf einer Anhöhe über den Capodifiume-Quellen wenige Kilometer östlich von Paestum erhebt. Vom Kirchplatz genießt man einen herrlichen Blick auf den Golf von Salerno, die Sele-Ebene und die Ruinen von Paestum. Oberhalb der Basilika liegen die Ruinen von Capáccio Vecchio (siehe W 1). Auf der Flucht vor Malaria und Sarazenen war Paestum im 10. Jh. von seinen Bewohnern verlassen worden, die auf den Hängen des M. Calpazio eine neue Stadt errichteten. Ihre „Schutzgöttin" nahmen sie in alter Gestalt mit. Heute noch erinnern die Prozessionen, die am 2. Mai und 15. August zu Ehren der Madonna del Granato abgehalten werden, an antike Festumzüge – und wie vor über 2.500 Jahren tragen die Frauen als Votivgabe aus Wachs gefertigte Schiffe auf den Köpfen. Griechische Seefahrer flehten Hera um Schutz an, die Schiffe erinnerten darüber hinaus an die Ankunft der Göttin in ihrer neuen Heimat.

◆ Museo Narrante del Santuario di Hera Argiva, Masseria Procuriali, Tel. 08 28 86 14 40. Eintritt frei.

◆ Museo di Paestum nei percorsi del Grand Tour, Piazza Vittorio Veneto 10 – Capáccio, Tel. 08 28 19 62 22 02, www.museograndtour. it. Juni bis Sept. Di–Sa 9–13 und 16–20 Uhr, So 9–13 Uhr, Okt bis Mai Di–Sa 9–13 und 15–18 Uhr, So 9–13 Uhr. Eintritt 2,50 Euro.

Elea-Vélia – Ruinenromantik und Geistesblitze

Das antike Elea wurde um 540 v. Chr. von Phokäern gegründet. Die Lage konnte besser nicht sein. Der Bergrücken an der Mündung des damals schiffbaren Alento, zu drei Seiten vom Meer umspült (durch die Verlandung ist die heutige Küstenlinie weiter vorgeschoben), bot sich als idealer Siedlungsplatz an.

Eleas Gründung ging eine regelrechte Odyssee voraus. Fünf Jahre zuvor war Phokäa, eine der Griechenstädte Kleinasiens, von den Persern belagert worden. Eine Waffenstillstandspause ausnutzend, beluden die Griechen in der Nacht ihre Schiffe und fuhren mit Mann, Maus und allen Schätzen davon. Es folgte eine jahrelange Irrfahrt. Bei dem Versuch, auf Korsika zu siedeln, wurden die Phokäer von Karthagern und Etruskern, die die ionische Handelskonkurrenz fürchteten, in eine blutige Seeschlacht verwickelt. Nach dieser Schlappe teilte sich die Flotte. Ein Teil der Phokäer gründete darauf Massilia

(Marseille); die anderen befanden sich gerade auf der Rückfahrt in Regghion (Reggio di Calabria), als sie eine Botschaft der delphischen Phyta erreichte (vielleicht hatten Griechen aus Poseidonia das Orakel bestochen, da ihnen an Verbündeten in der Region gelegen war). Der Orakelspruch empfahl den Phokäern, den eingangs beschriebenen Siedlungsort an der Mündung des Alento aufzusuchen. Die neu gegründete Stadt nannten sie nach einer Quellnymphe Hyele, später Elea.

Als Handelsstadt gelangte Elea zu Reichtum, ihren gerechten Gesetzen und der von Parmenides gegründeten Philosophenschule verdankte sie großen Ruhm. Diese besaß auch einen medizinischen Zweig, in dessen Tradition wiederum die mittelalterliche Medizinschule von Salerno stand. Die Eleatische Schule übte starken Einfluss auf ihre Zeitgenossen aus und legte den Keim für modernes wissenschaftliches Denken.

Akropolis-Hügel von Vélia.

Im 4. Jh. v. Chr. gelang es Elea, anders als Poseidonia (Paestum), dem Ansturm der Lukaner zu widerstehen. Früh knüpfte die Stadt politische, wirtschaftliche und kulturelle Beziehungen zu Rom und unterstützte die Römer während der Punischen Kriege

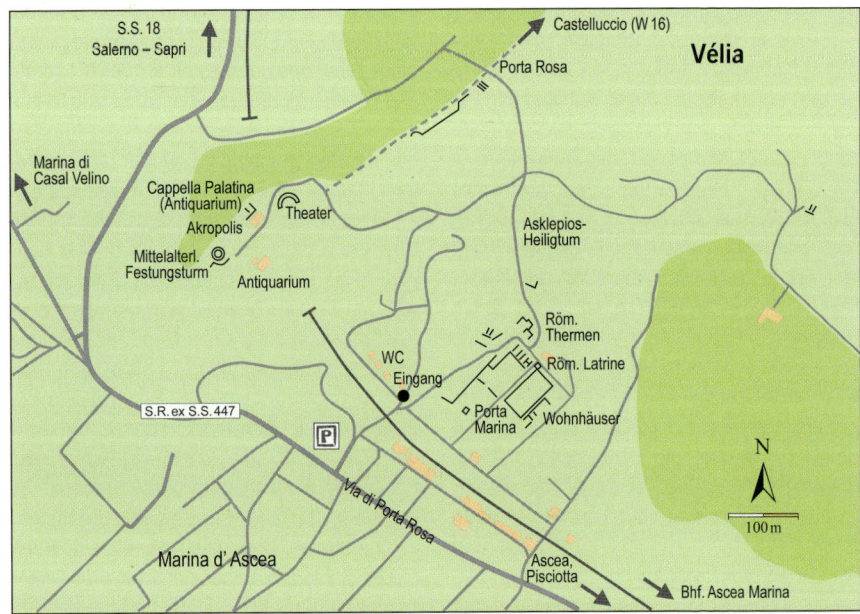

mit Truppen und Schiffen. Mit dem Namen Vélia wurde die Stadt 88 v. Chr. römisches Municipium, ohne Veteranen aufnehmen oder ihre Selbstständigkeit, das Münzrecht und die griechische Sprache aufgeben zu müssen. Reiche Römer bauten sich prachtvolle Villen, Cicero und Brutus zählten zu den regelmäßigen Besuchern. Nach der Ermordung Cäsars hielt sich Brutus auf seiner Flucht Richtung Kleinasien kurz in Vélia auf. Aufschlussreich ist einer der letzten Briefe Ciceros, gerichtet an einen befreundeten Anwalt in Vélia: Kurz vor seiner Ermordung durch die Schergen des Marcus Antonius beklagte Cicero die politische Dekadenz Roms und sehnte sich nach der glücklichen Verfassung Vélias.

Die Verlagerung der Handelsströme im 2. Jh. n. Chr., weg vom Meer auf die Via Popilia-Annia (die römische Heer- und Handelsstraße von Capua durch das Vallo di Diano in den Süden Italiens), die Piratengefahr und die allmähliche Versandung des Hafens leiteten den Niedergang Vélias ein. Im 9. Jh. wurde der Ort endgültig verlassen. Er erlangte noch einmal lokale Bedeutung, als im 13. Jh. der Küstenwachturm auf dem ehemaligen Akropolishügel zur Abwehr der Sarazenen errichtet wurde.

Bei einem Rundgang durch die archäologische Zone durchquert man in Hafennähe ein Wohnviertel aus römischer Zeit. Von dem gut erhaltenen Thermenkomplex aus dem 2. Jh. n. Chr. führt eine steingepflasterte Straße im Taleinschnitt bergauf, vorbei an dem in Hangstufen angelegten Asklepios-Heiligtum. Der Wasserlauf der Hyele-Quelle floss kanalisiert durch mehrere Becken, die für Hydrotherapie genutzt wurden. Durchschreitet man die Porta Rosa (brückenartige Bogenkonstruktion), sieht man über das Alento-Tal auf den M. Stella (siehe W 7). In der Antike trug der 1.130 m hohe Gipfel des Berges eine Signalstation zwischen Vélia und Paestum. Kehrt man auf der gepflasterten Straße zurück, kann man unterwegs nach rechts zur Akropolis queren. In geschützter

Gedanken, schneller als eine Schildkröte

In Vélia lebte im 5. Jh. v. Chr. ein Philosoph, das heißt ein Freund der Weisheit, mit dem Namen Parmenides. Von ihm stammt der Satz „Das Sein ist". Er behauptete, es gäbe keine Veränderung, keine Bewegung, eben nur Sein. Und darüber ließ er nicht mit sich diskutieren. Einer seiner Schüler, Zenon, versuchte es doch. Wenn jemand behauptete: „Wieso? Ich habe mich doch bewegt. Ich bin doch von Hamburg bis hierher nach Vélia gereist", antwortete Zenon: „Das meinst (Meinung hieß auf Griechisch „doxa") nur du. Du kannst dich gar nicht bewegt haben. Du wärest nie ans Ziel gekommen." Und so funktioniert Zenons Beweis gegen (auf Griechisch „para") die „doxa": Halbieren wir erst einmal die Strecke Hamburg – Vélia. Wenn wir es mit der Geografie nicht so genau nehmen, könnte der Mittelpunkt am Brenner liegen. Auch um diese Strecke zurückzulegen, bräuchte man Zeit, mit der Bahn etwa 10 Stunden. Bevor man allerdings den Brenner erreicht, müsste man erst den Mittelpunkt der Strecke Hamburg – Brenner überwunden haben, sagen wir Nürnberg. Und auch dafür bräuchte man Zeit, nicht mehr so viel, aber immerhin. Nun kann man die Strecke unendlich oft halbieren, behauptete Zenon, und daraus folgt logisch, dass man unendlich lange Zeit bräuchte, all diese Teilstrecken zurückzulegen (verspätet sich deswegen die Deutsche Bahn so oft?). Man kann also gar nicht ankommen. Man ist. Das Sein ist. Na? So ähnlich funktioniert auch das Rennen zwischen dem langsamsten Tier der Welt, der Schildkröte, und Achill, dem schnellsten Sprinter Griechenlands. Aus Fairness bekommt die Schildkröte einen Schritt Vorsprung, bevor das Rennen startet. Aber Achill wird sie nie einholen, auch das ein Paradox. Aber das lasst ihr euch besser von euren schlauen Eltern erklären.

Lage befand sich hier die ursprüngliche Siedlung der Phokäer. Im Zuge der Stadterweiterung im 5. Jh. v. Chr. komplett abgerissen, wurden auf dem Akropolishügel ausschließlich öffentliche Gebäude und Tempel errichtet. Durch das Propylon, einen Monumentaleingang, betrat man den heiligen Bezirk auf der höchstgelegenen Terrasse. Die mittelalterliche Cappella Palatina nimmt einen Flügel des antiken Torgebäudes ein. Hier ist ein Antiquarium mit der berühmten Herme des Philosophen Parmenides eingerichtet. Vom großen Tempel aus dem 5. Jh. v. Chr. hat sich lediglich das Fundament erhalten. Auf ihm erhebt sich das mittelalterliche Kastell mit dem Wachturm, weitgehend aus antikem Baumaterial errichtet. Ein wunderschöner Spaziergang führt von der Akropolis auf dem Höhenzug mit dem Verlauf der alten Stadtmauer nach Osten (siehe W 16). Vélia ist ein Ort wie geschaffen, um seinen Gedanken freien Lauf zu lassen.

Ein lohnender Ausflug führt ins Hinterland von Vélia. Oberhalb des Städtchens **Moio della Civitella** liegen auf einem 815 m hohen Hügel, heute umgeben von majestätischen Kastanienwäldern, die Reste einer antiken Festungsstadt (ca. 1 km auf der Straße

Piraten ahoi!

Piraten gibt es nicht nur in der Karibik, lange Zeit gab es sie auch im Mittelmeer. Um die Menschen rechtzeitig vor Piratenschiffen zu warnen, hatte man an der Küste viele Wachttürme gebaut. Von einem Turm konnte man bis zum nächsten sehen und so weiter und so fort. Wenn die Wachen Piraten am Horizont auftauchen sahen, entzündeten sie zur Warnung ein Feuer und die Nachricht verbreitete sich wie ein Lauffeuer, von einem Turm zum nächsten. Bei einer Bootsfahrt entlang der Cilento-Küste – z. B. entlang der Costa degli Infreschi (siehe W 21) – kann man noch viele von diesen Türmen sehen.

Richtung Stio und dann rechts zum *cimitero* abbiegen, ab hier ausgeschildert). Das Gipfelplateau dominiert die weite Umgebung, die Küstenebene mit Vélia (siehe W 16), den M. Stella (siehe W 7) und M. Gelbison (siehe W 15) im Blick. Der von den Griechen Eleas befestigte Ort kontrollierte die wichtige Salz-Handelsstraße, die von der Küste ins Hinterland führt. Im 3. Jh. wurde das Gebiet verlassen, die Cappella dell'Annunziata auf der Akropolis stammt aus dem 15. Jh.

◆ Scavi di Vélia, Tel. 09 74 97 23 96. Tägl. 9 Uhr bis 1 Std. vor Sonnenuntergang. Eintritt 3 Euro.

Lukaner und Römer

Der Seesieg 474 v. Chr. bei Kyme (Cuma) der Griechen über die Etrusker verschob das Kräftegleichgewicht am Golf von Neapel. Sieger wie Besiegte gingen geschwächt aus dem Konflikt hervor. Das Machtvakuum füllten italische Samniten, ein kriegerisches Hirtenvolk aus den heutigen Abruzzen. Im Cilento übernahmen in vielen Städten Lukaner die Herrschaft. Dabei handelte es sich sehr wahrscheinlich um einen samnitischen Stamm. Einige Ortsnamen im Cilento, wie z. B. Vallo della Lucania, halten die Erinnerung an dieses für den Cilento so einflussreiche Volk lebendig. Die östlich an Kampanien sich anschließende Nachbarregion ist die Basilikata, von römischer Zeit bis ins Mittelalter trug sie den Namen Lucania. Die Einwohner bezeichnen sich heute immer noch als Lucani. Seit ein paar Jahren wird diskutiert, den Cilento aus dem politischen Verbund der Region Kampanien zu lösen und, nach Matera und Potenza, als dritte „lukanische" Provinz der Region Basilikata zuzuordnen.

Poseidonia (Paestum) geriet um 400 v. Chr. unter lukanische Kontrolle, die Machtübernahme scheint jedoch allem Anschein nach friedlich verlaufen zu sein. Die im Museum von Paestum ausgestellten Grabmalereien verraten viel über den Totenkult, aber auch

SPARTACO

INTA TREMUNTI SOTTA TRENTENARA
LO SOLOFRONE SCENNE PE CHIUNGANO
SE IETTA PE NA NGOGNA RE MUNTAGNA
CO NA CASCATA CA LUCE A LO SOLE
COME NO SPECCHIO R'ORO A MIEZZIUORNO
CCA ' CUMBATETTE SPARTACO LO SCHIAVO
PE DDA' LA LIBERTA' A L'ATI SCHIAVI

VERSI DI GIUSEPPE LIUCCIO

COMUNE DI TRENTINARA   31/10/2007

Spartakus bleibt im Cilento lebendig.

über das Leben dieses Volkes. Im Übrigen hatten Lukaner, wie bereits zahlreiche Völker vor ihnen, bereitwillig griechische Lebensweise und Kultur adoptiert. Als Sprache bedienten sie sich weiterhin des Oskischen, übernahmen jedoch die griechische Schrift. Mit der lukanischen Domination brach für den Cilento eine neue Periode wirtschaftlicher Blüte an. Zahlreiche Städte wie Padula, Teggiano, Atena Lucana oder Roscigno wurden neu gegründet. Sehenswerte Grab-

funde aus dieser Zeit präsentiert das „Museo Archeologico della Lucania Occidentale" in der Kartause von Padula. Die Hauptverbindungswege, Handelsstraßen und Fernweidewege folgten, wie schon seit der Bronzezeit, den Kammlinien (siehe W 12). Als einzige Griechenstadt des Cilento behielt Elea (Vélia) ihre Eigenständigkeit. Touristisch bislang wenig bekannt ist **Roccagloriosa** im Norden des M. Bulgherìa (siehe W 24). Das hübsche Städtchen erhebt sich strategisch hoch über den Tälern von Mingardo und Bussento. Bei Streifzügen durch den Ort genießt man zu allen Seiten hin fantastische Ausblicke. Die ältesten Siedlungspuren reichen in die Bronzezeit zurück, eine Blüte erlebte der Ort vom 4. bis 3. Jh. v. Chr. unter den Lukanern. Teile der antiken Festungsmauer und Kammergräber sind im frei zugänglichen archäologischen Park auf einem nördlich der Stadt gelegenen Höhenzug zu entdecken. Ausgrabungsfunde sind in Roccagloriosa selbst ausgestellt. Dazu zählen wertvoller Goldschmuck, Bronzegefäße und überdimensionale Keramikvasen. Die z. Z. auf zwei Antiquarien

Hort(us) der Gelehrsamkeit – Giardino della Minerva in Salerno.

verteilte Antikensammlung soll in Zukunft im Palazzo de Curtis zusammengeführt werden.

◆ Antiquarium, c/o ex Chiesa S. Maria dei Martiri – Roccagloriosa, Tel. 09 74 98 11 13 (Comune), Mobil 34 71 76 61 07 (Sabato Balbì), www.comune.roccagloriosa.sa.it. Mitte Juni bis Mitte Sept. Tägl. 17.30–20.30 Uhr bzw. auf Anfrage. Eintritt 1,50 Euro.

◆ Museo Archeologico della Lucania Occidentale, c/o Certosa di San Lorenzo, Viale Certosa – Padula, Tel. 09 75 77 11 7. Mi–Mo 9–19 Uhr. Eintritt 4 Euro.

Nach den Siegen über Phyrrhus und Hannibal konsolidierte Rom im 3. Jh. v. Chr. seine Herrschaft über die Campania, die zum damals wichtigsten Getreidelieferanten des römischen Reiches avancierte. Im Zuge der Samnitenkriege war die Via Appia, als erste gepflasterte römische Heeresstraße, bis Capua ausgebaut worden (um später bis Apulien verlängert zu werden). Städte wie Salernum, Paestum oder Buxentum (Policastro Bussentino) wurden zu römischen Kolonien, d. h. sie verloren ihre politische Eigenständigkeit und die Bewohner wurden zu Abgaben und Militärdiensten gezwungen. Das beste Ackerland geriet in die Hände der römischen Oberschicht, das Latifundiensystem breitete sich aus und zunehmend wurden

Padula – Ein Omelett aus 1.000 Eiern

Wie der Escorial bei Madrid weist auch dieses dem hl. Laurentius geweihte Kloster einen gitterförmigen Grundriss auf. Laurentius soll den Martertod auf einem Feuerrost erlitten haben, das prädestinierte ihn zum Schutzpatron der Köche. Der Bau wurde über vier Jahrhunderte lang erweitert und ausgeschmückt, bis er seine Gesamtfläche von über 50.000 m² erreichte. Das Kloster ist nach den Regeln des hl. Bruno von Köln, Gründer des Kartäuserordens, angelegt, geteilt in ein *domus inferior* und ein *domus alta*. Im Letzteren lebten die Mönche in Klausur, das *domus inferior* war der Bereich des Klosters, in dem Laien lebten, Gäste empfangen wurden und die Wirtschaftsräume lagen. Zwischen diesen beiden gab es eine Art neutraler Zone mit den Räumlichkeiten des Priors, ein Ordensbruder, der als „Manager" des Klosters auch weltliche Kontakte pflegte. Die Certosa di Padula blieb bis zu ihrer Aufhebung im 19. Jh. der bestimmende wirtschaftliche Faktor im Vallo di Diano. Eine Chronik berichtet, dass Kaiser Karl V. mit Gefolge bei der triumphalen Rückkehr aus Tunis auf dem Weg nach Neapel 1535 in Padula einkehrte und von den Mönchen ein Omelett aus 1.000 Eiern serviert bekam. In beiden Weltkriegen wurden in der Kartause Kriegsgefangene interniert, davon zeugen heute noch Wandzeichnungen am Fuße der beeindruckenden barocken Freitreppe.

Der Rundgang führt durch die opulent ausgestaltete Kirche, an mehreren Kreuzgängen vorbei, einer mit der Grundfläche von 90 x 130 m gilt als der weltgrößte. Die imposante Küche (wurde hier das Omelett zubereitet?) ist mit wunderschönen Vietri-Kacheln ausgekleidet. Besonders eindrucksvoll ist die große, sich über zwei Stockwerke spannende barocke Freitreppe am nördlichen Ende der Anlage. Das in den Räumen der Kartause untergebrachte Museo Archeologico della Lucania Occidentale präsentiert sehenswerte antike Grabfunde der Umgebung.

◆ Certosa di San Lorenzo, Viale Certosa – Padula, Tel. 09 75 77 11 7.
Mi–Mo 9–19 Uhr. Eintritt 4 Euro.

Eines der herausragendsten kirchlichen Baudenkmäler Italiens: die Kartause von Padula.

Sklaven zur Feldarbeit eingesetzt. Nach dem Bundesgenossenkrieg von 91 bis 88 v. Chr. verlieh Rom seinen italischen Verbündeten das römische Bürgerrecht, die Städte wurden jedoch verpflichtet, Veteranen aufzunehmen. Auch in dieser Hinsicht blieb Elea die Ausnahme. Ohne ihre Selbstständigkeit einzubüßen, wurde die Stadt unter dem neuen Namen Vélia 88 v. Chr. römisches Municipium. Ausdruck einer anhaltenden Gesellschafts- und Wirtschaftskrise in Süditalien war der eine Zeitlang erfolgreiche, von Spartakus angeführte Sklavenaufstand von 73 bis 71 v. Chr., der auch im Cilento seine Spuren hinterließ (siehe W 3).

Das 1. Jh. n. Chr. war für den Cilento eine Periode beginnenden Niedergangs. Die Versandung der Häfen infolge zunehmender Entwaldung im Hinterland, der Vesuvausbruch des Jahres 79 und die Verlagerung der wichtigsten Nord-Süd-Handelsverbindung ins Vallo di Diano sowie die Freigabe der Via Appia für den Orienthandel waren die Auslöser. Neue Techniken des Straßen- und Brückenbaus ermöglichten den Ausbau der Verkehrs- und Handelswege im Tal. Nach und nach gerieten die alten lukanischen Bergzentren ins Abseits. Emigration und eine Bevölkerungsverschiebung hin

zu den großen Städten war die Antwort – ein Prozess, der sich im 19. Jh. und nach Ende des Zweiten Weltkriegs im Cilento unter ähnlichen Vorzeichen wiederholen sollte. Nach dem Zusammenbruch des Weströmischen Reiches und infolge des von Byzanz gegen die Goten auf kampanischem Boden geführten Krieges wurden auch viele der antiken Küstenstädte von ihren Einwohnern verlassen, die in höheren Lagen Zuflucht vor Malaria und Piraten suchten.

Mönche und Barone

Die entvölkerten Gebiete im Landesinneren erwiesen sich als die idealen Rückzugsräume für griechisch-orientalische Mönche, die ab dem 7. Jh. in mehreren Wellen aus Kleinasien, Ägypten und dem Balkan den Cilento erreichten. Die Reliquien des Apostels Matthäus bei Vélia waren ein wichtiges Pilgerziel (im 11. Jh. gelangten sie in den Dom von Salerno). Auslösende Faktoren waren in erster Linie jedoch der byzantinische Bilderstreit und das Vordringen des Islam. Im Cilento war Griechisch als Umgangssprache immer noch weit verbreitet. Die Mönche, die als Eremiten, aber auch mit ihren Familien (der Zölibat war und ist in der Orthodoxen

Kirche nicht verpflichtend) ins Land kamen, hatten keine Kommunikationsprobleme. Ihre landwirtschaftlichen, organisatorischen und geistigen Fähigkeiten sorgten für einen positiven Entwicklungsschub. Ihre Klöster und in Gemeinschaften organisierte Einsiedeleien, sogenannte Lauren – Ortsnamen wie Laurino oder Laureana Cilento erinnern daran –, wurden zu Keimzellen neuer Städte. Auf solche Gründungen gehen u. a. die Abtei von Pattano, San Giovanni a Piro oder das Heiligtum auf dem M. Gelbison (siehe W 15) zurück. Als Eremiten lebende Mönche zogen sich dabei oft in Grotten zurück, die bereits in der Steinzeit bewohnt und vormals heidnische Kultstätten gewesen waren (siehe W 27).

Ab dem 8. Jh. gehörte der Cilento zu einem langobardischen Herzogtum mit der Hauptstadt Salerno. Sarazenen hielten von 882 bis 915 die Stadt Agròpoli als islamische Enklave. Unter den Langobarden erlangte die 1011 gegründete Benediktinerabtei bei Cava dei Tirreni große Bedeutung. Der kometenhafte Aufstieg der Abbazia della Santissima Trinità, der zeitweilig mehr als 500 Kirchen und Klöster unterstanden, begann unter ihrem dritten Abt Pietro Pappacarbone, vormals Bischof von Policastro Bussentino. Der vierte und später heiliggesprochene Abt

Der Name Cilento leitet sich von *cis alentum* ab („diesseits des Alento") und bezeichnete ursprünglich das Gebiet rund um den M. Stella im Norden des Flusses Alento. Später wurde er auf die gesamte Halbinsel übertragen.

Agròpoli, die Stadt hoch über dem Meer.

der Abtei stammte ebenfalls aus dem Cilento. Keimzelle des heutigen Städtchens Castellabate war das Kastell, das Costabile Gentilcore 1123 hatte ausbauen lassen. Es diente dem Schutze der Bevölkerung vor Sarazenenüberfällen und erlaubte die Kontrolle der ausgedehnten Handelsaktivitäten, welche die Abtei auch im Cilento wahrnahm. In den Häfen von San Marco und Santa Maria di Castellabate wurden Getreide, Öl und Wein für den Fernhandel verladen. In dieser Zeit wurde auch die Ebene von Paestum wieder besiedelt, die Büffelzucht gewann an Bedeutung.

Santa Maria di Castellabate ist einer der hübschen Hafenorte im Cilento.

Normannen und Staufer

Im letzten Drittel des 12. Jh. übernahmen Normannen die Herrschaft über das Herzogtum Salerno. Sie waren als Söldner ins Land gekommen und innerhalb zweier Generationen gelang es ihnen, ganz Süditalien und Sizilien zu unterwerfen, von Roger II. 1131 zu einem Königreich mit der Hauptstadt Palermo vereint (Kaiser Friedrich II., Erbe des normannischen Königreiches, war ein Enkel Rogers II.). In normannischer Zeit begann der Begriff Cilento die alte Bezeichnung Lucania zu ersetzen, auch der Monte Lucania wurde zum Monte Cilento (M. Stella, siehe W 7).

Kaiser Friedrich II.

Der Cilento gelangte als Lehen an das mächtige Adelsgeschlecht der neapolitanischen Sanseverino. Heute etwas abseits der gängigen Routen gelegen, war das hübsche Städtchen Rocca Cilento mit seinem namensgebenden, mächtigen Kastell bis ins 16. Jh. Hauptstadt des kleinen Feudalreiches. Graf Tommaso II. Sanseverino, Feudalherr von Teggiano und Neffe des hl. Thomas von Aquin, stiftete 1306 die Kartause von Padula, eines der herausragendsten kirchlichen Baudenkmäler Italiens und seit 1998 auf der UNESCO-Liste des Weltkulturerbes.

Kaiser Friedrich II. versuchte, auch den Cilento der zentralen Organisation seines süditalienischen Reiches zu unterwerfen. Einen Aufstand der Barone, die sich 1246 bei Capáccio (siehe W 1) gegen ihn versammelt hatten, schlug er noch im gleichen Jahr blutig nieder. Nach dem Fall der Staufer setzten die Anjous die Sanseverino wieder in ihre cilentanischen Besitzungen ein. Der mit der Sizilianischen Vesper 1282 in Palermo begonnene Krieg zwischen Anjous und dem Haus Aragon hinterließ auch im Cilento seine blutigen Spuren, ganze Ortschaften wurden entvölkert. Weitere kriegerische Konflikte, Piraterie, Pest und Erdbeben forderten im

Käse gegen den Kaiser

Kaiser Friedrich II. (1194 – 1250) war einer der klügsten Herrscher des Mittelalters. Seine Zeitgenossen nannten ihn „stupor mundi", das „Staunen der Welt". Friedrich II. sprach mehrere Sprachen, darunter Arabisch. Er dichtete in seiner Muttersprache Sizilianisch und verfasste ein wissenschaftliches Buch über Vögel, das heute noch aktuell ist. Als Einziger führte er einen Kreuzzug nach Jerusalem, ohne dabei Blut zu vergießen. Dafür wurde er mit dem Kirchenbann belegt. Gegen seine Gegner konnte er unerbittlich sein und einen Adelsaufstand 1246 im Cilento schlug er mit aller Macht nieder. Dabei wurde auch Corleto Montforte belagert. Nach drei Wochen drohte den Eingeschlossenen der Hungertod. Da verfielen sie auf eine List und beschossen die kaiserlichen Truppen mit ihren letzten Vorräten, steinharten Käselaibern. Im Glauben, das schwer einnehmbare Bergstädtchen könnte bei einem solchen Überfluss an Proviant noch lange ausharren, ließ Friedrich II. seine Truppen abziehen. Weniger Glück hatte das westlich gelegene Capáccio (siehe W 1). Der Ort wurde eingenommen, dem Erdboden gleichgemacht und die Verschwörer grausam hingerichtet.

14. und 15. Jh. ihren Zoll. Anfang des 16. Jh. gelangten die zuletzt unter den Aragoniern wiedervereinten Königreiche Neapel und Sizilien unter spanische Herrschaft. Der neapolitanische Vizekönig Pedro di Toledo zerschlug im Cilento das Feudalreich der Sanseverino, an deren Stelle unzählige Kleinbarone traten. Diese entstammten nicht alten Adelsschichten, sondern waren oft zu Geld gekommene Händler, die mit dem Kauf eines Titels ihren sozialen Aufstieg zu legitimieren suchten. Die dazugehörigen Ländereien wurden meist rücksichtslos ausgeblutet, die gemeinschaftlichen Nutzungsrechte von Wäldern und Weiden stark eingeschränkt.

O Brigante, o Migrante

Die Landbevölkerung des Cilento litt unter der Unterdrückung durch die neuen Feudalherren am meisten – ob Tagelöhner oder Kleinpächter, machte wenig Unterschied. Die freiheitlichen Ideen der Französischen Revolution und die Ausrufung der Parthenopäischen Republik 1799 in Neapel trafen außerhalb der Städte und gebildeten Stände trotzdem kaum auf Widerhall. Auch im Cilento waren nur wenige Adelige und Vertreter des Klerus den republikanischen Ideen aufgeschlossen. Vereinzelt aufflammende Aufstände, wie z. B. in Rocca Cilento, die sich solidarisch mit der Parthenopäischen Republik erklärten, wurden schnell niedergemacht. Ein halbes Jahr später beendeten Banditentruppen des reaktionären Kardinals Ruffo, unterstützt vom neapolitanischen Plebs, das politische Experiment in der Hauptstadt in einem Blutbad. Nach (zu)

Casa-Museo di Joe Petrosino.

kurzem Intermezzo aufgeklärter Herrschaft unter Joachim Murat, einem Schwager Napoleons, wurde 1815 die bourbonische Herrschaft restauriert. Das bedeutete jedoch nicht das Ende der Unruhen.

Für die recht- und besitzlose Landbevölkerung änderte sich auch in der Neuzeit wenig, und immer wieder kam es zu blutigen Revolten, so z. B. 1828. Der Aufstand wurde niedergeschlagen, an der Bevölkerung ein Exempel statuiert und der Ort Bosco niedergebrannt. Im europäischen Revolutionsjahr 1848 lehnte sich auch der Cilento auf, diesmal unter der Anführerschaft von Costabile Carducci aus Capáccio. Wieder versprach der König eine Verfassung, löste aber das neu gewählte Parlament nach nur einem Tag auf und entsandte Truppen in den Cilento. Die Aufständischen erlitten am 12. Juli bei Trentinara eine entscheidende Niederlage. In einem Fiasko endete auch die cilentanische Expedition des Neapolitaners Carlo Pisacane, eines aufgeklärten Adeligen, der zunächst die Militärlaufbahn im Dienste der Bourbonen einschlug und sich später zum glühenden Verfechter radikal-republikanischer Ideen wandelte. 1857 kaperte er mit Gleichgesinnten ein Liniendampfboot, befreite auf Ponza 300 Gefangene – darunter nur wenige „Politische" – und ging bei Sapri ans Land. Es gelang ihm nicht, die Bevölkerung von der Notwendigkeit eines Aufstandes zu überzeugen. Sein Zug

Italien, Räuberland?

Italienreisende des 18. und 19. Jh., für die der Besuch von Paestum den krönenden Abschluss der „Grand Tour" bildete, mieden aus Furcht vor Briganten die abgelegeneren Provinzen im Süden. Unter der Maske des Briganten konnte sich vielerlei verbergen: berufsmäßige Verbrecher und Straßenräuber; die mordbrennenden Banden des Kardinals Fabrizio Ruffo; die sozialistische Carbonari-Bewegung der 1820er Jahre; Bauern, die sich den Truppen Garibaldis im Kampf gegen die Bourbonen anschlossen, und die hungernde Landbevölkerung. Der Räuber-Mythos verdeckte lange Zeit ein soziales Problem, dessen Ursache in der jahrhundertealten Misere der Landwirtschaft lag. Bis zur Landreform der 1950er Jahre hatte der Mezzogiorno nie einen bodenständigen Bauernstand gekannt. Bereits dem von Spartakus 73 bis 71 v. Chr. angeführten Sklavenaufstand hatten sich in Süditalien zahlreiche landlose Bauern angeschlossen.

ins Hinterland endete im Massaker. Pisacane und seine Gefährten wurden bei Padula und Sanza vollständig aufgerieben. Ironischerweise wurden die bourbonischen Truppen dabei von der lokalen Bevölkerung unterstützt. Die unglückliche Expedition des Carlo Pisacane inspirierte zeitgenössische Poeten und Maler, die ihn posthum zu einer Art „Che" des Cilento stilisierten. 100 Jahre später fanden die sterblichen Überreste der „300" ihre endgültige Ruhestätte in der Chiesa della SS. Annunziata von Padula, um als „Risorgimento-Reliquien" verehrt zu werden.

Berauscht von den Versprechen Garibaldis, revoltierten die Bauern 1860 schließlich doch noch gegen die Bourbonen, sahen sich aber in ihrer Hoffnung, Land zu erhalten, bald enttäuscht. Als nach dem Anschluss 1861 ans Königreich Italien im Süden Unruhen bislang unbekannter Heftigkeit ausbrachen, kam es zu einer eigenartigen Allianz

Geisterstädte, gar nicht unheimlich

Die Einwohner von Roscigno mussten auf behördliche Anordnung 1907/08 ihren Ort verlassen. Es drohte Erdrutschgefahr und ein neues Städtchen entstand weiter oben am Hang. Über dem alten Ort liegt heute ein stiller Friede. Viele der Häuser sehen so aus, als ob man sie wieder beziehen könnte, und aus dem Dorfbrunnen sprudelt frisches Wasser. Ein liebevoll eingerichtetes Heimatmuseum gibt Einblick in die versunkene bäuerliche Welt des Cilento (www.assomusei.it, www.roscignovecchia.it). Weite Ausblicke bietet das ebenfalls Anfang des 20. Jh. verlassene San Severino di Centola (siehe W 19).

zwischen landlosen Tagelöhnern und ihren einstigen Unterdrückern. Der Adel, bürgerliche Großgrundbesitzer und die Kirche ver-

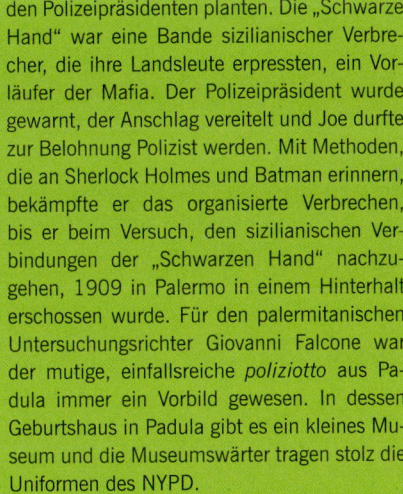

Vom Schuhputzer zum Polizisten

Viele Cilentaner wanderten im 19. Jh. nach Amerika aus, in der Hoffnung, dort ein besseres Leben zu führen. 1873 kam der damals 13-jährige Giuseppe „Joe" Petrosino zu seinem Großvater nach New York. Als Zeitungsverkäufer, Schuhputzer und Straßenfeger verdiente er sein Geld. Sein größter Wunsch aber war es, Polizist zu werden, für arme italienische Einwanderer ein Ding der Unmöglichkeit. Das New York Police Departement (NYPD) war damals fest in irischer Hand. Nur hatten diese ein Sprachproblem mit den zahlreicher werdenden italienischen Einwanderern. Joe bekam seine Chance. Zufällig gelang es ihm, ein Gespräch von Mitgliedern der Mano Nera zu belauschen, die einen Mordanschlag auf

Joe Petrosino.

den Polizeipräsidenten planten. Die „Schwarze Hand" war eine Bande sizilianischer Verbrecher, die ihre Landsleute erpressten, ein Vorläufer der Mafia. Der Polizeipräsident wurde gewarnt, der Anschlag vereitelt und Joe durfte zur Belohnung Polizist werden. Mit Methoden, die an Sherlock Holmes und Batman erinnern, bekämpfte er das organisierte Verbrechen, bis er beim Versuch, den sizilianischen Verbindungen der „Schwarzen Hand" nachzugehen, 1909 in Palermo in einem Hinterhalt erschossen wurde. Für den palermitanischen Untersuchungsrichter Giovanni Falcone war der mutige, einfallsreiche *poliziotto* aus Padula immer ein Vorbild gewesen. In dessen Geburtshaus in Padula gibt es ein kleines Museum und die Museumswärter tragen stolz die Uniformen des NYPD.

◆ Casa Museo di Joe Petrosino, Via G. Petrosino 6 – Padula, www.joepetrosino.org.

standen es, die Aufständischen im Kampf gegen den italienischen Einheitsstaat zu instrumentalisieren. Von der Bevölkerung wurden die Briganten als Helden gefeiert. Der Staat verhängte 1863 in Süditalien das Kriegsrecht, die piemontesischen Truppen begegneten den Aufständischen mit beispielloser Grausamkeit. Als die Kämpfe Ende 1865 eingestellt wurden, hatte der Feldzug gegen die aufsässige Landbevölkerung 18.000 Menschenleben gekostet und sich zwischen Nord- und Süditalien ein unüberwindbarer Graben aufgetan. Gesetze, die die sozialen Missstände als Ursache des Brigantenwesens hätten beheben können, ließen auf sich warten, während die Vorurteile gegenüber den als *cafoni* (Kaffern) beschimpften Süditalienern durch die wissenschaftliche Arbeit des norditalienischen Professors Cesare Lombroso (1835–1909), dem Begründer der modernen Kriminologie, noch bestärkt wurden. Anhand von Fotografien gefangen genommener oder ermordeter Briganten glaubte er, die Grundtypen „geborener Verbrecher" illustrieren zu können.

Bei der Wahl „o brigante, o migrante" entschieden sich Ende des 19. Jh. viele für die Auswanderung nach Süd- oder Nordamerika. Zurück blieben oft Frauen, kleine Kinder und Alte. Nach Ende des Zweiten Weltkriegs erfasste auch den Cilento die zweite große Auswanderungswelle – diesmal Richtung Mitteleuropa. Seit den 1980er Jahren sind viele Emigranten, z. T. auch die Kinder oder Enkel von Emigranten, zurückgekehrt. Sehen sie im Tourismus eine Chance?

Ob es dem Cilento (und seinen Behörden) wirklich gelingen will, die Nationalparkidee, eine an ökologischen Prinzipien ausgerichtete Landwirtschaft und nachhaltigen Tourismus zu einem erfolgreichen Wirtschaftsmodell zu verknüpfen, bleibt eine offene Frage.

Benvenuti al Sud – Willkommen im Süden

Der Film „Benvenuti nel Sud", ein Remake der französischen Komödie „Wilkommen bei den Sch'tis", war in Italien der Sommerhit des Jahres 2010. Die Story ist bekannt, nur die Himmelsrichtungen sind vertauscht. Alberto leitet in der norditalienischen Provinz ein Postamt, sein Traum ist Mailand. Um seine Chancen zu erhöhen, gibt er sich in der Bewerbung als behindert aus. Der Schwindel fliegt auf und die Höchststrafe folgt auf dem Fuß – die Strafversetzung in einen Ort südlich von Neapel. Für Regisseur und Schauspieler eine Steilvorlage, italienische Nord-Süd-Klischees und wechselseitige Vorurteile liebevoll zu porträtieren. Drehort war das charmante Bergstädtchen Castellabate, als Komparsen wurden Einheimische verpflichtet. Ein Erfolg auf ganzer Linie, in den Kinosälen und vor Ort – und Tourismuswerbung gratis dazu. Happy End!?

Anders die Geschichte von Angelo Vassallo. Am 5. September 2010 wurde der Bürgermeister von Póllica erschossen. Es wird ein camorristischer Hintergrund vermutet. Die Er-mittlungen dauern an. Der Linksdemokrat war am 30. März 2010 mit 100 % der Stimmen zum dritten Mal im Bürgermeisteramt bestätigt worden. Als Präsident der Comunità Montana Monte Stella hatte sich Vassallo 2008 für einen nachhaltigen Wandertourismus stark gemacht und die Herausgabe des Büchleins „Monte Stella – Der Berg am Meer" gefördert – inklusive der Anlage und Pflege von Wegen (siehe „Wanderungen"). Seine konsequente Umweltpolitik erlaubte den zu Póllica gehörenden Strandgemeinden Acciaroli und Pioppi seit Jahren, regelmäßig „Fünf Segel" hissen zu dürfen, die höchste Auszeichnung der italienischen Umweltschutzorganisation Legambiente für saubere Strände und Meer. Auf seine Initiative hin erklärte die UNESCO die „dieta mediterranea" zum Welterbe. Pioppi, der langjährige Lebensort des amerikanischen Ernährungswissenschaftlers und Vaters der „mediterranen Küche", Ancel Keys, gehört zur Kommune Póllica. Der Film „Benvenuti al Sud" wurde posthum Angelo Vassalo gewidmet.

CILENTO
kulinarisch

Der Cilento, uraltes Kulturland zwischen Bergen und Meer, ist auch kulinarisch eine Reise wert, und das nicht erst, seit 2010 die „dieta mediterranea" von der UNESCO in die Liste des immateriellen Weltkulturerbes aufgenommen wurde. Wie viele überwiegend bäuerlich geprägte Jahreszeitenküchen des Mittelmeerraumes, war auch die an Gemüse, Hülsenfrüchten und Olivenöl reiche *cucina cilentana* seit jeher ausgewogen und gesund, nur fehlten ihr die wissenschaftlichen Weihen.

Küche mit UNESCO-Prädikat

Was heute als „mediterrane Diät" in aller Munde ist, wurde in den 1950er Jahren zum ersten Mal vom amerikanischen Ernährungswissenschaftler und Biologen Ancel Keys (1904–2004) im Cilento untersucht. Zuvor hatte Keys in den 1940er Jahren, damals im Auftrag des Pentagons, die von US-Soldaten nicht sonderlich geschätzte K-Ration entwickelt: Dauerschokolade, Krümelkekse, Dosenwurst und Zigaretten sollten die Ernährung der kämpfenden Truppen sichern. Zur Moral trugen die K-Rationen wenig bei. Keys begleitete als Ernährungsberater die 5. US-Armee in Italien, die 1943 bei Salerno an Land gegangen war. In den 1950er Jahren kehrte er zurück. Sein Interesse galt inzwischen dem Zusammenhang von Ernährung, Lebensweise und Herz-Kreislauferkrankungen. Ein Kollege aus Neapel hatte ihn auf die auffallend niedrige Rate von Herzinfarkten bei der ärmeren Stadt- und Landbevölkerung Kampaniens aufmerksam gemacht. Keys bezog den Cilento in eine

Das „grüne Gold" des Cilento steht zur Ernte bereit.

vergleichende Sieben-Länder-Studie ein. Die Ergebnisse bestätigten, dass eine „mediterrane" Ernährungs- und Lebensweise am ehesten den modernen Zivilisationskrankheiten Paroli bieten könnte. Zusammen mit seiner Frau verfasste er den Bestseller „Eat well and stay well, the mediterranean way". Von den Tantiemen kaufte er sich ein Haus in Pioppi, wo er bis kurz vor seinem Tod im biblischen Alter von über 100 Jahren lebte.

Im Cilento geht Geschichte durch den Magen

Ein kulinarisches Ritual, das noch in einigen Orten lebendig ist, ist am 1. Mai – mancherorts auch zu Ostern oder Allerseelen – die Zubereitung der *cuccìa,* gelegentlich auch als *cecciata* oder *cicci maritati* bezeichnet. Von Haus zu Haus gehend, werden am Abend vorher getrocknete Hülsenfrüchte und Getreidekörner eingesammelt, separat gekocht und am nächsten Tag zusammen mit Olivenöl und Wildgemüse in einem großen Kessel aufgewärmt. Der gemeinschaftliche

Verzehr und die damit verbundene Symbolik finden ihre Vorläufer im *panspermia* der griechischen Antike. Die letzten Vorräte des Winters trafen auf die ersten Gaben des Frühlings, damit sollte die Fruchtbarkeit des neuen Jahres beschworen werden. Es waren auch Griechen, die im Cilento den Anbau von Wein und Oliven verbreiteten. Darüber hinaus blieben bis in die Neuzeit Getreide, Hülsenfrüchte, Milch und Honig die bestimmenden Elemente der cilentanischen Küche. Vegetarisch ausgerichtet waren auch die Speisen der griechischen Mönche im Mittelalter, und um die Prinzipien gesunder Ernährung war auch die Medizinschule von Salerno bemüht. Der (selten friedliche) Kontakt mit Sarazenen hat dem Cilento die Aubergine, die Entdeckung Amerikas durch die Spanier Paprika, Kartoffeln und Tomaten beschert, unverzichtbare Zutaten nicht nur für die *ciambotta*, ein typischer Gemüseeintopf, der eine ganze Mahlzeit ersetzen kann.

Der Verzehr von frischem Fleisch war noch bis in die Vorkriegszeit rare Ausnahme und Festtagsspeise, viel zu wertvoll waren die Rinder als Zug- und Arbeitstiere. Die Milch

Urige Milchlieferanten – die Podolica-Rinder.

der Capra cilentana wird zu Caccioricotta verarbeitet, einem Frischkäse der z.B. auf der aus Sauerteig gebackenen Pizza cilentana, der weniger bekannten Schwester der weltberühmten Pizza napoletana die Mozzarella ersetzt. Eine besonders geschätzte Milch liefern die genügsamen Podolica-Kühe, die man auf Wanderungen öfters in Wäldern antreffen kann. Cacciocavallo heißt der daraus gewonnene Käse, große birnenförmige Gebilde, die rittlings („a cavallo") paarweise über einer Holzstange reifen. Die im Cilento und der angrenzenden Basilikata verbreitete Rinderrasse stammt direkt vom Auerochsen (Bos primigenius primigenius) ab. Ein vor 11.000 Jahren in den Fels geritztes, lebensechtes Relief eines Auerochsen kann man in der Grotta del Romito im nördlichen Kalabrien bewundern (ein Tagesausflug von der Costa di Maratea).

Bis ins 20. Jh. war abseits der Küsten auch der Genuss von frischem Fisch fast unbekannt. In Pisciotta Marina hat eine antike Form des Fangs und der Haltbarmachung von Sardellen die Zeiten überdauert. In Nächten ruhiger See werden zwischen April und Juli die *alici di menaica* gefangen. Die Fischer fahren mit traditionellen, acht Meter langen Holzbooten aus und benutzen grob geknüpfte Netze, die *menaica*. In den Maschen bleiben nur die ausgewachsenen Sardellen mit ihren Köpfen hängen und bluten noch im Meer aus. Bereits auf dem Boot werden sie ausgenommen und an Land sofort in Salz gelegt. In Keramikgefäßen reifen sie heran, bis die *alici* zart und von unübertroffenem Geschmack endlich verzehrt werden können.

Slow Food und der respektvolle Umgang mit Traditionen

Jahrhundertelange Abgeschiedenheit und die im Cilento verbreitete Armut haben eine Fülle traditioneller Arme-Leute-Gerichte hinterlassen, deren heutiges Geheimnis nicht in ihrer komplizierten Zubereitung, sondern in

Buchtipps

Barbara Poggi:
La Cucina Cilentana –
Ein Süditalien-Kochbuch
Mankau 2006

Das Büchlein begleitet als zuverlässiger Einkaufsführer vor Ort, deckt kulinarisch-historische Hintergründe auf und stellt die besten Trattorien des Cilento mit ausgewählten Rezepten vor, die auch noch zu Hause den Urlaub aufs Köstlichste verlängern.

Carla Capaldo:
The Food and Wine Guide
to Naples and Campania
Pallas Athene 2005

Carlas mit angelsächsischer Leichtigkeit geschriebenes, kluges Buch ist „die Bibel" für alle ernsthaft an gutem Essen interessierten Kampanienreisenden.

der Auswahl bester Grundzutaten liegt. Mit Herkunftsbezeichnungen wie DOP für Lebensmittel und DOC bzw. DOCG für Weine sollen diese Produkte geschützt werden, einen Schritt weiter geht die Non-Profit-Organistion Slow Food mit der Schaffung sogenannter Präsidien. Kleinstproduzenten wird unter die Arme gegriffen, der Absatz ihrer handwerklich und mit Respekt für die Umwelt erzeugten Lebensmittel gefördert. Im Cilento zählen dazu Erzeuger der *alici di menaica,* von Cacioricotta, der hellen Artischocken von Pertosa, der Controne-Bohnen und der Soppressata di Gioi, einer luftgetrockneten Schweinesalami mit dem berühmten Speckkern als Markenzeichen. Zu den Cilento-Spezialitäten gehören auch die berühmte Büffel-Mozzarella, die in Myrtenblättern verpackte Mozzarella nella Mortella *(muzzarella cu' a murtedda),* Caciocavallo, im Holzofen gebackenes Hartweizenbrot, Kichererbsen aus Cicerale und Maronen aus Roccadáspide. Eine gesunde Leckerei sind die hellen Feigen der Sorte Fico Bianco del Cilento, frisch oder getrocknet und mit Nüssen, Mandeln, Zitronenschalen und Fenchelsamen gefüllt. Olivenöl der höchsten Qualitätsstufe Olio Extra Vergine d'Oliva ist für viele Erzeuger im Cilento inzwischen Ehrensache. Am verbreitetsten sind die Bäume der Sorte Pisciottana, die beachtliche Ausmaße erreichen können. Es wurden zwei DOP-Gebiete ausgewiesen, DOP Colline Salernitane umfasst den Norden den Cilento, DOP Cilento den Süden und die küstennahen Hügel.

Engagierte Kleinwinzer wie Bruno De Conciliis und Lugi Maffini haben die Weine des Cilento auf internationales Niveau gehoben, Aufmerksamkeit verdienen neben vielen anderen Winzern v.a. auch Mario Corrado und Ida Budetta mit ihrer Azienda Agricola San Giovanni (siehe W4) sowie die Betriebe Barone und Rotolo aus Rutino. Zu den biologisch zertifizierten Erzeugern zählt Ianiello Scorziello aus Roccadáspide. Zu den autochtonen Rebsorten des Cilento gehören v.a. Aglianico („ellenico", der Griechenwein) und Piedirosso als Rote, sowie Fiano oder Greco als Weiße.

Einkaufen

Engagierte Produzenten beweisen, dass (Bio-)Landwirtschaft und Nationalpark eine fruchtbare Symbiose bilden können. Im Folgenden einige Adressen, um vor Ort gut einzukaufen bzw. den Urlaub zu Hause kulinarisch fortzusetzen. Eine Reihe von Agriturismi oder Hotels bietet ihren Gästen vor Ort auch Kochkurse an.

Ascea (Frazione Terradura)
◆ Le Favate, Località Le Favate, Tel. 0974977310. April bis Okt. Elvira Licusati, Besitzerin des charmanten Agriturismo, verkauft Olivenöl, Wein, Ziegenkäse und Honig bester Qualität ab Hof.

Ascea Marina
◆ Caseificio Chirico, Via Mulino Vecchio 23,

Tel. 0974971584, www.caseificiochirico.it. Bester Büffel-Käse, Mozzarella, Joghurt und Büffel-Salami. Auch Imbiss.

Gioi
◆ Aria del Campo, Via Acqua del Salice 3, Tel. 0974991285, Mobil 3386783741. Das von Slow Food prämierte Familienunternehmen fertigt handwerklich die berühmte Soppressata von Gioi, eine lang gereifte Schweinesalami mit dem markanten Speckstück in der Mitte.

Giungano
◆ Azienda Agricola San Salvatore 1988, Via Dioniso, Tel. 0828199090, www.sansalvatore1988.it. Mo bis Sa 8–20 Uhr. In der Cantina im Gewerbegebiet Direktverkauf von bestem Bio-Wein, Öl und auf Vorbestellung auch Verkostungen.

Maratea
◆ La Farmacia dei Sani, Via Cavour 10, Maratea Borgo, Tel. 0973876148. Lukanische Feinkost wenige Schritte oberhalb der Piazza Buraglia. Die Besitzer führen oberhalb des Corso auch die nette Wine-Bar „La Merenderia".

Paestum – Capáccio Scalo
◆ Il Granato, Località Spinazzo (km 96,500 der S.S.18), Tel. 0828722712, www. caseificioilgranato.it. Büffel-Mozzarella, Käse und Joghurt in Bio-Qualität. Besonders lecker ist das Eis! Auch Bar mit Tischen im Freien. Tägl. 7–19.30 Uhr.
◆ Masseria Lupata, Via Porta Marina 3, Tel. 0828722002, www.masserialupatabarlotti.it. Prämierte Büffelmozzarella in Bio-Qualität an der Porta Marina des antiken Paestum. Auch Vor-Ort-Verzehr. Tägl. 8–20 Uhr.
◆ Tenuta Vannulo, Via G. Galilei 10 (nördlich Paestum am km 93,000 der S.S.18), Tel. 0828724765, www.vannulo.it. Mozzarella, Joghurt und Speiseeis aus biologisch erzeugter Büffelmilch.

Pisciotta Marina

◆ Alici di Menaica di Donatella Marino, Via Stazione Vecchia 3, Tel. 09 74 97 30 24, Mobil 34 74 43 91 02, www.alicidimenaica. it. Nach alter Tradition werden von April bis Juni Sardellen mit speziell geknüpften Netzen, der *menaica*, gefangen und anschließend in Salz eingelegt. Die unvergleichlich zarten Fische gibt es auch zum Mitnehmen im Terrakottagefäß.

Prignano Cilento

◆ De Conciliis, Località Querce 1, Tel. 09 74 83 10 90, www.viticoltorideconciliis. it. Mo–Sa 9–13 und 14–17 Uhr. Das vielfach ausgezeichnete Familienunternehmen („Drei Gläser" für Naima!) hat sich auf autochthone Cilento-Reben spezialisiert. Dabei setzen die jungen engagierten Winzer nicht auf hohe Erträge, sondern auf Qualität. Hier lässt sich nach telefonischer Vorbestellung Wein verkosten, dazu werden lokaler Käse und Würste gereicht. Auch Olio Extra Vergine d'Oliva.

Frisch angelandeter Fisch.

San Marco di Castellabate

◆ Luigi Maffini, Località Cenito (km 23,600 der S.S. 267), Tel. 09 74 96 63 45, www. mafini-vini.com. Mo–Fr 8.30–12.30 und 16–19 Uhr. Ein weiterer Spitzenwinzer des Cilento. Vor ein paar Jahren hat Luigi Maffini neue Rebhänge im Gemeindegebiet von Giungano begründet und wird in Zukunft auch seine Cantina dahin verlagern. Wie gut Giungano munden kann, beweist bereits sein Pietraincatenata, ein barriquegereifter Fiano.

San Maria di Castellabate

◆ Azienda Agricola San Giovanni, Punta Tresino (Zufahrt auf Schotterstraße aus der Zona Lago, siehe W 4), Tel. 09 74 96 51 36, Mobil 33 41 15 41 00, www.agricolasangiovanni.it. In beneidenswert schöner Landschaft produzieren Ida Budetta und Mario Corrado ihren Tresinus, einen herrlich aromatischen Fiano. 2011 mit der Slow-Food-Schnecke prämiert. Neuerdings werden auch Rote abgefüllt. Hofverkauf nach Anmeldung, für kleine Gruppen auch Degustationen.

◆ Bufalina, Corso Matarazzo 155, Tel. 09 74 96 13 56. So Vormittag geschl. Beste Auswahl lokaler Produkte, frisches Holzofenbrot und gute Weine.

◆ Enoteca Casaburi, Corso Matarazzo 52, Mobil 33 94 03 58 39. Mai bis Sept. 8–13 und 17–22 Uhr, im Winterhalbjahr Mo–Sa 8–13 und 16–20 Uhr. Antonio hält für seine Kunden Käse, getrocknete Cilento-Feigen, Wein (z. B. der lokale Fiano der Azienda Agricola S. Giovanni, s. o.) und gute Wandertipps bereit.

◆ Enoteca Domenico Janni, Corso Matarazzo 22, Tel. 09 74 96 11 33. Tägl. 8.30–12.30 und 16.30–19.30 Uhr. Historische Enoteca! Beste Auswahl kampanischer Tropfen zu fairen Preisen.

San Mauro Cilento

◆ Cooperativa Agricola Nuovo Cilento, Casal Sottano, Tel. 09 74 90 32 39, www. cilentoverde.com. Tägl. 8–17 Uhr. In Rum eingelegte Feigen. Olio Extra Vergine d'Oliva D. O. P. und biologisches Olivenöl. Das Restaurant „Al Frantoio" im gleichen Gebäude ist zu empfehlen (siehe unten)!

Essen und Trinken

Acquavena di Roccagloriosa

◆ U Trappitu, Via del Mare 51, Tel. 0974980167. Mo Ruhetag. Ein „Geheimtipp" der Einheimischen im Landesinneren. Zu den Spezialitäten zählen hausgemachte Pasta und Grillfleisch. Gehobene cilentanische Küche. In Aquavena beginnt einer der Wege auf den Monte Bulgherìa (siehe W 24).

Agròpoli

◆ Il Ceppo, Via Madonna del Carmine 31, Tel. 0974843036. Di Ruhetag. Seit Jahrzehnten ein Garant für beste Cilento-Küche. Zu empfehlen auch die Fischgerichte, abends Holzofenpizza.

Bosco (S. Giovanni a Piro)

◆ Romeo, Frazione Bosco, Tel. 0974980004. Gemütliches Restaurant, das Pasta variantenreich und Fleisch in kräftigen Portionen serviert. Der sympathische Wirt Romeo Januzzi, der Deutsch spricht, kennt den Monte Bulgherìa (siehe W 24) wie seine Hosentasche und begleitet (Übernachtungs-) Gäste auf schönen Wanderungen.

Camerota

◆ Al Castello, Piazza Castello 1, Tel. 0974935009. Mo Ruhetag. Apr. bis Sept. Nette Belvedere-Trattoria im Kastell, gute Küche und abends auch Pizza.
◆ Rianata'a Vasulata, Via San Vito 25, Tel. 0974935427. April bis Sept. Jeden Abend nur ein bis zwei köstliche Pasta- und Gemüsegerichte, Super-Vollkornpizza (Milvas Vater hatte früher die Dorfbäckerei) und offener Rotwein. In den Slow-Food-Himmel erhoben!

Casal Velino

◆ Agriturismo I Moresani, Località Moresani, Tel. 0974902086. Slow Food lobt Küche und Käse, viele Zutaten aus eigener Produktion. An das Restaurant schließt sich ein Hofladen an. Gino Fedullo betreibt hier auch seinen Reiterhof (siehe „Reiten").
◆ Agriturismo Zio Cristoforo, Località Chiuse, Tel. 0974907552, Mobil 3334528115. Auf Vorbestellung ganzjährig. Ehrliche Cilento-Küche, basierend auf selbst erzeugten Produkten. Kochkurse im Wechsel der Jahreszeiten.

Caselle in Pittari

◆ Zì Filomena, Viale Roma 11, Tel. 0974988024, Mobil 3348309155. Mo Ruhetag. Alteingeführte Piazza-Trattoria mit Slow-Food-Siegel. Traditionsbewusstsein auch in der Küche, prima Hauswein. In Caselle in Pittari (siehe W 27) verschwindet der Bussento, um nach acht Kilometern unteriridischem Lauf bei Morigerati (siehe W 26) wieder aufzutauchen.

Castellabate

◆ Cantina Belvedere, Tel. 0974967030, Mobil 3387028182. Ostern bis Okt. tägl., ansonsten Fr und Sa abends. Toller Blick auf den Golf von Salerno und köstliche, fast alleine satt machende Antipasti-Teller. Gehobene Fischküche. Auf *pesce fresco* versteht sich Fioravante Lembo, er ist Sporttaucher.

Cicerale

◆ Arco Vecchio, Via Roma – Monte Cicerale, Tel. 0974834187, www.osteriaarco vecchio.it. Di Ruhetag. Die Kichererbsen sind in Cicerale zu Hause. „Terra quae cicera alit" (Boden, der Kichererbsen gedeihen lässt), heißt es auf dem Ortswappen. Die ebenso gesunden wie köstlichen *ceci* kann man in vielen Zubereitungsarten im mittelalterlichen Ortsteil Monte in dieser netten Slow-Food-Trattoria verkosten.

Felitto

◆ Remolino, Località Remolino, Tel. 0828945360, Mobil 3382709486. Mo Ruhetag, Nov. geschl. Die Wanderung in der

Anna, sympathische Padrona der „Torretta" in Giungano.

Calore-Schlucht lässt sich mit dem Besuch dieser freundlichen Trattoria verbinden. Hier werden die über die Grenzen des Städtchens berühmten *fusilli* (handgemachte Makkaroni) aufgetischt, ansonsten gibt es Brathähnchen aus eigener Aufzucht und kräftigen offenen Wein. Bei gutem Wetter sitzt man im Freien. Hier beginnt der Weg in die Calore-Schlucht (siehe W 10).

Giungano

◆ La Panoramica, Contrada Gaudo, Tel. 08 28 88 04 95. Okt. bis Mai nur abends und an Wochenenden, sonst tägl. Tolle Pizza – auch meterweise, schmackhafte Jahreszeitenküche.
◆ La Torretta, Piazza Vitorio Veneto, Tel. 082 81 89 51 86. Di Ruhetag. Die sympathische Signora Anna kocht wie eine *mamma* für ihre Gäste. Von den köstlichen Gemüse-Antipasti und den knusprigen Bruschette kann man gar nicht genug bekommen. Gute lokale Küche und pfiffige Eigenkreationen. Der offene Hauswein ist die bessere Wahl.
◆ Tre Monti, Via S. Giovanni 2, Tel. 08 28 88 01 83. Mo Ruhetag, Okt. geschl.

Nette Familientrattoria am unteren Ortsrand, abends auch Pizza aus dem Holzofen. Die Pasta ist hausgemacht, es gibt sie auch mit frischen oder eingelegten Waldpilzen.

Maratea

◆ Antichi Sapori, Piazza Municipio, Maratea Borgo, Tel. 09 73 87 72 54, Mobil 33 92 93 13 92. Mo Ruhetag. März bis Nov. Der Name ist Programm, hier regiert ehrliche Bauernküche. Sympathische Familientrattoria oberhalb der Rathauspiazza, ein Paradies für Vegetarier. Doch auch Karnivoren finden ihr Glück. Fisch gibt es nur selten, dann aber garantiert frisch.
◆ Da Cesare, Via Nazionale 52, Cersuta di Maratea, Tel. 09 73 87 18 40. Im Winter Do Ruhetag. Das Familienrestaurant bietet solide Fischküche, wie sie auch die Einheimischen schätzen.
◆ Il Giardino di Epicuro, Via Massa Piano, Massa di Maratea, Tel. 09 73 87 01 30, 09 73 87 00 42 (priv.), Mobil 36 87 21 49 65. Di Ruhetag, Mitte Nov. bis Mitte Dez. geschl. Beste lukanische Küche mit frischen Bauernzutaten. Pasta, Würste und Liköre sind hausgemacht.
◆ Trattoria Casareccia „Da Biágio", Via Ontavo 11 (150 m nach dem Abzweig von der S.S. 18 in Ri. Maratea Borgo),

Gezupfter Käse

Schwarze Wasserbüffel, die sich im Schlamm suhlen – und da kommt die weiße Mozzarella her? Ganz einfach. Die fette Büffelmilch wird mit Lab versetzt und gerinnt. Diese Masse wird mit 80° C heißem Wasser abgebrüht und geknetet – ein Wunder, dass die Käsemacher sich die Hände dabei nicht verbrennen. Wenn die Masse sich wie weicher Gummi anfühlt, werden runde Bälle abgezupft – und „zupfen" heißt auf Italienisch *mozzare*. Mozzarella eben. Schlaue Kinder wissen, aus Büffelmilch kann man auch leckeres *gelato* (Eis) machen!

Tel. 09 73 87 64 00. Mo Ruhetag. Gut essen für wenig Geld. Das rosa verputzte Gebäude am Straßenrand ist ein sympathischer Anachronismus. Dem manchmal mürrischen Padrone folgte dessen weitaus freundlicher gesinnter Sohn Bonaventura. Ansonsten ist alles beim Alten geblieben, gut so.

Hausgemachte Soppressata.

Marina di Camerota

◆ Il Fornaio, Via Carpentieri 4, Tel. 09 74 93. 28 43. Mo–Sa 7–14 und 17–23 Uhr. Frisches Brot, traditionelles Gebäck, duftende *sfogliatelle* und Blechpizza auf die Hand. Am nahen Lungomare Trieste 111 (Tel. 09 74 93 28 96) – direkt über dem Hafen – gibt es mittags auch Tavola calda, d. h. leckere, warme Gerichte wie z. B. *parmigiana di melanzane*. Auch zum Mitnehmen.

◆ Ristorante da Brera, Via Sant Alfonso 29, Tel. 09 74 93 90 86. Mitte März bis Ende Okt. Seit über 30 Jahren serviert Niki Mastrolonardo in seinem Garten-Restaurant solide cilentanische Fisch- wie Fleischküche, sein *coniglio ripieno* (Kaninchen) sollte man

kosten. Von der deutschen Speisekarte und dem darauf angebotenen Wiener Schnitzel nicht beirren lassen. Eigenes Olivenöl und selbstgemachte Liköre. Freundlicher Service.

◆ San Domenico, Via dell'Isola 4, Tel. 09 74 93 28 89, Mobil 33 97 91 07 19. Di Ruhetag. Ostern bis Ende Sept. Das familiengeführte Ristorante serviert ehrliche Fischküche.

Montecorice

◆ La Pista, Via Variante, Tel. 09 74 96 47 21, Mobil 33 01 97 50 39. Ostern bis Ende Sept. Im Sommer täglich, sonst nur an Wochenenden. Hier treffen sich die Einheimischen, um Pippos (er ist auch Schreiner) luftigzarte Pizzen und Cinzias bodenständige *cucina casareccia* zu genießen. Volksnahe Preise. Schlaue Kinder packen Rollschuhe ein!

Morigerati

◆ Al Castello, Piazza Piano La Porta 3/4, Tel. 09 74 98 20 85. Das Restaurant der Familie Florenzano in der Ortsmitte ist immer geöffnet, da zu dem Lokal noch eine Bar nebst Lotto-Annahmestelle gehört. Kräftige Bauernküche und Pilzgerichte in den Gewölben des ehemaligen Baronalspalastes. Zum Verdauungsspaziergang ins Tal des Fiume Busento (siehe W 26).

Novi Vélia

◆ La Chioccia d'Oro, Via Bivio di Novi Vélia, Tel. 09 74 47 00 04. Fr Ruhetag. Seit 1979 verlässlich gute Bauern- und Bergküche. Von Slow Food gelobt. Zur Stärkung nach der Wanderung W 15 empfohlen.

Ogliastro Marina

◆ Da Carmine, Tel. 09 74 96 30 23. März bis Okt. Das freundliche kleine Familienhotel direkt am Strand ist als Restaurant seit 1965 ein Garant für ehrliche Fischküche zu fairen Preisen. Auch überraschend gute Pasta-Gerichte und ein köstlicher Kastanien- und Zitronenkuchen!

Padula

◆ Do' Ngiulino, Viale Certosa 43, Tel. 097 57 73 35. Fr Ruhetag. Gute u. v. a. auch günstige Trattoria schräg gegenüber der Kartause. Köstliches Lamm vom Grill, abends auch Pizza.

◆ La Fonte, Contrada San Giovanni in Fonte – Sala Consilina, Tel. 097 57 41 13, www. agriturismofonte.it. Nur an Wochenenden bzw. nach Anmeldung (Anrufen in jedem Fall sinnvoll). Auf halber Strecke zwischen Padula und Sala Consilina liegt am Fuße der Monti della Maddalena das frühchristliche Battistero San Giovanni in Fonte, dessen Taufbecken direkt über einem immer noch fröhlich sprudelnden Quelltopf errichtet wurde. Das rustikale Lokal auf dem ehemaligen Klostergelände serviert als Spezialität frische Forellen. Auf Höhe des Lokals nimmt auch der alte Pilgerweg, der vom Baptisterium zu einem 1.000 m höher gelegenen Michaelsheiligtum führt, seinen Ausgang. Er ist als Wanderweg offiziell markiert (www. sentierofrassati.org).

◆ La Locanda di Ercole, Corso Garibaldi 77, Tel. 09 75 77 86 15. Mi Ruhetag. Antikrömisches *opus reticulatum*, mittelalterliche Gewölbe, nachempfundene Fresken und ein brennender Kamin geben dem Restaurant

Eine Stricknadel zum Nudelmachen?

Die berühmteste Pasta des Cilento nennt man *fusilli*. Dazu wird der geschmeidige Teig in kleine, längliche Stücke geschnitten und flink um einen dünnen Eisenstab gewickelt. Früher nahm man manchmal auch die Halme des Diss *(Ampelodesmos mauretanica)* dazu her. Das Schwierige ist, die Nudel so vom Stab zu kriegen, dass sie innen hohl bleibt. Die besten Fusilli gibt es im Bergstädtchen Felitto, z.B. zur Stärkung nach einer Wanderung durch die Calore-Schlucht (W 10).

des Altstadt-Hotels „Villa Cosilinum" sein besonderes Gepräge. Die Küche ist dem Territorium und der Historie verpflichtet. Käse und Wein reifen in eigenen Felskellern. Der Padrone verrät seinen Gästen gerne die schönsten Wanderungen der Umgebung.

◆ Taverna Il Lupo, Largo Municipio 8, Tel. 09 75 77 83 76, www.tavernaillupo.it. Mo geschlossen, mittags und abends, besser vorher anrufen. In den verwinkelten Altstadtgassen liegt direkt unterhalb des Rathauses (oberhalb parken!) die einladende Taverne von Michele Cartusciello. Beste lokal geprägte Jahreszeitenküche. Das wissen auch die Einheimischen zu schätzen.

Paestum

◆ Che fresco, Via Mantegna 63, Tel. 08 28 72 11 91. März bis Okt. Das ehrwürdig in die Jahre gekommene Restaurant des Art-Hotels Calypso ist Treff der Kenner und Liebhaber kampanischer Küche. Auf Wunsch bekocht Gabriella ihre Gäste auch makrobiotisch. Verarbeitet werden ausschließlich Bio-Produkte des Cilento. Beachtliche Weinkarte! Roberto ist ein unerschöpflicher Quell kulinarischen Wissens. Der schöne Strand liegt wenige Schritte entfernt.

◆ Nonna Sceppa, Via Laura 45 (von der archäologischen Zone ca. 3 km in Ri. Salerno auf Höhe des Hotels „Ariston"), Tel. 08 28 85 10 64, www.nonnasceppa.com. Do Ruhetag, im Winter nur mittags. Von Gastro-Kritikern hoch gelobtes Restaurant mit dem Charme einer Mensa. Verarbeitet werden u. a. die lokalen Artischocken, *mozzarella di bufala* und Büffelfleisch. Gehobene Regionalküche, abends auch Pizza.

Palinuro

◆ Core e Core, Via Piano Faracchio 13 – Località Faro, Tel. 09 74 93 16 91, Mobil 34 71 22 65 09. März bis Anfang Nov. Idyllisches Gartenlokal inmitten von Oliven auf dem Weg zum Leuchtturm (siehe W 18). Hausgemachte Pasta, Gemüsegerichte und frischer Fisch zu fairen Preisen.

◆ Il Vicoletto, Via Indipendenza 52, Tel. 0974931918. April bis Ende Okt. Dem ganzjährig geöffneten, familiengeführten Hotel „La Conchiglia" angeschlossenes Terrassenrestaurant. Gehobene Fischküche, Gemüse und Öl stammen überwiegend aus eigener Produktion. Übernachtungsgäste können im Herbst an der Olivenernte teilnehmen.

◆ Isca delle Donne, Località Isca delle Donne (von der S.R. ex S.S. 562 auf Höhe des Ristorante „Dalino" Richtung Meer abbiegen), Tel. 0974931826, Mobil 3924721756. Von Nov. bis Jan. nur Sa und So. Agriturismo-Restaurant in geschmackvoll restauriertem Steinhaus am Fuße des Monte Molpa. Delikate Gemüseküche mit frischen Hofprodukten. Jeden Do kann man beim Melken, Käsemachen und Brotbacken mitmachen und anschließend die Früchte der Arbeit natürlich auch verzehren. Kinderspielplatz, viele Tiere.

Piaggine

◆ San Simeone sul Ponte, Via Agricola 7, Mobil 3295615673, www.ristorantesansimeone.com. Kein Ruhetag, es empfiehlt sich jedoch, ein paar Tage vorher anzurufen. Das urige Lokal, im Südwesten außerhalb des Ortes gelegen, steht an Stelle einer mittelalterlich-byzantinischen Kapelle, und im Inneren öffnet sich eine Karstgrotte. Die gute Küche bedient sich lokaler Jahreszeitenprodukte aus eigener Landwirtschaft. Der sympathische Besitzer Pasquale di Perna organisiert für seine Gäste Wanderausflüge in die Umgebung (siehe W 14), z. B. auch auf den Spuren der Briganten durch die Schluchten des Calore (www.naturavillage.com).

Pioppi

◆ La Caupona, Via Caracciolo (S.R. ex S.S. 267), Tel. 0974905251. Mitte Juni bis Mitte Sept. tägl., sonst nur Sa und So. Lina Pinto, eine ehemalige Lehrerin und Autorin eines lesenswerten Koch-Erinnerungsbuches, betreibt ihr freundliches Lokal am Lungomare.

Hier gibt es die einfachen und schmackhaften Cilento-Gerichte, die den amerikanischen Ernährungswissenschaftler Ancel Keys in den 1960er Jahren begeisterten.

Pisciotta – Pisciotta Marina

◆ D'Angiolina, Via Passariello 2, Marina di Pisciotta, Tel. 0974973188. Apr. bis Okt. Di Ruhetag. Rinaldo Merolas Gartenlokal am Lungomare, 1960 von seiner Mutter Angiolina ins Leben gerufen, ist der ideale Platz, um die lokale Spezialität *alici di menaica* zu probieren. Fisch und Gemüse regieren gleichermaßen prominent. Eine verlässliche Slow-Food-Adresse.

◆ Osteria del Borgo, Centro storico, Tel. 0974970113. Apr. bis Nov. Freundliche Altstadt-Trattoria unterhalb des „Tre Guffi". Sowohl die *cucina di terra* wie die *cucina di mare* sind sehr zu empfehlen.

◆ Perbacco, Contrada Marina Campagna 5, Tel. 0974973889, www.perbacco.it. Juni bis Mitte Okt. Urgemütlich unter alten Ölbäumen an einfachen Holztischen sitzen und beste *cucina cilentana* genießen. Den Fisch liefern die Fischer fangfrisch. Eine besondere Aufmerksamkeit gilt auch der Käse- und Weinauswahl. Slow Food zollt höchstes Lob.

◆ Tre Gufi, Via Roma, Tel. 0974973042. Juni bis Sept. auch mittags, sonst nur abends; Nov. bis März nur Sa und So. Traditionelle Bauernküche mit Pfiff, Pizza und frischer Fisch. Mario Caramutas Lokal liegt

Pesce Ahoi!

Unter dem Begriff *pesce azzurro* werden so unterschiedliche Fischarten wie Sardelle (*alice, acciuga*), Sardine (*sardina*), Makrele (*sgombro*), aber auch Schwert- (*pesce spada*) und Thunfisch (*tonno*) zusammengefasst, deren Gemeinsamkeit blaue Flossen und ein hoher Gehalt an Omega-3-Fettsäuren sind. Das macht den Verzehr der schmackhaften „Blaufische" so gesund!

im Herzen des autofreien Pisciotta zu Füßen des Palazzo Marchesale, von der Terrasse ein fantastischer Blick aufs Meer.

◆ Valle di Marco, Via del Commercio, Contrada Valle Marco (an der S.R. ex S.S. 447 auf halber Strecke zwischen Pisciotta und Palinuro), Tel. 09 74 97 61 42, Mobil 34 95 94 24 74. Mo Ruhetag. Das Agriturismo-Restaurant bietet traditionelle Küche, besonders lecker die frisch zubereiteten Antipasti. Festes Menü.

Policastro Bussentino
◆ Il Ghiottone, Via Nazionale 42 (km 205,400 der Durchfahrtsstraße) – Marina, Tel. 0974984186. Di Ruhetag. Nov. geschl. Ausgezeichnetes Fischrestaurant mit elegantem kleinem Speisesaal. Kulinarische Themenabende.

Póllica
◆ Costantinopoli, Contrada Costantinopoli 6, Tel. 09 74 90 11 34. Apr. bis Sept. jeden Sa und So, im Sommer tägl. Seit über 40 Jahren führt die Familie Marano ihr gastliches Haus in einem Weiler nordwestlich von Póllica. Gemüse und Fleisch kommen aus eigener Produktion. Von der Terrasse genießt man einen herrlichen Blick.

Salerno
◆ Il Brigante, Via Fratelli Linguiti 4, Tel. 089 22 65 92. Mo Ruhetag, Aug. geschl. Politisch korrekte winzige Altstadt-Osteria oberhalb des Duomo. Gute cucina povera, konkurrenzlos preiswert. Findet zu Recht das Lob von Slow Food.

◆ Il cotto e il crudo, Piazza Flavio Gioia 8, Tel. 08 95 64 81 67, www.cottoecrudo salerno.com. Mo Ruhetag. Am ehemaligen Fischmarkt Fisch und Meeresfrüchte in bester Qualität und vorzüglich zubereitet. Beachtliche Weinkarte!

◆ Trianon, Piazza Flavio Gioia 22/24, Tel. 089 25 25 30. So mittags geschl. Ableger der berühmten neapolitanischen Pizzeria. Gut und günstig. Am ehemaligen Fischmarkt.

San Mauro Cilento
◆ Al Frantoio, Casal Sottano, Tel. 09 74 90 32 43. Juni bis Sept. tägl.; Okt. bis Mai nur Sa und So. Der Name „Laboratorio di Ricerca della Cucina del Cilento Antico" ist Programm und entspricht der Slow-Food-Philosophie. Im großen Saal mit Cotto-Boden und Holztischen werden zu fairen Preisen Speisen der traditionellen bäuerlichen Küche serviert, einfache und schmackhafte Gerichte wie acquasale (hartes, in Salzwasser getränktes Brot mit Olivenöl und Tomaten) oder ciambotta (deftiger Eintopf aus Auberginen, Peperoni, Zwiebeln und Kartoffeln). Guter Hauswein. Das Lokal ist ein Ableger der Olivenölmühle Cooperativa Agricola Nuovo Cilento (s. o.).

San Marco di Castellabate
◆ Caffetteria Torretta, Via Torretta (= S.R. ex S.S. 267), Tel. 09 74 96 60 15. Do Ruhetag. Strategisch günstig an der Landstraße direkt am Ortseingang gelegen. In meterlangen Vitrinen locken von früh bis spät die köstlichsten gelati und dolci. Mittags auch Tavola calda.

Santa Maria di Castellabate
◆ La Taverna del Pescatore, Via Lamia, Tel. 09 74 96 82 93. März bis Nov. Mo Ruhetag. Eines der besten Fischrestaurants im weiten Umkreis, Slow Food verneigt sich. Edel-rustikal das Ambiente, raffiniert die Zubereitung und Präsentation der Speisen. Im Norden des Zentrums, eigener Parkplatz.

◆ La Terrazza, Via B. Simeone – Zona Lago, Tel. 09 74 96 50 27, www.trezene.com. Mitte Mai bis Ende Okt., nur abends. Auf elegant gemachtes Terrassen-Ristorante auf dem Gelände des Ferienclubs Trezene hoch über dem Sandstrand. Die Fisch- und Gemüse-Küche wird mit Capri-Blick serviert.

◆ Lido Azzuro, Località Pozillo, Tel. 09 74 96 14 96 (priv.), Mobil 33 36 07 38 01. Mitte Mai bis Anfang Okt. Sympathische Strandbar, mit wenigen Schritten vom südlichen Altstadtrand zu erreichen. Auf der

Holzveranda werden leckere Kleinigkeiten aufgetischt, die Spezialität ist *acquasale*, ein Brotsalat mit einem Berg frischer Gartentomaten. Liegen und Sonnenschirme am Strand.

◆ Mirage, Via Pozillo (Zufahrt von der S.R. ex S.S. 267 bzw. über den Strand zu Fuß), Tel. 0974961496. Anfang Mai bis Ende Sept. tägl. von früh bis spät. Sympathische Strandbar, das Ristorante öffnet außerhalb der Saison nur mittags. Kleinigkeiten wie Panini, Salate, hausgemachte Pasta und gegrillte Sardinen. Auch Liegen und Sonnenschirme.

◆ Pasta e Pizze – Da Nello, Via Pagliarola 33, Mobil 3388431737. Mo Ruhetag. März bis Ende Sept. Nello betreibt am Corso Matarazzo N° 149 eine kleine Pastamanufaktur; hier gibt es auch knusprige Pizza vom Blech. Zu empfehlen auch sein kleines, etwas versteckt gelegenes Lokal unterhalb des Corso. Hier wird deftige neapolitanische Küche aufgetischt. Natürlich gibt es auch Pizza und offenen Wein.

◆ Ristorante-Vineria PerBacco, Via Guglielmini 19, Tel. 0974961832, Mobil 3336031529. Mi Ruhetag. Ursprünglich „nur" ein edler Weinausschank in direkter Nachbarschaft der Eisdiele seines Vaters, hat sich Attilio Anversanos Lokal längst zum ambitionierten Fischristorante gemausert. Die exzellente Weinauswahl und -beratung sind geblieben.

Scário

◆ Incontro, Lungomare Marconi, Tel. 0974371009. März bis Ende Okt. Das Ristorante an der Hafenpromenade ist für seine Fischspezialitäten bekannt. Am Herd steht *mamma* Maria-Luisa, während ihre Tochter Francesca sich um die Gäste kümmert. Kleiner Saal und Terrasse im Freien.

Trentinara

◆ Lu Vottaro, Via Forno Antico, Mobil 3288635664, www.ilvottaro.it. In der Regel bis auf So nur abends geöffnet, Re-

servierung empfohlen. In einem mit Gusto restaurierten Altstadthaus bietet Alfonso Longo, der jahrelang in Capáccio Scalo die vielgepriesene „Pergola" geführt hat, den angemessenen Rahmen für sein neues gastronomisches Abenteuer. Hier kocht er noch näher am Territorium, die frischen Zutaten liefern die Bauern der Umgebung, Wildgemüse und Pilze sammelt er selbst.

Torre Orsáia

◆ Da Addolorata, Via Pulsaria 16, Tel. 0974985669. Inbegriff einer cilentanischen Osteria. Eine Speisekarte gibt es nicht, alles wird nach Marktangebot frisch zubereitet. Auch die Preise erinnern an die gute alte Zeit. Lohnt den Weg (siehe R 9). Das findet auch Slow Food.

Valle dell'Angelo

◆ Osteria La Piazzetta, Piazza Canonico Januzzi 2, Tel. 0974942008. Angelo Coccaro und Giuseppe D'Amico, die gemeinsam auch eine einfache, aber herzliche Herberge betreiben, servieren in dem winzigen Lokal beste lokale Küche zu günstigen Preisen (siehe W 13). Zurecht von Slow Food entdeckt!

Vallo della Lucania

◆ U' Parlatorio, Via San Pietro Celestino 66 – Massa, Tel. 097476210, Mobil 3356221266. Mo Ruhetag. Urige Trattoria in ehemaliger Ölmühle in einem südlich Vallo gelegenen Ortsteil. Lokale Würste, Käsespezialitäten, wie z. B. in Myrtenblättern gereifte Mozzarella, deftige Pilz- und Gemüsesuppen, frisch zubereitete Pasta sowie Grillfleisch geben den Ton an. Ideal zur Stärkung nach einer Besteigung des M. Gelbison (siehe W 15) – oder anstatt.

Villammare

◆ Taverna Portosalvo, Corso Italia 77, Tel. 0973365474, Mobil 3385617963. Mo Ruhetag. Das nette Küstenstädtchen ist dank Gerardo Menzas Fisch-Taverna auch kulinarisch eine Reise wert!

CILENTO
aktiv

Wanderungen

Eines der vielseitigsten Wandergebiete Süditaliens

Der Cilento ist landschaftlich und kulturgeschichtlich eines der vielseitigsten Wandergebiete Süditaliens. Meer und Berge liegen nah beieinander, bäuerliche Kulturlandschaften mit uralten Olivenhainen wechseln sich mit duftender Macchia und lauschigen Wäldern ab. In höheren Berglagen blühen im Sommer die Almwiesen. Viele alte Wirtschaftswege sind noch intakt, nach und nach werden sie als Wanderwege markiert. Dabei bemühen sich Nationalparkverwaltung, C.A.I. (Italienischer Alpenverein) und lokale Initiativen um den Ausbau eines Wanderwegenetzes.

Das Bewusstsein für einen nachhaltigen Tourismus wächst. Kommunen wie Magliano und Felitto haben auf ihrem Gemeindegebiet Wege markiert und Wandertafeln aufgestellt, die Comunità Montane haben Wege markiert und nützliche Publikationen mit präzisen Karten und zuverlässigen Routenbeschreibungen herausgegeben. Diese Beispiele machen Schule, sie fördern den ökologisch wie ökonomisch sinnvollen Tourismus außerhalb der Hochsaison – ein wirtschaftliches Signal an die Menschen, die im Gebiet des Nationalparks leben und ihn bislang als Hemmnis erlebt haben.

In Süditalien wird Wandern immer noch mit einem Ruch von Abenteuer „Trekking" genannt. Vor Ort gibt es eine Reihe von Organisationen, die Trekking in Gruppen anbieten. Die Routen in diesem Buch reichen vom Spaziergang bis zur anspruchsvollen Berg-

Macchia und Meer an der Punta Tresino (W 4).

tour, führen auf den Spuren antiker Philosophen zu Ruinen und verlassenen Städten, zu alten Kultstätten und auf heilige Berge, in tiefe Schluchten und auf aussichtsreiche Gipfel oder an wilden Küsten entlang. Kurz, der Cilento ist ein Wanderparadies für die ganze Familie.

Mit reizvollen Küsten- und Bergwanderungen wartet auch die südlich sich anschließende Region Basilikata mit der Costa di Maratea am Golf von Policastro auf.

Es bedarf keiner alpinen Kondition, um die vorgeschlagenen Wanderungen zu genießen. Etliche Routen machen auch Kindern Spaß. Bei Einhaltung grundsätzlicher Vorsichtsregeln besteht keinerlei Gefahr. Gehen Sie möglichst nie alleine und benutzen Sie Wanderschuhe mit guter Profilsohle und festem Knöchelhalt. Nehmen Sie eine elastische Binde, ausreichend Getränke und Sonnenschutz mit. Bei Nebel oder schlechtem Wetter empfiehlt es sich, die Wanderung abzubrechen.

Meerfenchel an der Punta Licosa (W 5).

Wanderkarten

◆ Carta dei Sentieri

Die offiziellen Nationalparkkarten sind 2006 in 1. Auflage erschienen, insg. 10 Blätter auf Basis schlecht gescannter IGM-Karten 1:25.000. Die eingezeichneten Wanderwege werden seit 2011 im Gelände rot-weiß markiert und per GPS aufgezeichnet. Dann folgt hoffentlich eine Neuauflage des Kartenwerks, bei der Realität und Kartendarstellung nicht mehr getrennte Wege gehen. Je Blatt 6 Euro, alle 10 Karten zusammen 50 Euro (als Download gratis von der offiziellen Website des Nationalparks, www.cilentoediano.it/sentieri.html). Bezug c/o Parco Nazionale del Cilento e Vallo di Diano (PNCVD), Piazza S. Caterina 8, 84978 Vallo delle Lucania (SA), www.cilentoediano.it

◆ IGM – Carta Topografica d'Italia

Die sogenannten Militärkarten 1:25.000 und 1:50.000 wurden für den Cilento in den 1990er Jahren aktualisiert. Die Papierqualität der italienischen Topo-Karten ist notorisch schlecht. Zu kaufen in der Libreria Internazionale, Piazza XXIV Maggio 12 in Salerno oder online: www.igmi.org

◆ Carta dei Sentieri

In Zusammenarbeit mit Mimmo Pandolfo (siehe unten) ist 2005 (letzte Auflage 2008) eine brauchbare Wanderkarte 1:30.000 entstanden, die den südlichen Cilento abdeckt. Solange der Vorrat reicht, gratis in diversen Fremdenverkehrsämtern – z. B. in der Pro Loco von Marina di Camerota. Comunità Montana Bussento – Lambro – Mingardo, Piazza L. Padulo 5, 84077 Torre Orsáia (SA), www.cmbussento.org

◆ Monte Stella – Der Berg am Meer

In Zusammenarbeit mit Peter Hoogstaden ist das nützliche Büchlein mit Wanderbeschreibungen und herausnehmbaren Karten 1:25.000 entstanden. Solange der Vorrat reicht, für spottbillige 3 Euro in Info-Büros, am Kiosk oder direkt bei Genius Loci (siehe unten) – auch auf Deutsch. Leider hat der Enthusiasmus der Comunità Montana, die Wege auch zu pflegen, deutlich nachgelassen. Genius Loci Turismo & Comunità Montana Alento – Monte Stella, Via Roma 1, 84050 Laureana Cilento (SA), www.alen to-montestella.sa.it.

◆ **Parco Nazionale Cilento e Valo di Diano – Carta Turistica e dei Sentieri**
Farbige Topo-Karte 1:50.000. Klar lesbares Kartenbild! Brauchbar für alle in diesem Buch beschriebenen Wanderungen, wenn auch nicht alle der eingezeichneten Wege real existieren. Ideal für Rad-, Motorrad- und Autotouren. Für 7 Euro am Kiosk. In Deutschland z. B. über Karten Schrieb (www.karten-schrieb.de). Matonti Editore, Salerno.

◆ **Guida Cartografica di Maratea**
Von Pompeo Limongi stammt eine Überblicksdarstellung der Costa di Maratea auf Grundlage von IGM-Karten mit eingezeichneten Wanderwegen (im Gelände nicht immer ausgeschildert bzw. gesäubert) und Badestränden,1:20.000. Pompeo fertigt außerdem Kaleidoskope aus Keramik. Sein Geschäft fungiert zugleich als Reisebüro. Hier ist er mit Wandertipps behilflich. Solange der Vorrat reicht, bei der APT Basilicata im Ortsteil Fiumicello bzw. direkt in der „Bottega dei Caledoscopi", Via A. Mandarini 16, Maratea Borgo, Mobil 33 87 30 44 99 (Pompeo), www.caleidoscopi.com.

Bergführer / Reiseveranstalter

◆ **Archeo Trekking**, Via Grisi 5, Ascea Marina, Tel. 09 74 97 24 17, Mobil 34 87 79 86 59 (Giuseppe Di Bello), www.archeotrekking.net. Reisebüro in Nähe des Ristorante „Le Macine" an der Straße Richtung Ascea. Wanderkarten des Nationalparks, in Zusammenarbeit mit der Associazione Ginestra geführte Wanderungen im Hinterland von Vélia und Ascea.

◆**Associazione Posidonia**, c/o Salvatore Calicchio, Via San Vito 28, Marina di Camerota, Tel. 09 74 93 50 23 (priv.), Mobil 33 35 95 35 13, www.posidonia-cilento.it. Salvatore, Lehrer im Ruhestand, führt mit Begeisterung naturkundliche Wanderungen um Camerota – auch in Kooperation mit Cilentano. Er hat zahlreiche Wege im Umkreis gesäubert und markiert. Auch Bootsausflüge (siehe „Küsten und Meer").

◆ **Associazione Pro Ulisse**, c/o Pro Loco-Capitaneria del Porto, 84040 Marina di Casal Velino, Mobil 33 35 44 72 22, www.ulis seprocilento.com. Vincenzo Morinelli und die Mitglieder von Pro Ulisse führen Wanderungen im Gebiet der Comunità Montana Alento – Monte Stella. Vor Ort gute Infos auf Deutsch.

◆ **Associazione Ripe Rosse**, c/o Reisebüro „Verdeblu Travel", Via Porto, 84041 Acciaroli, Tel. 09 74 90 46 36, Fax 09 74 90 47 54, Mobil 33 96 68 48 18 (Giuseppe Damiani), www.cilentoverdeblu.it, www.verdeblutravel. it. Marina Schiavo, die gut Deutsch spricht, erteilt umfassend Infos zum Nationalpark und vermittelt Mietfahrzeuge. Ihr Büro ist zugleich Anlaufstelle für die Associazione Ripe Rosse, deren Aktiv-Programm geführte Wanderungen, Wildwasserwandern im Calore und Bussento, Kajakfahren sowie naturkundliche Ausflüge mit Fischerbooten und Segelyachten (siehe „Küsten und Meer") umfasst.

◆ **Cilentano**, Margaretenstr. 14, D-93047 Regensburg, Tel. (09 41) 5 67 64 60, Fax (09 41) 5 67 64 61, www.cilento-ferien.de. Salvatore Calicchio (siehe oben) begleitet im Frühjahr und Herbst 7-tägige Wandergruppenreisen. In Kooperation mit Peter Amann veranstaltet Cilentano gelegentlich die Herbstwanderreise „Belvedere e Buongusto".

◆ **Enzo Liuccio**, Via Porta Sottana 24, 84070 Trentinara, Tel. 08 28 83 15 39 (priv.), Mobil 33 93 57 81 24, liucciovincenzo

@libero.it. Enzo, geprüfter Fremdenführer der Region Kampanien, begleitet am liebsten Wanderstudienreisen mit botanischem Schwerpunkt durch seine Heimat Cilento – auch Familien und kleine Gruppen. Zusammen mit seinem Sohn Davide hat er eine Reihe von Wegen um Trentinara freigelegt und markiert, so z. B. eine traumhaft schöne Runde durch die Gola di Tremonti (W 3) bei Giungano und Trentinara.

◆ **Genius Loci Travel**, Via Rotondo 5, 84100 Salerno, Tel./Fax 0897918 96,

Mobil 3284740990, www.genius-loci.it, www.wandernitalien.com. Der holländische Landschaftsökologe Peter Hoogstaden organisiert mit seinem internationalen Team Wander- und Fahrradreisen in Süditalien, auch im Cilento. Die Gäste erhalten alle notwendigen Routeninfos, um selbstständig vor Ort zu reisen, auf Wunsch auch in Begleitung von Führern. Für Übernachtung und Gepäcktransport wird gesorgt. Neuerdings geht Peter auch auf Wasser und veranstaltet Kajaktouren entlang der Amalfi- und Cilento-Küste (siehe „Kajakfahren").

Nationalparks hoch drei

Der **Parco del Cilento e Vallo di Diano**, zweitgrößter Nationalpark Italiens, hat würdige Nachbarn. Am Golfo di Policastro treffen nicht nur die drei Regionen Kampanien, Basilikata und Kalabrien aufeinander, sondern im klaren Meereswasser spiegeln sich neben den Gipfeln des M. Bulghèria (siehe W 24) auch das knapp über 2.000 m hohe Sirino-Massiv – Teil des 2007 neu geschaffenen **Parco dell'Appennino Lucano** – sowie die Monti di Orsomarso, die zum **Parco del Pollino** gehören. Letzterer erstreckt sich über eine Fläche von knapp 2.000 km^2 als größter Nationalpark Italiens zwischen dem Thyrrhenischen und Ionischen Meer über die Grenzen Kalabriens und der Basilikata hinweg. Mit fünf Zweitausendern, darunter der 2.267 m hohen Serra Dolcedorme, bildet das aus dolomitischen Kalken aufgebaute Pollino-Massiv das Herzstück des Parco Nazionale. Mit dem abrupten Steilabbruch über der Piana di Síbari findet der lukanische Apennin hier sein südliches Finale furioso. Berge mit ausgedehnten Wäldern, Alpenmatten, Felsfluren, abgrundtiefe Talschluchten und liebliche Flusslandschaften bieten eine Vielfalt von Lebensräumen mit einer einzigartigen Tier- und Pflanzenwelt. Das Symbol des Parco del Pollino ist die Panzerkiefer (Pinus leucodermis), ein imposanter Nadelbaum und

ein Relikt der letzten Eiszeit. Die Population der Wölfe (Canis lupus italicus) wird im Pollino auf ca. 30 Exemplare geschätzt (siehe Seite 14). Man wird die scheuen Tiere kaum zu Gesicht bekommen, kann jedoch nachts ihr Geheul hören. Ein Kranz von Ortschaften legt sich um das Gebirge, das der antike Geograf Strabo „Mons Apollinius" nannte. Im Altertum galt Apollon als Schutzgott der Hirten und Herden. Seine Aufgabe wurde in christlicher Zeit auf die Madonna übertragen. Die großen Marienwallfahrtsstätten in den Bergen – auch im Cilento – sind jedes Jahr das Ziel zehntausender Pilger. In dem Brauch, in den Orten festlich geschmückte Baumstämme aufzustellen, sind immer noch alte Fruchtbarkeitskulte lebendig.

Die beiden Gebirgs-Nationalparks sind aus dem südlichen Cilento bzw. von der Costa di Maratea im Tagesausflug zu erreichen. Auch wenn der Ausbau eines offiziellen Wanderwegenetzes nicht schneller als im Cilento voranschreitet, finden sich auf den offiziellen Webseiten einige Aktiv-Urlaubs-Tipps sowie (Wander-)Karten zum Download; Hinweise auf Deutsch auf www.italien-aktiv.info.

◆ Parco dell'Appennino Lucano, www.parcoappenninolucano.it
◆ Parco del Pollino, www.parcopollino.it

Traum-Buchten auf dem Weg zum Porto degli Infreschi (W 21).

◆ **Guide del Parco**, c/o Parco Nazionale del Cilento (siehe oben). Die offiziellen Nationalparkführer, darunter Geologen, Botaniker und Archäologen, bieten ihre Dienste meist größeren Gruppen, Schulklassen, aber auch Einzelreisenden an. Ausflugsprogramm auf der Website www.guideufficialipncvd.it.

◆ **Gruppo Escursionistico Trekking – Cultnatura**, Via Canonico Ronsini, 84070 Rofrano, Tel. 09 74 95 21 35, Fax 09 74 95 21 35, Mobil 34 79 49 73 91, www.gettrek.it/get/. Mimmo Pandolfo (spricht Deutsch und Englisch) und die anderen Mitglieder des GET führen ganzjährig Wanderungen im südlichen Cilento und im gebirgigen Landesinneren. Routenbeschreibungen auf der Internetseite. Mimmo hat in Zusammenarbeit mit der Comunità Montana Bussento – Lambro – Mingardo zahlreiche Wanderwege im südwestlichen Cilento markiert, darunter einen mehrtägigen Trek durch die Monti Alburni. Ein neues ambitioniertes Projekt sieht die Einrichtung und Markierung eines Küstenwanderweges im Cilento und

an der Costa di Maratea vor. Das Büro ist zugleich Info-Stelle des Nationalparks.

◆ **Gruppo Escursionistico Trekking**, Via Provinciale 25, 84030 Silla di Sassano (6 km westl. Padula), Tel. / Fax 0 97 57 25 86, Mobil 33 83 09 50 44 (Giancarlo Priante), 33 95 78 80 65 (Vittorio D'Orilia), www.getvallodidiano.it. Der GET organisiert Tageswanderungen und mehrtägige Trekkingtouren in den Monti Alburni und im Cervati-Massiv sowie Mountainbike-Touren, Pferdewandern, Speleologie, Kajakfahren und Rafting. Privatunterkünfte und Berghütten.

◆ **Outdoor Campania**, Vicolo Municipio Vecchio 6, 84125 Salerno, Mobil 34 06 58 78 06, www.outdoorcampania.it. Leonardo Ricciardi bietet im Cilento Wander- und Küstenkayaktouren an.

◆ **Trekking Campania – Officinae Itineris**, Salerno (z. Z. ohne feste Adresse), Mobil 33 93 70 70 97 (Mario Luciano), 33 97 45 67 95 (Andrea Perciato), www.

trekkingcampania.it. Andrea Perciato, Autor mehrerer Wander- und Radführer, führt auf Anfrage Wandertouren und gelegentlich auch ein- und mehrtägige Rad- und MTB-Touren im Cilento.

◆ **Trekking Cilento Agròpoli**, Via Cannetiello 6, 84043 Agròpoli, Tel. 09 74 84 33 45, Mobil 33 83 57 68 05, www.trekkingcilento. it. Pietro Faniglione ist auch Autor der Publikation „I Sentieri della Contemplazione", die von 40 Wanderungen berichtet, ohne dabei einen einzigen konkreten Hinweis auf ihre Auffindung zu geben. Auch die Übersichtskarte bleibt im Ungefähren. Die Fotos machen trotzdem Lust auf Entdeckungen.

Comunità montane (Berggemeinden)

Als Comunità montana wird in Italien ein Verband mehrerer Berg- und Vorberggemeinden bezeichnet. Ihre gesetzlich vorgeschriebene Aufgabe ist die Aufwertung der Berg-

regionen, sie können aber auch kommunale Funktionen wie z. B. Müllabfuhr übernehmen. Da mit dem Status einer Comunità montana hohe Fördergelder verbunden sind, sind leider auch der Korruption Tür und Tor geöffnet, nicht zuletzt abzulesen an den meist monströsen Verwaltungsbauten. Der Personalaufwand ist immens, das Klientelwesen ausgeprägt. Die Comunità montane des Cilento engagieren sich mit unterschiedlichem Erfolg auch in der Einrichtung und im Unterhalt von Wanderwegen, (meist veraltete) Infos dazu z. T. auf den offiziellen Webseiten.

◆ **Comunità Montana Alburni**, www. comunitamontanaalburni.it. Im Gebiet der Monti Alburni ist der CAI aus Salerno (www. caisalerno.it) beim Markieren der Wege aktiv, vorbildlich z. B. im Fall von W 11.

◆ **Comunità Montana Alento – Monte Stella**, www.alento-montestella.sa.it. In Zusammenarbeit mit dem Landschaftsökologen Peter Hoogstaden ist das nützliche Büchlein

Padre Pio und GPS als Orientierungshilfen auf dem M. Panormo (W 11).

Weitblick vom M. Vésole (W 2).

„Monte Stella – Der Berg am Meer" entstanden (mit Glück bei Genius Loci in Salerno noch zu erhalten, s. o.). Unsere Touren W 4, W 5, W 6, W 7 und W 8 liegen in diesem Gebiet. Der Enthusiasmus, die Wege auch zu pflegen, hat leider nachgelassen.

◆ **Comunità Montana Bussento**, Lambro e Mingardo, www.cmlambromingardo.it. Mimmo Pandolfo vom GET-Cultnatura (s. o.) hat wesentlich zur Realisierung der „Carta dei Sentieri" im Maßstab 1:30.000 beigetragen (solange der Vorrat reicht, gratis in lokalen Fremdenverkehrsämtern). Die Touren W 15 bis W 25 bzw. interessante Varianten lassen sich damit erkunden.

◆ **Comunità Montana Calore Salernitano**, www.ecoturismocmcalore.it, www.trekking

cmcalore.it. In das sehr ausgedehnte Gebiet dieser Berggemeinde fallen u. a. die im Buch beschriebenen Touren W 1, W 2, W 10 und W 13. Reizvoll sind auch die Quellen des Sammaro auf halber Wanderstrecke zwischen Sacco und dem absolut sehenswerten Roscigno Vecchio. Wanderkarten auch als Download. Das Engagement der Comunità Montana im Internet überwiegt zeitweise den konkreten Einsatz im Gelände. Umso mehr privates Engagement beweist hier der Bergführer Enzo Liuccio (s. o.) aus Trentinara.

◆ **Comunità Montana Gelbison e Cervati**, www.cmgelbison.it. Diese Berggemeinde, in deren Gebiet u. a. W 14 und W 15 fallen, zeigte bislang wenig Engagement im Unterhalt von Wanderwegen. Dabei ist Vallo della Lucania zugleich auch Sitz der Nationalparkverwaltung!

◆ **Comunità Montana Vallo di Diano**, www. sitvallodidiano.it. Das von hohen Bergketten gerahmte Vallo di Diano bietet eine Reihe interessanter Wandermöglichkeiten. Von Padula aus sind z. B. Ausflüge in die Monti della Maddalena möglich. Sehr reizvoll sind auch die Steilabfälle der Monti Alburni zum Vallo hin und die Süd- und Ostflanken des Cervati. In diesem Gebiet ist der GET-Vallo di Diano (s. o.) sehr aktiv, der auch den Fernwanderweg „Cervati e degli Alburni" eingerichtet hat.

Wandern im Cilento – ein offenes Wort

Die Uhren im Cilento gehen anders, und manchmal muss man sich mit Geduld wappnen – *pazienza* heißt das Zauberwort. Die Pflege vieler in diesem und seit der Erstauflage 2005 auch in einer Reihe weiterer Reiseführer beschriebenen Wege obliegt in den meisten Fällen den genannten Comunità montane. Die Neuanlage von Wegen ist oft mit einem Subventionsregen verbunden, der für die fortlaufende Pflege der Wege, genauso wie der Arbeitseinsatz, ebenso oft versiegt. Schnell verfällt ein Weg wieder in seinen dornigen Urzustand, heftige Winterregen tun ein Übriges. Nicht immer hat der Autor schlampig recherchiert, wenn Realität und Beschreibung auseinandergehen. Teilen Sie auch leidvolle Erfahrungen anderer Lesern im Internetforum des Verlages mit, setzen Sie aber auch bitte den Nationalpark in Kenntnis. Vielleicht hilft es!? *Mille grazie per la vostra pazienza e collaborazione!*

1. Capáccio Vecchio – Ausblick auf Geschichte

Selbst ohne den Bergspaziergang lohnt die kurze Fahrt von Paestum hoch zum Santuario Madonna del Granato (siehe R 2). So wie Capáccio die mittelalterliche Nachfolgesiedlung von Paestum ist, so lebt der antike Hera-Kult in der Verehrung der katholischen Granatapfel-Madonna fort. Vom Kirchenvorplatz genießt man einen herrlichen Blick auf die Sele-Ebene mit den antiken Tempeln von Paestum, den Golf von Salerno und die Amalfitana. Oberhalb der Kirche liegen auf dem Monte Calpazio (heute Monte di Capáccio Vecchio) die Ruinen von Capáccio Vecchio. Kaiser Friedrich II. ließ den Ort zerstören, als er 1246 eine gegen ihn gerichtete Verschwörung niederschlug. Die Überlebenden zogen ins nahe San Pietro, das heute den Namen Capáccio trägt.

Charakter: Einfacher Ruinenausflug mit Weitblick, ideal auch mit Kindern.
Tipps: Vorher Picknick besorgen. Unterwegs finden sich schöne Plätzchen.
Gehzeit: 1 h 15 min.
Länge: Ca. 3 km.
Höhenunterschied: 135 m.
Karte: PNCVD, Tavola 2 „Monte di Capáccio – Monte Vésole", 1:25.000.
Markierung: Hinweisschilder der Comunità Montana, Kammweg rot-weiß markiert; Orientierung problemlos.
Anfahrt/Start: Von der Provinzstraße, die Capáccio mit der S.S. 166 „Capáccio Scalo – Roccadáspide" verbindet, zweigt die kurze Stichstraße zum Santuario ab. Das Auto (oder Rad) kann man auf dem Kirchenvorplatz abstellen.
Varianten: Aus dem Sattel im Südosten der Ruinen von Capáccio Vecchio setzt sich ein aussichtsreicher Kammweg bis auf den 909 m hohen Polveraccio (Stichweg aus Capáccio) und weiter bis zum Gipfel des 1.082 m hohen Monte Soprano fort. Der landschaftlich reizvolle Kammweg zieht sich bis ins Valico di Vésole, Ausgangspunkt von W 2. Bis dahin wäre man allerdings knapp 5 Std. unterwegs – einfach! Gleitschirmflieger nutzen an warmen Nachmittagen die Thermik an den imposanten Hängen (siehe „Drachen- und Gleitschirmfliegen").

Vom **Kirchenvorplatz** (242 m) führt auf der Nordseite des Santuario eine schmale, verkehrsfreie Asphaltstraße Richtung Landesinnere, anfänglich als Via Merola, dann als Via Crispi bezeichnet. Ihr folgen wir einen knappen Kilometer, zur Linken begleitet von Blicken auf die Monti Alburni und die Monti Picentini im Hinterland von Salerno. Auf dem aufgeforsteten Hang zur Rechten sind bereits vereinzelt alte Mauerreste auszumachen. Wir verlassen die Straße auf Höhe einer **Beton-Tränke** (269 m; 15 min) der Comunità Montana nach rechts und erreichen auf einem breiten Treppenweg nach kurzem Anstieg einen aussichtsreichen **Sattel** (355 m; 30 min). Von hier fällt der Blick nach Süden auf die moderne Wallfahrtskirche Santuario Getsemani (nicht einfach als solche zu erkennen). Auch wenn man nicht vorhat, den Polveraccio oder gar den Monte Soprano zu erklimmen, lohnt es sich, den nach Osten ansteigenden Gratweg kurz anzugehen. Wendet man sich um, bieten sich wunderbare Blicke auf die trutzigen Kastellreste am Monte di Capáccio Vecchio und die dahinter sich ausbreitende Küstenebene mit dem Meer.

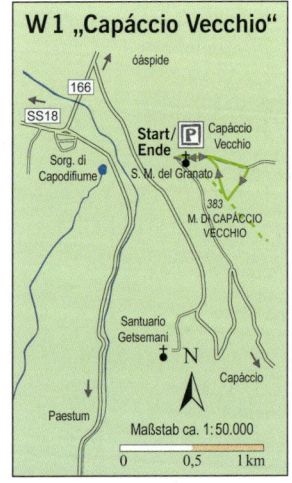

W 1 „Capáccio Vecchio"

óáspide
166
SS18
Sorg. di
Capodifiume
Start/ Capáccio
Ende Vecchio
S. M. del Granato
383
M. DI CAPÁCCIO
VECCHIO
Santuario
Getsemani
N
Capáccio
Paestum
Maßstab ca. 1:50.000
0   0,5   1 km

Zurück im Sattel, steigt man mit wenigen Schritten in einen zweiten, etwas niedriger gelegenen Sattel ab, zu dem von der Straße eine Forstpiste hochführt (möglicher Rückweg). Die Gehrichtung beibehaltend, folgen wir dem Pfad geradeaus auf die Ruinen zu. Erst noch durch Wald, geht es bald malerisch zwischen Felsen über einen verkarsteten Hang die letzten Meter bis zu den **Bastionen** (375 m) hoch. Beim Herumklettern zwischen den Ruinen sollte man etwas Vorsicht walten lassen. Auf bekanntem Weg bzw. über die Forstpiste geht es zum Ausgangspunkt am Santuario zurück.

Die Ruinen von Capáccio Vecchio hoch über der weiten Sele-Ebene.

2. Monte Vésole – Gelato con vista

Der Monte Vésole ist einer der besten Aussichtsgipfel des nördlichen Cilento! Am Fuße des Berges wurde noch bis ins 20. Jh. in zwei kreisrunden ausgemauerten Gruben (sog. *nevere*) im Winter Schnee gesammelt, zu Eis gepresst und zwischen isolierenden Schichten von Farnen, Blättern und Spreu aufbewahrt. Mit Maultieren Fuhre um Fuhre zu Tal gebracht, wurde das Eis auf Sommerfesten z. B. zu erfrischender Granita verarbeitet.

Charakter: Einfache, sehr lohnende Gipfelbesteigung auch mit Kindern.
Tipps: Vorher Picknick besorgen. Auf der Wiese im Valico di Vésole stehen Tische. Hier kann man auch herrlich herumtollen.
Gehzeit: 1 h 15 min.
Länge: Ca. 3 km.
Höhenunterschied: 185 m.
Karte: PNCVD, Tavola 2 „Monte di Capáccio – Monte Vésole", 1:25.000.
Markierung: Rot-weiß; Orientierung problemlos.

Start: Nordöstlich von Trentinara zweigt von der S.P. 13 (siehe R 2) eine Straße Richtung Roccadáspide ab. Nach 5 km und einigen Kurven ist die Passhöhe (Valico di Vésole) erreicht. Im Süden direkt an der Passstraße erstreckt sich eine große Picknickwiese mit den angekündigten Schneegruben.

Direkt von der **Passstraße** (1.020 m), die Wiese mit den Schneegruben zur Rechten, führt die nur auf den ersten Metern steingepflasterte breite Forststraße in den Buchenwald. Zu Beginn des Weges steht auf einem Fels der Hinweis „2 h Valdicioffo" (der 921 m hohe Tempone Valdicioffo liegt im Südwesten des Monte Vésole). Im angenehmen Schatten geht es auf wenigen langgezogenen Spitzkehren bis in einen **Sattel** (1.160 m; 25 min). Hier nach rechts zunächst noch im Buchenschatten weiter hoch und dann auf dem freien Grat über verkarstete Almwiesen bis zum **Gipfel** (1.210 m; 45 min) des Monte Vésole. An klaren Tagen ist das Panorama kaum zu toppen (Kampanienkarte und

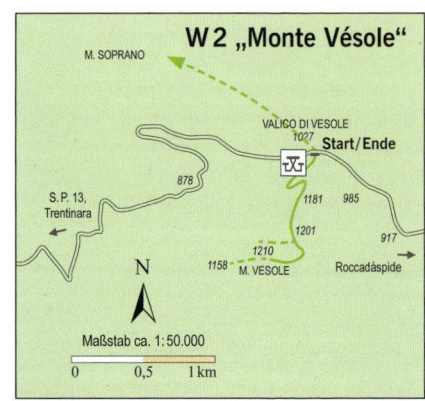

Der M. Chianello im Südwesten.

Fernglas einpacken)! Beginnend mit der Insel Capri, der Sorrentiner Halbinsel und den Monti Lattari der Amalfitana, den Monti Picentini im Hinterland von Salerno, sind auch alle großen Massive und Gipfel des Cilento zu erkennen – Monti Alburni, Monte Cervati, Monte Gelbison und Monte Stella. Folgt man dem Grat noch ein paar Schritte bergab nach Westen, sind auch Trentinara und die Gola Tremonti (siehe W 3) zu sehen. Auf demselben Weg zurück zur Passstraße (1 h 15 min) absteigen.

M. Vésole: Viel Ausblick für wenig Schweiß.

3. Gola Tremonti – Imposanter Talkessel

Alte Wirtschaftswege verbinden Giungano mit dem 350 m höher gelegenen Trentinara. Der schönste führt vorbei an Gumpen und Wasserfällen in der Tremonti-Schlucht nach oben. Folgt man dem aussichtsreichen Plateaurand in einem weiten Bogen durch eine archaische Bauernlandschaft, ergibt sich eine sehr abwechslungsreiche Rundwanderung. Glaubt man dem Historiker Plutarch und den (auf Tourismus erpichten) Lokalpolitikern, so war die Talschlucht im Jahre 71 v. Chr. Schauplatz einer der letzten entscheidenden Schlachten zwischen dem Sklavenheer des Spartakus und den römischen Legionen unter Befehl von Licinius Crassus.

Charakter: Anspruchsvolle, abwechslungsreiche Rundwanderung, die etwas Kondition und Trittsicherheit erfordert. Weite Landschaftsblicke vom Plateaurand. Schotterpisten, alte Wirtschaftswege, Stufen und Viehpfade wechseln sich ab. Der Aufstieg erfolgt im Waldschatten.
Tipps: In Giungano kann man sich nach der Tour bestens stärken. Gelato auf der Belvedere-Terrasse versüßt den Abstecher nach Trentinara. In der schattigen Gola Tremonti sind in Bachnähe Picknicktische aufgestellt, Sonnenplätzchen finden sich am Felsrand des Talkessels.
Gehzeit: 3 h.
Länge: Ca. 7 km.
Höhenunterschied: 350 m.
Karten: PNCVD, Tavola 2 „Monte di Capáccio – Monte Vésole", 1:25.000.
Markierung: Rot-weiße Markierungen auf Felsen sowie die Signaturen von Enzo und Davide Liuccio, die den Weg eingerichtet haben.
Anfahrt/Start: Von der S.S. 18 südlich Paestum auf der S.P. 137 Richtung Giungano und noch vor Erreichen des Ortes kurz vor der Brücke über den Solofrone links auf der Via Difesa bergauf (Holzschild „Sentiero Tremonti"). Nach ca. 300 m rechter Hand auf dem kleinem Kiesplatz parken.
Varianten: Unterwegs besteht die Möglichkeit eines Abstechers nach Trentinara. Dazu hält man sich an der T-Kreuzung (1 h; 490 m) rechts und erreicht in einem weiten Rechtsbogen in ca. 40 min den 616 m hoch gelegenen Ort. Auf Höhe der alten Benediktinerkirche von Giungano – in der Straßenkurve der S.P. 137 steht eine weiße Marienstatue – führt ein steiler Serpentinenweg über den verkarsteten Südhang ebenfalls nach Trentinara hoch.

Vom **Parkplatz** (170 m) aus folgen wir der ansteigenden Kiesstraße durch ein offenes Eisentor in den aufgelassenen Steinbruch hinein. Jenseits der Talschlucht ist rechter Hand auf der Anhöhe die Belvedere-Terrasse von Trentinara zu erkennen, darunter am Fuße des Berges die außerhalb des Ortes gelegene Benediktinerkirche von Giungano. Wenige Minuten später biegen wir rechts auf die abfallende Schotterstraße ab. Steineichenwald überzieht die Hänge, im

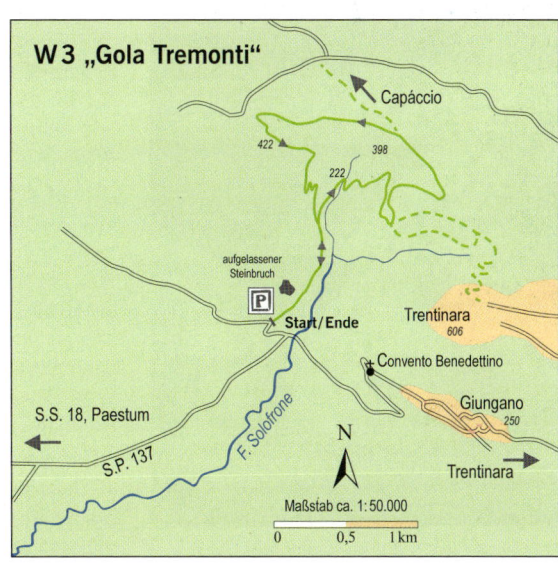

W 3 „Gola Tremonti"

Unterwuchs wachsen Myrten und Lentisken *(Pistacia lentiscus)*. Kurze Zwischenanstiege und ebene Abschnitte wechseln sich ab. Unterwegs stößt bergseitig eine Kiesstraße dazu, hier geradeaus weiter. Kurz darauf erreichen wir eine **Gabelung** (240 m; 15 min), an der auch der Rückweg einmündet. Nach rechts geht es auf dem breiten und abschnittsweise verwachsenen Weg talwärts, vorbei an einem Holzschild mit der Aufschrift „Sentiero Tremonti". Eine hölzerne Bogenbrücke führt über die Schlucht.

Bevor der eigentliche Aufstieg beginnt, kann man vom **Abzweig** (240 m; 20 min) links mit wenigen Schritten die erste Gumpe erreichen. Im Steineichenschatten geht es anschließend in steilen Serpentinen über viele Stufen hoch. Trockenes Laub am Boden macht den Weg etwas rutschig; es ist also sinnvoll, diesen Abschnitt im Anstieg zu nehmen. Unterwegs gibt es zwei weitere Möglichkeiten, links zum Bach abzubiegen. Vom dritten **Abzweig** (370 m; 40 min) aus gelangt man an den Fuß eines Wasserfalls. Das Bachbett des Solofrone fällt im Sommer

Erfrischung leider nur im Winterhalbjahr.

trocken, das Wasser wird weiter oberhalb für Trentinara abgezweigt. Der Aufstieg setzt sich fort, zwischendurch bieten sich Ausblicke auf den Talkessel und die Nordwestflanke des Monte Sottano. Es folgt ein kurzer, fast weglos erscheinender Abschnitt, dann führt der Pfad wieder deutlicher direkt unterhalb der senkrecht aufsteigenden Felswand weiter. Immer wieder bieten sich schöne Blicke, bevor der Weg im Steineichenwald weiter ansteigt. Dann tritt der Weg endgültig ins Freie. Von oben erkennt man durch die Talöffnung die Solofrone-Brücke in Nähe unseres Startpunktes. Hier steigt der Pfad links zwischen Felsen weiter an, Markierungen machen sich rar (Steinmännchen) und etwas Orientierungsgeschick wird verlangt. Von unten erreichen wir den **Plateaurand**, zwischen Felsen Wacholder-Büsche *(Juniperis phoenicea)*.

Wenige Schritte weiter links treffen wir auf einen querenden Pfad. Von dieser **T-Kreuzung** (1 h; 490 m) führt der Weg rechts in Richtung Trentinara. Wir setzen die Wanderung nach links auf dem rot-weiß markierten Pfad fort, der zwischen Felsplatten und von Ziegen kurz gehaltenen Myrten- und Lentiskenbüschen führt. Dabei auf die im Abstand von wenigen Metern gesetzten rot-weißen Strich- bzw. roten Punktmarkierungen achten – ein bisschen wie Ostereiersuchen. Der Pfad schlägt einen Linkshaken und führt zur **Geländekante** (465 m; 1 h 10 min) zurück. Von hier bietet sich ein besonders schöner Blick in den Talkessel, auch erkennt man den weiteren Verlauf des Weges am nördlichen Rand des Talkessels. Kurz danach geht es über eine größere Kalksteinplatte, die leicht wackelt und dabei Glockengeräusche von sich gibt. Der Weg führt dann mit Blick auf den Monte Vésole (siehe W 2) in westliche Richtung, steigt sanft ab und zieht sich am Rand eines Hainbuchenwäldchens entlang.

Dann nach links über eine kleine **Steinbrücke** (450 m; 1 h 20 min) auf Höhe einer ruinösen Mühle. Die Häuser von Trentinara

im Rücken, folgen wir einer alten steingepflasterten *mulattiera* (Maultierweg) zwischen Zäunen in nordöstliche Richtung.
Zunächst fällt der Weg zu einer Furt sanft
ab und steigt dann wieder an, rechts an
einem kleinen, verlassenen Steinhaus vorbei. An der nächsten **Gabelung** (440 m; 1 h
30 min) verlassen wir die breite *mulattiera*
nach links (geradeaus setzt sich der Weg
Richtung Capáccio fort). Auf die rot-weiße
Markierung achten! Unser Wanderweg führt

Engagierte Wegepflege.

nun als breiter Pfad über eine Mauerkrone
nach Osten, vorbei an kleinen, teils verwilderten Olivenhainen. Dann geht es zwischen Felsen über purpurviolett verfärbten
mergeligen Untergrund bergab und weiter
durch Macchia. Linker Hand fällt der Blick
ins Tal und zurück auf Trentinara. Der folgende Wegabschnitt ist lehmig und vom
Vieh ausgetreten (bei Feuchtigkeit unange-
nehm). Kurz hintereinander kommen zwei
Gatter. Der Weg schwenkt anschließend in
südöstliche Richtung und führt links vorbei
an einem verfallenen Gebäude über eine aufgelassene Oliventerrasse. Weiter vorne steht
ein Strommast aus Beton.

Auf die rot-weißen Markierungen und den
richtigen **Einstieg** (440 m; 2 h) achten – eine

Bresche in der Terrassenmauer linker Hand!
Auf einem Felspfad geht es durch artenreiche
Macchia bergab, dabei schwenkt der Weg in
westliche Richtung. Schöne Blicke auf die
Gola Tremonti, Trentinara und den Monte
Vésole. Zwischendurch ein leichter Gegen-
anstieg und ein Gatter. Von oben treffen wir
auf einen breiten ehemaligen **Maultierweg**
(325 m; 2 h 20 min), dem wir links weiter
bergab folgen – jetzt auch wieder deutlich
markiert. Von Weitem fällt der Blick noch
einmal auf den Wasserfall, dann schließt
sich der Kreis an der **Gabelung** (240 m; 2 h
30 min). Geradeaus geht es auf bekanntem
Weg durch den Steinbruch zum **Ausgangspunkt** (2 h 45 min) zurück.

4. Punta Tresino – Halbinsel mit Vergangenheit

Auf der Halbinsel zwischen Agròpoli und
S. Maria di Castellabate ist die Zeit stehen
geblieben. Nicht nur Kindern macht es
Spaß, durch den verlassenen Ort San Giovanni zu streifen. Auf alten Ackerterrassen
und in aufgegebenen Olivenhainen breitet
sich duftende Macchia aus, während unter der Erde die Reste des antiken Trezene
schlummern. Die weit verbreiteten hohen
Büschel des Mauretanischen Riesengrases
(Ampelodesmos mauretanicus) sind ein
Indiz dafür, dass hier Hirten gelegentlich
Feuer legen.

Charakter: Mittelschwere Rundwanderung mit
weiten Landschaftsblicken. Breite Schotter-
pisten und alte Wirtschaftswege. Längere Ab-
schnitte im offenen Gelände, teils Schatten.
Tipps: Gefasste Quelle unterhalb San Giovanni.
Gute Badestrände in Santa Maria di Castellaba-
te und in der Baia di Trentova.
Gehzeit: 4 h.
Länge: Ca. 13 km.
Höhenunterschied: 280 m.
Karten: PNCVD, Tavola 2 „Monte di Capáccio –
Monte Vésole", 1:25.000. Monte Stella – Der
Berg am Meer, 1:25.000.
Markierung: Rot-weiß; Orientierung nur an zwei
Stellen etwas schwierig.

Start: Zona Lago nördlich S. Maria di Castellabate, über den Strand von S. Maria aus zu Fuß in ca. 45 min zu erreichen. Die Straße endet hier in einem Wendeplatz, dem Belvedere dei Trezeni (Parkmöglichkeit). Einstieg auch an der Baia di Trentova südlich Agròpoli möglich. SMEC-Busse aus Santa Maria di Castellabate in die Zona Lago (das letzte Stück zu Fuß) bzw. CSTP-Busse aus Agròpoli zur Baia di Trentova.

Vom nördlichen Ortsrand in **Lago** (25 m) auf breiter Schotterpiste parallel zum Steilufer schräg am kieferbestandenen Hang aufsteigen. Unterwegs zweigt links eine geschotterte **Stichstraße** (86 m; 10 min) zur privaten Azienda Agricola S. Giovanni ab, hier rechts weiter hoch. Unterwegs stoßen vom Cozzo Piano Cupo kommend von rechts weitere Kiesstraßen dazu. Geradeaus weiter hoch. Vorne am Hang sind die Ruinen der verlassenen Ortschaft S. Giovanni auszumachen. Circa 20 min ab Start die rechts abzweigende Schotterstraße unbeachtet lassen und in Serpentinen nach links weiter aufsteigen (auf gleicher Höhe stößt von links ein Pfad dazu, später der Rückweg). Nach weiterem Anstieg **gabelt** (176 m; 30 min) sich die Schotterstraße erneut, unsere Wanderung setzt sich rechts fort. Vorher lohnt jedoch der kurze Abstecher zur Quelle links hoch. In der nächsten Kurve links auf die Dattelpalmen zuhalten. Herrlich klares Quellwasser strömt in einen langen Steintrog!

Zurück an der **Gabelung** (176 m; 40 min), auf der südlich verlaufenden Piste in langgezogenen Serpentinen weiter hoch, begleitet von herrlichen Blicken auf S. Maria di Castellabate, Punta Licosa (siehe W 5), Castellabate und Monte della Stella (siehe W 7). Auf der **Scheitelhöhe** (249 m; 1 h) treffen wir auf eine querende, eben verlaufende Piste. Nach links weiter ist bald das verlassene **S. Giovanni** (239 m; 1 h 15 min) erreicht. An der Piazza eine eindrucksvolle Freitreppe, linker Hand die ehemalige Kirche mit kleinen Ecktürmchen.

Weiter in Nordrichtung. Kurz darauf an der unbezeichneten **Gabelung** die linke, untere Fahrspur wählen und zu Füßen des

Die Wanderung hoch über der Küste führt durch blühende Macchia. Im Hintergrund Agròpoli und der M. Capáccio (W 1).

Gipfels eben bis zu einer Metallschranke mit seitlichem Fußgängerdurchlass. Die Gehrichtung beibehaltend, setzt sich von der nächsten **Gabelung** (254 m; 1 h 25 min) der verwachsene alte Maultierweg durch hohe Macchia als Pfad fort – Capri, die Amalfitana und die Sele-Ebene mit den Tempeln von Paestum im Blick. Unterwegs einige leicht passierbare Gatter. Dann durch Mischwald über Reste alter Pflasterung bergab, bis der Weg mit Blick auf die Baia di Trentova wieder ins Freie tritt. An der Y-Gabelung links absteigen. Rotweiße Markierungen helfen bei der Orientierung (etwas Orientierungsgeschick ist verlangt). Auf dem ausgewaschenen Pfad bis zu einer holprigen Fahrspur absteigen und dieser weiter nach links folgen. Vorbei an der eindrucksvollen Ruine einer Masseria (Gutshof) treffen wir in der **Contrada Pàstena** (49 m; 2 h 15 min) auf die breite Schotterpiste, die rechts von der **Baia di Trentova** heranführt.

Nach links auf der Fahrspur weiter, bald an einem hohen Maschendrahtzaun entlang. Danach an einer **Gabelung** (49 m; 2 h 25 min) links weiter. Rechter Hand liegen eine weitere Masseria und das Meer. Die Fahrspur quert kurz darauf ein kleines Tal und schwenkt im Schatten eines Steineichenhaines nach rechts. An der Punta Tresino (84 m; 2 h 45 min) schwenkt der Weg scharf nach links. Von den unscheinbaren Resten des mittelalterlichen Küstenwachturms rechts vom Weg sehen wir im Süden die Punta Licosa (siehe W 5). Wenden wir uns um, öffnet sich der Blick auf Agròpoli und den Golf von Salerno.

Auf der Fahrspur weiter in Richtung Süden. Unterwegs sperren große Felsbrocken die Piste. Die Fahrspur wird zum Pfad, und dieser endet vor dem **Maschendrahtzaun** (69 m; 3 h 05 min) der Azienda Agricola S. Giovanni (auf rechtzeitige Anfrage lassen sich die ausgezeichneten Weine auch direkt vor Ort verkosten, www. agricolasangiovanni.it). Linker Hand außerhalb der Umzäunung setzt sich der Weg fort, bis wir auf der gegenüberliegenden Seite erneut auf einen schmalen Pfad treffen und diesem nach links folgen. Ein letztes Hindernis noch, ein Gatter in einem feuchten Tälchen – eine Markierung wäre hilfreich, dann führt der Pfad schräg den Hang hoch, bis er auf die breite **Schotterstraße** (121 m; 3 h 40 min) trifft. Hier schließt sich der Kreis. Nach rechts bergab, geht es westlich des Cozzo Piano Cupo zurück nach Lago (4 h).

5. Punta Licosa – Sirenen-Kap

Laut Strabon verdanken das Kap und die vorgelagerte Insel ihren Namen der Sirene Leucosia. Der Sage nach suchte sie hier den Tod, nachdem Odysseus sich, scheinbar unbeeindruckt von ihrem verführerischen Gesang, von seinen Mannen hatte vorbeirudern lassen. Besonders zauberhaft ist der Küstenabschnitt zwischen Punta Licosa und Punta Ogliastro. In diesem Abschnitt verläuft ein schmaler Pfad mit leichtem Auf und Ab unmittelbar am Meer, teils im Schatten hoher Schirmpinien, teils durch duftende Küstenmacchia. Zwischen S. Marco di Castellabate und der Punta Licosa genießt man die Blicke auf den Golf von Castellabate, die Punta Tresino (siehe W 4), die Amalfitana und bei guter Sicht sogar Capri.

Charakter: Einfache Streckenwanderung ohne nennenswerte Höhenunterschiede. Unterwegs kann man auf bezeichnetem Weg zum Monte Licosa aufsteigen (siehe W 6).

Tipps: Von San Marco aus lässt sich die Isola Licosa auch mit dem Boot ansteuern; Auskunft im Hafen. Zuletzt wurde am südlichen Zugang Punta Ogliastro gelegentlich Eintritt erhoben, auf jeden Fall aber der Zugang auch für Fußgänger sehr restriktiv gehandhabt. Umständlicherweise musste man die Zugangserlaubnis vorab im Hotel „Palazzo di Belmonte" in S. Maria di Castellabate einholen! Kehrt man zum Ausgangspunkt am Hafen von San Marco zurück, ohne das Tor auf Höhe der Punta Ogliastro zu durchschreiten, bleibt man auf der sicheren Seite.

Gehzeit: 2 h 30 min einfach.

Länge: Ca. 7 km einfach.

Höhenunterschied: 40 m (auf dem leicht auf und ab führenden Küstenpfad akkumulieren sich aber die Höhenmeter dann doch!).

Karten: PNCVD, Tavola 5 „Monte Stella", 1:25.000. Monte Stella – Der Berg am Meer, 1:25.000.

Markierung: Keine; Orientierung problemlos.

Start: Hafen von San Marco; von Santa Maria aus auch zu Fuß – erst über den Strand und dann durch den Ort – zu erreichen. SMEC-Busse aus Castellabate und S. Maria di Castellabate, im Sommer auch bis Ogliastro Marina.

In **San Marco di Castellabate** führt vom Hafen aus hinter dem Hotel „L'Approdo" eine schmale, anfänglich asphaltierte Straße im Rücken einiger Ferienhäuser in Richtung Punta Licosa. Selten nur verkehren hier Anwohner.

Flysch-Formationen wie aus dem Geologie-Bilderbuch.

In den Kiefernhainen an der Punta Licosa fängt sich nachmittags das Sonnenlicht.

Der erste Abschnitt verläuft im Waldschatten. Nach wenigen Minuten passieren wir ein offenes, rostiges Eisentor mit der Aufschrift „Strada privata". Bislang hat niemand den Durchgang hier streitig gemacht.

Auf Höhe einer **Häusergruppe** (40 m; 25 min) findet sich links der bezeichnete Abstecher auf den Monte Licosa (siehe W 6). Geradeaus weiter. Kurz danach führen auf Höhe einer **Masseria** (30 min) mit charakteristischem Taubenturm einige Zementstufen hinab. Weiter geht es, an einem Acker entlang, in südwestlicher Richtung zum Kap. Wo der Weg parallel zur niedrigen Steilküste nach links schwenkt, steht ein sehenswertes Kalvarienkreuz. An Ferienhäusern vorbei, erreichen wir auf der Höhe eines winzigen Hafens eine Kreuzung. Ein feudales Anwesen versperrt von dieser Seite den direkten Zugang zur Punta Licosa. Der Asphaltstraße einige hundert Meter nach links folgend und am Grund-

stücksende nach rechts an der Mauer entlang, erreichen wir erneut die **Küste** (10 m; 1 h), jetzt mit Blick auf die Licosa-Insel und den Leuchtturm. Auf dem Küstenpfad lässt sich jetzt nach rechts ein Abstecher zur **Punta Licosa** (1 h 5 min) machen. Anschließend folgen wir nach Südosten dem wunderschönen Küstenpfad nach Belieben in Richtung **Punta d'Ogliastro** (9 m; 2 h 30 min).

Solange die Punta d'Ogliastro wegen der eingangs erwähnten Schwierigkeiten als Ausgangspunkt der Wanderung nicht mehr in Frage kommt, empfiehlt es sich, auf bekanntem Weg – aber mit völlig neuen Blicken – zum Ausgangspunkt in San Marco zurückzukehren.

6. Monte Licosa – Belvedere für Bambini

Der Aufstieg zur verfallenen Marine-Be-obachtungsstation, dem Semaforo ober-halb der Punta Licosa, ist eine lohnende „Bergtour", auch für Kinder. Sind Kon-dition und Laune gut, kann man immer noch den Monte Licosa erklimmen. Im Frühsommer überziehen die Hänge sich mit blühenden Zistrosen.

Blick auf die Sirenen-Insel.

Charakter: Einfache Gipfelbesteigung, für Kin-der eventuell mittelschwer.
Tipp: Lässt sich mit W 5 „Punta Licosa" kom-binieren.
Gehzeit: 2 h 30 min.
Länge: Ca. 11 km.
Höhenunterschied: 326 m.
Karten: PNCVD, Tavola 5 „Monte Stella", 1:25.000. Monte Stella – Der Berg am Meer, 1:25.000.
Markierung: Hinweisschild, rot-weiße Markie-rungen.
Start: Hafen von San Marco, von Santa Maria aus auch zu Fuß über den Strand zu erreichen (siehe W 5). SMEC-Busse aus Castellabate und Santa Maria di Castellabate.

Im ersten Abschnitt folgt die Route der W 5 in Richtung Punta Licosa. Unterwegs achten wir, auf Höhe einer **Häusergruppe** (40 m; 25 min), auf das Holzschild „Monte Licosa". Hier biegen wir links auf den Treppen-weg, der seitlich an dem einsamen, klei-nen alten Haus vorbei, zwischen verfallenen Terrassen senkrecht den Hang hochführt. Oberhalb des Hauses schwenkt der nur noch von Wanderern benutzte und etwas verfal-lene Wirtschaftsweg nach links und steigt dann durch artenreiche Macchia in langge-zogenen Serpentinen weiter an.

Von unten stoßen wir auf einen **Grat** (180 m; 45 min). Die hier querende Forst-piste dient zugleich als Feuerschutzstrei-fen. Nach rechts erreicht man mit wenigen Schritten den **Ex-Semaforo** (184 m; 50 min), eine verfallene Marine-Beobachtungsstation aus bourbonischer Zeit, direkt über der Pun-

ta Licosa (hier könnte man auch nach Wes-ten bis auf die Asphaltstraße in Nähe der Punta Licosa absteigen, quert allerdings kurz vor Erreichen der Straße ein privates Grund-stück; siehe W 5).

Zum Gipfel, an der Turmruine deutlich zu erkennen, folgt man den breiten Forstpisten ins Landesinnere, zweigt unterwegs an der Y-Gabelung links ab und an der nächsten Kreuzung wieder links. Der **Monte Licosa** (326 m; 1 h 20 min) bietet einen perfekten 360°-Blick! Auf demselben Weg zurück.

Achtung Sirenengeheul!

In der Antike stellte man sich die Sirenen noch als Mischwesen halb Frau, halb Vogel vor. Erst im Mittelalter bekamen sie ihren Fischunterleib und hießen seither Seejung-frauen. Auf jeden Fall waren sie so eine Art Loreley und lockten Seefahrer mit verführe-rischen Gesängen in ihr Verderben…

7. Monte della Stella – Den Cilento im Blick

Vom Monte della Stella liegt einem der Süden Kampaniens zu Füßen. Wie der Monte Gelbison (siehe W 15), seit Urzeiten ein heiliger Berg, hatte er in der Antike auch praktische Bedeutung als Signalstation zwischen Poseidonia (Paestum) und Elea (Vélia). Den kegelförmigen Berg, ursprünglich Monte Cilento genannt, umgibt ein Kranz mittelalterlicher Orte. Mitte August strömen Pilger aus allen Himmelsrichtungen zum Santuario della Madonna della Stella, das sich unterhalb des Gipfels anstelle einer alten Langobardenfestung erhebt. Die Radarstation auf dem Gipfelplateau ist eine der wichtigsten Flugleitstellen Süditaliens.

Charakter: Abschnittsweise steiler Anstieg auf deutlichem Pfad, der z. T. schattig über einen aussichtsreichen Grat führt. Zurück auf demselben Weg. Der Gipfel ist von Omignano aus auch mit dem Auto zu erreichen.

Tipps: Picknick einpacken! Die schönsten Plätze liegen auf dem Castelluccio bzw. auf dem Felsgrat kurz vor dem Gipfel des Monte della Stella. Die offizielle Picknickzone unterhalb der Radarstation ist leider oft vermüllt.
Gehzeit: 3 h.
Länge: Ca. 8 km.
Höhenunterschied: 450 m.
Karten: PNCVD, Tavola 5 „Monte Stella", 1:25.000. Monte Stella – Der Berg am Meer, 1:25.000.
Markierung: Hinweisschilder aus Holz, rot-weiße Wegmarkierungen.
Start: Anfahrt mit eigenem Fahrzeug. Am südlichen Ortsrand von Mercato Cilento Richtung Sessa Cilento abbiegen. Rechter Hand liegen eine Tankstelle, das Ristorante Castagneto (Egidio und Alberino Mutalipassi kennen die umliegenden Berge bestens, Tel. 08 74 84 51 06) und ein Supermarkt. Rechts weiter in Richtung San Mauro Cilento und ca. 2 km hinter dem Ort wenige hundert Meter vor der Passhöhe an der Picknickzone (ital. *area attrezzata*) „Acqua della Morte" parken. An der Passhöhe zweigt rechts

Aussichtsbalkon am Monte della Stella.

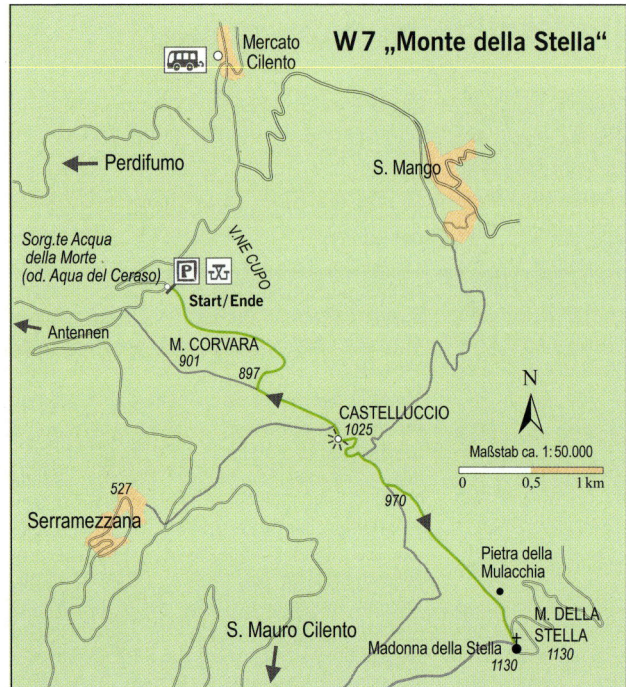

W 7 „Monte della Stella"

mer wächst hier der Adlerfarn brusthoch – und schwenkt nach links zum Grat. Durch einen Weidezaun erreichen wir die **Gratlinie** (897 m; 30 min). Holzschilder und rotweiße Markierungen weisen nach links den weiteren Aufstieg zum Castelluccio und Monte Stella (die Stelle für den Rückweg merken – man kann aber auch auf dem Rückweg dem Gratweg zurück bis zur Straße folgen und läuft die letzten paar hundert Meter auf der Straße rechts zum Ausgangspunkt zurück).

Der Zwischengipfel des **Castelluccio** (1.025 m; 45 min) ist ein herrlicher Rastplatz mit perfektem Rundumblick. An klaren Tagen sieht man im Süden sogar die Insel Stromboli! Der Abstieg vom Castelluccio erfolgt nach Südosten; wendet man sich um, sind spärliche Mauerreste der alten Langobardenburg zu erkennen.

eine Straße zu den Antennen oberhalb der Punta della Carpinina ab und hier quert auch der von Perdifumo aufsteigende Weg, eine bezeichnete, unkomplizierte Aufstiegsalternative („Alta Via del Monte Stella") zum Monte Stella – am Grat laufen die beiden Wege zusammen.

Vom **Holzschild „Area Acqua della Morte"** (700 m) der anfänglich asphaltierten Fahrspur folgen. Nach ca. 100 m biegt links eine Fahrspur zur Picknickzone ab, hier geradeaus auf der breiten Schotterpiste weiter hoch. Auch die nächsten beiden rechts und links abzweigenden Forststraßen unbeachtet lassen und geradeaus weiter aufsteigen, bis die Schotterpiste im Kastanienwald ihre **Scheitelhöhe** (800 m; 15 min) erreicht. An dieser Stelle verlassen wir den breiten Weg nach rechts, um über Holzstufen im Schatten von Kastanien und Buchen auf einem Pfad in Serpentinen aufzusteigen, zur Linken ein Trockental. Dann führt der Weg mit Blick auf Mercato Cilento und den Golf von Salerno in einem Rechtsbogen ins Freie – im Som-

Aus dem breiten **Sattel** (960 m; 50 min) folgen wir dem südöstlich verlaufenden Grat jetzt wieder bergauf. Im Schatten eines Mischwaldes und vorbei an wunderschönen Felsformationen – die **Pietra della Mulacchia** (1.030 m) z. B. ist eine urgeschichtliche Kultstätte – erreichen wir die **Picknickzone** (1.100 m; 1 h 30 min) unterhalb des Gipfels des Monte della Stella (1.130 m). Die Asphaltstraße führt rechts zum gleichnamigen **Santuario** (1.130 m; 1 h 35 min) und einer Aussichtsplattform aus Holz. Hier stößt aus dem Tal der Wanderweg aus Celso dazu.

Vom Monte Stella kehren wir auf bekanntem Weg zum Ausgangspunkt Acqua della Morte (3 h) zurück.

8. Von Pioppi nach Acciaroli – Lohnender Umweg

Dieser „Umweg" durch das bäuerliche Hinterland verbindet zwei reizvolle Küstenorte miteinander. Frei vom Durchgangsverkehr ist Póllica einer der hübschesten Orte im westlichen Cilento.

Charakter: Verkehrsfreie Straßen und Feldwege, herrliche Ausblicke.
Gehzeit: 3 h 30 min.
Länge: Ca. 15 km.
Höhenunterschied: 480 m.
Karten: PNCVD, Tavola 5 „Monte Stella", 1:25.000. Monte Stella – Der Berg am Meer, 1:25.000.
Markierung: Gelbe Wegmarkierungen, Holzschilder.
Start: Pioppi. CSTP-Busse verbinden Acciaroli, Pioppi und Marina di Casal Velino. Parkplätze nahe des Museo del Mare und am westlichen Ortsrand.
Variante: Der Weg nach Celso kann auch in Casal Velino beginnen, empfehlenswert v. a. als MTB-Tour (bis Celso fast durchgängig auf breiter Schotterstraße).

Am westlichen Ortsrand von Pioppi beschreibt die S.R. ex S.S. 267 an der Mündung des Torrente delle Mortelle einen Schlenker weg von der Küste. Wir verlassen die S.R. ex S.S. 267 unmittelbar vor der Brücke nach rechts, zweigen gleich darauf links ab und folgen im Tal des Mortelle dem anfänglich asphaltierten Weg ins Landesinnere, den Monte Stella (siehe W 7) im Blick. Jenseits einer Brücke setzt sich der Weg auf dem westlichen Bachufer fort, bald darauf, immer noch in Fahrspurbreite, geschottert. Die Umgebung ist ländlich, auf aufgelassenen Terrassen breitet sich Macchia aus. Unterwegs an einer Gabelung stößt von rechts über das Bachbett ein Weg dazu. Geradeaus weiter. Kurz darauf führen Trittsteine über den Bach. Das Bachbett wieder zur Linken, beginnt der Weg im Halbschatten von Oliven, Flaumeichen und Erdbeerbäumen in langgezogenen Serpentinen rasch aufzusteigen. An einem Haus und einem verwilderten Weingarten vorbei, treffen wir hinter einer Eisenschranke auf eine querende Schotterstraße, der wir links bergauf folgen. Vorbei an einigen Bauerngärten, Weinbergen und Obsthainen schwenkt die Piste mit Blick auf Casal Velino und den Monte Gelbison (siehe W 15) zunächst nach Osten und dann in

Das stolze Póllica.

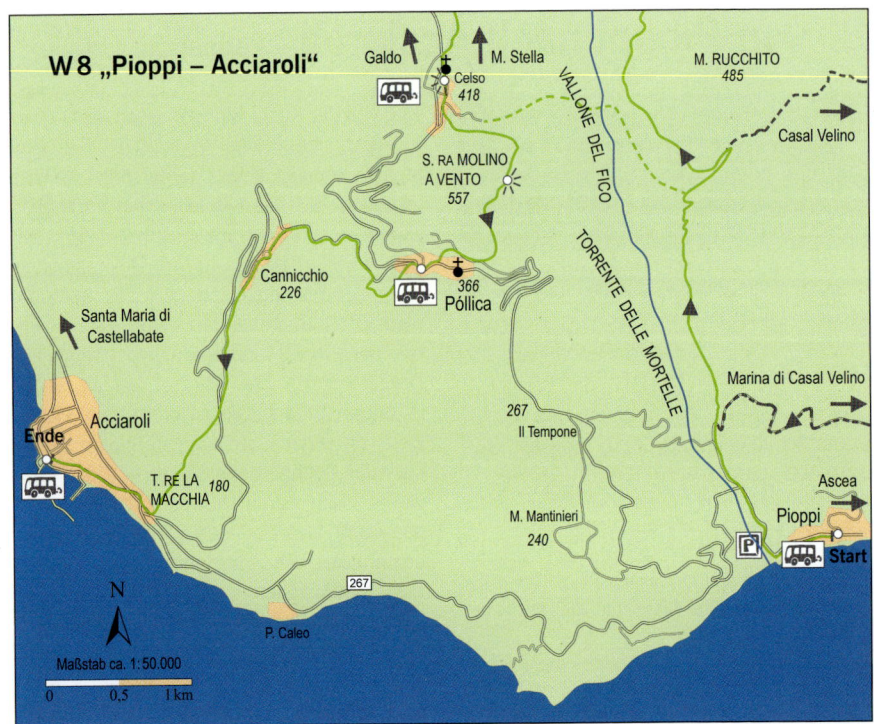

einer langgezogenen Spitzkehre zurück, wo wir am südlichen Hangfuß des M. Rucchito von unten auf die aus Casal Velino heranführende **Schotterstraße** (290 m; 1 h) treffen. Auf dieser links weiter hoch.

Die Piste führt in das Tal des Mortelle zurück. Im Westen liegt Celso auf dem Grat. Mit leichtem Auf und Ab beschreibt die Schotterstraße einen weiten Halbkreis durch den grünen Talkessel, quert mehrere Nebentälchen, setzt sich dann asphaltiert fort und stößt kurz darauf von unten auf eine querende Straße, die rechts nach Galdo weiterführt. Linker Hand steht die Chiesa S. Maria Assunta e di S. Celso mit ein paar Sitzbänken und einem Belvedere aufs Meer.

Gegen die Fahrtrichtung gelangen wir auf der schmalen Einbahnstraße in den hübschen mittelalterlichen **Borgo Celso** (418 m; 1 h 50 min). Hinter der Tordurchfahrt des Baronalspalazzo öffnet sich die Piazza Mazzeotti mit kleiner Bar. Auf der Via Pietro Mazze-

otti geht es durch den Ort und am südlichen Ortsrand biegen wir auf Höhe der Post links auf einen betonierten, in Richtung „Acciaroli" beschilderten Weg. Der Weg wird schnell zum Fußpfad, und über Apfelhaine hinweg genießt man den Blick zurück über Celso auf den Monte Stella. Dann im Kastanienhain beschreibt der Weg einen Bogen um die Serra di Molina a Vento. An einer Felsgruppe öffnet sich der Blick auf den Golf von Ascea, die Ruinen von Vélia (siehe W 16) und das Capo Palinuro (siehe W 18). Der Weg fällt wieder ab und führt, die Mauern des Franziskanerkonvents zur Linken, auf die Straße. Die Klosterkirche im Rücken, folgen wir der Asphaltstraße ein kurzes Stück in westliche Richtung auf den Ort zu, bis auf Höhe einiger Zypressen links eine schmale Straße (Via Lombardi) in den Ort abzweigt, sich als Treppenweg fortsetzt und bis auf die zentrale Piazza Nicola della Cortiglia hinabführt.

In **Póllica** (366 m; 2 h 20 min) folgen wir

vom westlichen Ende der Piazza der Treppengasse Via Garibaldi nach rechts weiter bergab. Zwischen Häusern und Mauern geht es geradeaus weiter, bis wir am Ortsende erneut auf die Provinzstraße stoßen, die von Póllica über **Cannicchio** nach Acciaroli führt. Mit Blick auf Cannicchio, das sich schmal einen Grat bergab zieht, geht es auf der wenig befahrenen Straße bergab, bis wir in einer Rechtskurve die ersten Häuser von Cannicchio (226 m; 2 h 35 min) erreichen. Hier nach links auf der steingepflasterten Gasse durch den Ort, über die Belvedere-Piazza mit Trinkwasserbrunnen und Antonius-Kirche vorbei. Den Ort im Rücken, setzt sich eine schmale asphaltierte Straße auf

dem Grat fort (zur Rechten die Provinzstraße). Weiter bergab unterhalb der Cappella di S. Rocco und einer Disco vorbei, treffen wir von oben zum letzten Mal auf die Provinzstraße. Ihr folgen wir 50 m geradeaus und biegen rechts auf den breiten bezeichneten Weg ab, um den Abstieg nach Acciaroli vorbei an einem Olivenhain und durch duftende Macchia fortzusetzen. Im Südosten des Küstenstädtchens treffen wir von oben auf die S.R. ex S.S. 267, queren sie und folgen einem Weg nach rechts und dann der alten Landstraße in den Ort hinein. Wenige Minuten später erreichen wir den Hafen von **Acciaroli** (10 m; 3 h 30 min), den Hemingway in den 1950er Jahren gerne aufsuchte.

9. Magliano Vétere – Felskapellen mit Fernblick

Der Höhenzug im Südwesten der Calore-Schucht (siehe W 10) ist ein kleines Wanderparadies mit viel Belvedere. Die Pro Loco hat in den Orten Capizzo, Magliano Vétere und Magliano Nuovo Wandertafeln aufstellen und Wege markieren lassen.

Charakter: Tolle Ausblicke und schattige Wälder. Felsstufen, Kammpfade und breite Wirtschaftswege.
Gehzeit: 3 h.
Länge: Ca. 6 km.
Höhenunterschied: 460 m.
Karte: PNCVD, Tavola 3 „Gole del Calore", 1:25.000.
Markierung: Wandertafeln, rot-weiße Wegmarkierungen. Die Rundwanderung folgt im ersten Abschnitt der markierten Route P 2.
Start: Linienbusse aus Capáccio halten in Magliano Vétere. Parkplätze auf der Piazza.

An der Durchgangsstraße von **Magliano Vétere** (647 m) liegt die Piazza mit Brunnen, Rathaus, Apotheke und Bar. Vorbei an der Chiesa Madre gehen wir auf der Pflasterstraße im Ort bergauf. Ein Holzschild am nörd-

lichen Ortsrand weist den Weg zur „Cappella S. Lucia". Über Stufen steigt der Pilgerweg zur winzigen, an den Fels geklebten **Cappella S. Lucia** (743 m; 20 min).

Von der Felskapelle geht es ein kurzes Stück bergab zurück und dann zwischen Felsen zur Kammlinie und zum **Sattel** (730 m; 25 min) hoch. Über das Calore-Tal hinweg sehen wir auf die Monti Alburni. Nach rechts weist ein Schild zum „Fiume Calore" (siehe W 10). Wir folgen links dem Schild „Cappella S. Mauro" auf der Kammlinie in nordwestliche Richtung. Von einer **Anhöhe** (793 m) genießen wir den atemberaubenden Rundblick auf Monte Stella (siehe W 7), Golf von Salerno, Amalfitana, Capri, Ebene von Paestum, Monti Alburni, Calore-Schlucht und Cervati-Massiv (siehe W 14). Mit dem Grat steigen wir zum nächsten **Sattel** (760 m; 40 min) ab, wo wir auf eine von Magliano Vétere hochführende Teerstraße treffen. Dieser folgen wir ca. 50 m bergab, bis wir unterhalb des steinverkleideten Wasserspeichers (ital. *serbatoio*) (778 m) rechts den markierten Weg wieder treffen. Nach einem Anstieg

Der Weg folgt zum Teil der aussichtsreichen Kammlinie.

im Freien setzt sich der schmale, nicht immer leicht zu findende Pfad mit leichtem Auf und Ab im Halbschatten eines Ulmen-Steineichenwäldchens fort. Zur Rechten ragen steil die Felswände der Rupa della Noce und des Monte Faito auf. Unterwegs öffnen sich Blicke ins Alento-Tal. Wir queren eine Reihe trockener Bachbette. Immer noch im Wald stoßen wir auf einen breiten **Weg** (935 m; 1 h 20 min) – den Pilgerweg aus Capizzo –, dem wir in langgezogenen Serpentinen nach rechts bergauf folgen. Wenige Minuten später links der Abstecher zur **Cappella S. Mau-**

ro (985 m; 1 h 30 min), die sich mit schönem Portal an die Felswand lehnt.

Zurück an der Gabelung, setzen wir den Aufstieg fort. Die Serpentinen führen aus dem Wald ins Freie und auf den Felskamm (ital. *cresta*). Aus dem **Sattel** (1.040 m; 1 h 40 min) folgen wir am Hang der schräg nach Nordwesten hinabführenden Wegspur in einen lockeren Hainbuchenwald, der dann in einen ausgedehnten Kastanienhain übergeht. Hier halten wir rechter Hand Ausschau nach einer breiten Forststraße, zu der wir ohne Weg zwischen Kastanien absteigen. Auf der breiten, eben verlaufenden Fahrspur geht es rechts zurück in Richtung Magliano Vétere. Unterwegs stoßen wir auf querende Pisten und gehen jeweils wieder rechts. An der zweiten Kreuzung hat die Comunità Montana eine moderne Kapelle mit einer **Picknickzone** (872 m; 2 h 25 min) aus Betonfertigteilen errichtet. Linker Hand versöhnt der herrliche Blick in die Calore-Schlucht (siehe W 10). Dann führt die Schotterpiste zu dem Wasserspeicher oberhalb Magliano Vétere zurück, und hier schließt sich der Kreis (760 m; 2 h 40 min). Auf der Teerstraße steigen wir zum Ort hinab, um auf Höhe der ersten Häuser auf den gepflasterten Treppenweg abzubiegen. Bald haben wir unseren Ausgangspunkt auf der **Piazza** (3 h) wieder erreicht.

W 9 „Magliano Vétere"

1143
RUPA DELLA CONCA
1078
S. Mauro
Trentinara, Capáccio
1160
M. FAITO
Capizzo
137
N
Serbatoio
778
Magliano Vétere
Start/Ende
743
Maßstab ca. 1:50.000
S. Lucia
0   0,5   1 km
Magliano Nuovo

10. Gole del Calore – Paradies für Flussotter

> Der Calore bildet auf seinem Lauf von den Hängen des Monte Cervati (siehe W 14) bis ans Tyrrhenische Meer fünf Schluchten, die eindrucksvollste ist jene zwischen Felitto und Magliano. Hier leben die selten gewordenen, nachtaktiven Flussotter.

Charakter: Abschnittsweise rutschige Wege durch eine kühle Schlucht, meist Waldschatten. Leichte Kletterpassagen (den meisten fallen sie gar nicht auf).

Tipps: Im Sommer erfrischt ein Bad in den Gumpen, der Calore ist auch ein Kajak-Revier (siehe Seite 128). Gut und günstig isst man in Remolino in der gleichnamigen Trattoria (siehe „Cilento kulinarisch").

Gehzeit: 2 h 10 min.

Länge: Ca. 6 km.

Höhenunterschied: 100 m (v. a. der Weg auf dem westlichen Ufer führt viel auf und ab, da kommen noch ein paar Höhenmeter zusammen).

Karte: PNCVD, Tavola 3 „Gole del Calore", 1:25.000.

Markierung: Rot-weiße Wegmarkierung sowie diverse subventionsfinanzierte Info-Tafeln.

Start: Aus Felitto in Richtung Laurino fahren und nach 1 km rechts zur Località Remolino abbiegen. Die Straße endet nach 1 km am Fluss. Hier gibt es eine kleine Trattoria, Picknicktische und im Sommer einen Info-Kiosk des WWF. Alternativ kann die Wanderung auch im Ort beginnen (siehe unten).

Variante: Der Calore lässt sich in ca. 30 min auch direkt aus Felitto erreichen (für den Rückweg etwas mehr Zeit einkalkulieren). Von der zentralen Piazza Mercato (260 m) führt ein bezeichneter Weg ins Tal. Die schmale Straße wird zum steilen Treppenpfad, eine Brücke quert den Fluss und auf der Mauerkrone eines trockenen Mühlenkanals geht es nach links zum Stauwehr in der Località Remolino.

Vom Parkplatz geht es wenige Meter zum Fluss hinab, der an dieser Stelle aus der engen Schlucht in einen weiten Talgrund tritt, bevor er im Rücken des Ortes Felitto in der nächsten Schlucht verschwindet. Hier in der **Località Remolino** (182 m) ist der Calore zu einem kleinen See aufgestaut. Eine schöne Runde ergibt sich, wenn man gleich zu Beginn der Tour nach rechts über die Staumauer auf die gegenüberliegende Seite wech-

Unterwegs tiefe Einblicke in die imposante Calore-Schlucht.

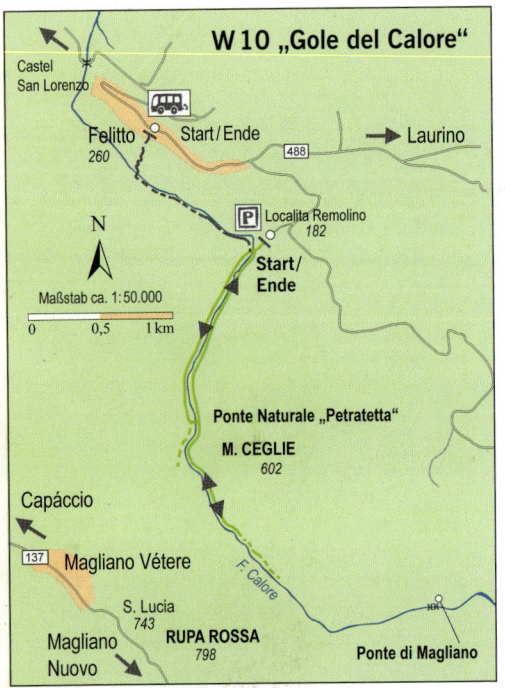

W 10 „Gole del Calore"

Castel San Lorenzo

Felitto
260

Start/Ende

488

Laurino

N

Maßstab ca. 1:50.000

0   0,5   1 km

P Localita Remolino
182

Start/Ende

Ponte Naturale „Petratetta"

M. CEGLIE
602

Capáccio

137

Magliano Vétere

F. Calore

S. Lucia
743

RUPA ROSSA
798

Magliano Nuovo

Ponte di Magliano

gegenüberliegende Ufer. Jetzt auf der östlichen Flussseite, führt der rot-weiß markierte Weg durch einen verwunschenen Steineichen- und Hainbuchenwald, zwischen Blockschutt wachsen hohe Farne. Im Herbst überzieht sich der Waldboden mit einem Blütenteppich violetter Alpenveilchen *(Cyclamen hederifolium)*. Etwa 25 min nach dem Ponte Naturale „Petratetta" gabelt sich der Pfad (vorher bereits gab es einige undeutliche Abzweige rechts zum Fluss). Jetzt steigen wir rechts zum **Fluss** (235 m; 1 h 10 min) hinunter, der an dieser Stelle große, tiefe Becken im Fels ausgespült hat. Im erfrischend kalten Wasser kann man einige Schwimmzüge wagen. Ein toller Platz für eine Rast!

Es wäre zwar möglich, in weiteren 1 h 30 min den **Ponte Medievale di Magliano** (286 m), eine flussaufwärts gelegene, wunderschöne mittelalterliche Bogenbrücke, zu erreichen. Der Weg ist jedoch beschwerlich, teilweise abgerutscht und nicht ungefährlich. Daher kehren wir, zunächst auf bekanntem Weg, zu unserem Ausgangspunkt zurück. Dabei bleiben wir die ganze Zeit auf dem orografisch (d. h. in Fließrichtung) rechten Ufer. Ab dem Ponte Naturale „Petratetta" hält sich der Weg meist in Flussnähe, dessen Rauschen uns nun ständig begleitet. In 30 min sind wir zurück in der **Località Remolino** (2 h 10 min).

selt. Hier treffen wir auf den querenden, gut ausgebauten Uferweg, der rechts von Felitto heranführt. Den Fluss zur Linken, steigen wir links über Holz- und Felsstufen rasch auf. Hainbuchen, Blumeneschen und Steineichen werfen ihre Schatten. Nach etwa 15 min erreicht der Weg einen ersten „Höhepunkt" (245 m) und wir können einen ersten Blick von oben in die imposante Talschlucht werfen. Kurz danach zweigt links ein Stichweg zur Grotta di Bernardino ab, während der Hauptweg weiter ansteigt. Am **Scheitelpunkt** (270 m; 30 min) öffnet sich noch einmal das Panorama auf die eng eingeschnittene Gola mit dem schmalen Band des rauschenden Flusses. Über Felsstufen fällt der Weg dann rasch ab bis zu einer **Weggabelung** (210 m; 45 min). Geradeaus steigt ein bezeichneter Pfad in Richtung Magliano Nuovo auf.

Nach links über den Ponte Naturale „Petratetta", eine von großen Kalkfelsblöcken gebildete Naturbrücke, erreichen wir das

Ein erfrischendes Bad in den Gumpen.

11. Monte Panormo – Auf dem Dach der Monti Alburni

Mit 1.742 m ist der Monte Panormo, auch Monte Alburno (der „Mons Albus" der Römer) genannt, höchster Gipfel der Alburni. Die Rundum- und Weitblicke sind ebenso großartig wie die Tiefblicke ins Tanagro-Tal. Im Sommer blühen auf Lichtungen wilde Lilien und die Almweiden verwandeln sich in ein einziges Blütenmeer.

Charakter: Anspruchsvolle Rundwanderung auf Forstwegen, Waldpfaden und über Felssteige.
Tipp: Das Rifugio Panormo (Campo dei Farina, Tel./Fax 08 28 96 63 05, Mobil 33 97 92 46 47 – jeweils privat c/o Pasquale, www.rifugiopanor mo.com), von Ottati aus auf 11 km Bergstraße mit dem Auto oder MTB zu erreichen, ist ein idealer Ausgangspunkt für Wanderungen bzw. MTB-Touren. Anständige Zimmer, das urige Lokal serviert beste Bergküche; geöffnet von Ostern bis Sept.
Gehzeit: 3 h 50 min.
Länge: Ca. 10 km.
Höhenunterschied: 420 m.
Karten: PNCVD, Tavola 1 „Monti Alburni", 1:25.000. Eine sehr brauchbare Karte hat die Pro Loco Ottati erstellt, sie ist mit Glück im Rifugio Panormo erhältlich.
Markierung: Rot-weiße CAI-Markierung, Abschnitte des Weges sind als Fernwanderweg Sentiero Italia (S.I.) ausgewiesen.
Anfahrt/Start: Im Osten von Ottati zweigt auf Höhe des Friedhofs (ital. cimitero) bergseitig die schmale Straße ab, die nach elf kurvenreichen, landschaftlich äußerst reizvollen Kilometern das Rifugio Panormo erreicht. Dort kann man parken bzw. das MTB sicher abstellen.

Das **Rifugio Panormo** (1.342 m) liegt am Waldrand westlich des Campo dei Farina, einer Weidefläche in einer der hier zahlreichen Karstsenken. Vom Rifugio aus folgen wir der Schot-

terstraße nur ein kurzes Stück bergauf, um sie auf Höhe der Viehtränken **Pozzi del Campo dei Farina** (1.351 m; 5 min) nach links zu verlassen (die im Rechtsbogen weiterführende Piste bietet sich als kürzere Rückwegsvariante an). Auf gut markiertem Pfad – rot-weiße Farbzeichen auf Stämmen und Felsen – steigen wir in nordwestliche Richtung im Buchenwald auf und treffen von unten auf den querenden, aus der Località Favo Scritto aufsteigenden **Sentiero N° 310** (1.416 m; 15 min). Auf ihm geht es rechts im Schatten hoher Buchen weiter hoch. Unterwegs stößt von rechts in der Località Fenestrelle (1.467 m; 30 min) der **Sentiero Italia** dazu. Weiter in Nordrichtung hoch bis zur beschilderten Kreuzung am **Vuccolo dell'Arena** (1.485 m; 50 min). Hier im Sattel stößt der aus Sicignano aufsteigende Sentiero Italia dazu.

Mit dem Grat schwenken wir nach rechts und beginnen den eigentlichen Aufstieg zum Gipfel. Erst durch Buchenwald, vorbei an interessanten Karstformationen – in den

Schlucklöchern wurde früher im Winter der Schnee gesammelt (sog. *nevere*, vgl. W 2), dann über Almweiden und offene Felsfluren erreichen wir den aussichtsreichen **Monte Panormo** (1.742 m; 1 h 40 min). Die Blicke schweifen über den Hauptkamm, die sanft nach Südwest einfallenden Plateauflächen mit ihrem bunten Mosaik aus Weide- und Waldflächen und weiter unten im Tal die Obst- und Weingärten, während zum Tanagro-Tal hin die Felswände fast senkrecht abstürzen. Außer dem obligaten Vermessungspunkt findet sich auch eine Statue des allgegenwärtigen Padre Pio in dieser luftigen Höhe.

Der Abstieg folgt der Gratlinie durch verkarstetes Gelände nach Südosten. Von den tollen Blicken auf Berge und Tanagro-Tal sollte man sich nicht ablenken lassen, sondern gut auf den Weg achten – besser ab und zu eine Blickpause einlegen! Zurück im Buchenwald, erreichen wir am **Vuccolo Francese** (1.506 m; 2 h 10 min) eine kleine Verebnung. Bevor wir den Abstieg fortsetzen, lockt zuerst noch ein kurzer Abstecher nach links. Mit wenigen Schritten erreichen wir einen natürlichen Belvedere an der Ge-

ländekante. Von den Felsbastionen sehen wir ein letztes Mal ins Tanagro-Tal und auf Petina hinab.

Mit der Tallinie steigen wir anschließend durch das Valle dei Cavallieri nach Süden ab. An der nächsten **Gabelung** (1.417 m; 2 h 30 min) besteht die Möglichkeit, links auf kürzerem Weg zum Rifugio Panormo zurückzukehren. Wir folgen der Piste nach rechts bis in die Località **Lauro Fuso** (1.393 m; 2 h 40 min). Hier verlassen wir den Sentiero Italia und steigen rechts mit wenigen Schritten über die Weidefläche bis zur betonierten Tränke auf, die einzige Quelle auf unserer Tour und eine der wenigen in den verkarsteten Alburni.

Im Rücken der Tränke folgen wir der Markierung des Sentiero N° 301 rechts in den Wald. Kurz darauf treffen wir auf eine deutliche Piste, der wir in Südrichtung sanft bergab folgen. An der **Wegkreuzung** (1.368 m; 2 h 55 min) auf Höhe des Rifugio Le Brecce halten wir uns rechts und kehren auf der als Sentiero N° 302 ausgewiesenen Schotterpiste über den Campo dei Farina zum Ausgangspunkt am **Rifugio Panormo** (3 h 50 min) zurück.

Abstieg vom M. Panormo mit Blick ins Tanagro-Tal.

12. Costa Palomba – Steinkrieger in den Monti Alburni

Seit dem 5. Jh. v. Chr. hält auf der 1.125 m hohen Costa Palomba eine in den Fels geschlagene, heute rätselhaft wirkende Figur eines Kriegers oder Schamanen Wache über das Valle del Calore, das sich im Südwesten ausbreitet. Lukaner besuchten den heiligen Ort, der auch heute nichts von seiner Ausstrahlung eingebüßt hat. Im Dialekt heißt die Figur *Antece*, der Vorfahre. Ein herrlicher Fleck für ein Picknick, oder auch um den Sonnenuntergang zu erleben.

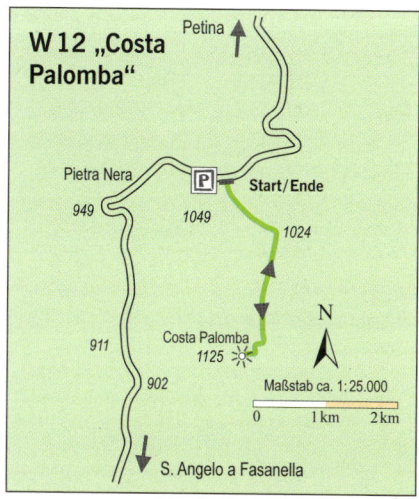

Charakter: Einfache Wanderung auf Forstwegen und Pfaden.

Tipp: Im mittelalterlichen Sant'Angelo a Fasanella lohnt der Besuch der Grotta di S. Michele Arcangelo. Mehrere Altäre stehen in der Felsgrotte – im Altertum ein heidnischer Kultort – und es werden ständig Messen gelesen. Der Ortspatron wird am 8. Mai mit einem großen Fest gefeiert. Nicht nur die S.P. 12 verbindet Sant'Angelo mit seinem Nachbarort Corleto Montforte. Parallel dazu verläuft immer noch der alte Weg, der in Ortsnähe über eine Römerbrücke führt (ca. 5 km einfach, 150 m Höhenunterschied).

Gehzeit: 1 h.

Länge: Ca. 2 km.

Höhenunterschied: 100 m.

Karten: PNCVD, Tavola 1 „Monti Alburni", 1:25.000.

Markierung: Gelbe Pfosten.

Anfahrt/Start: Am östlichen Ortsrand von Sant'Angelo a Fasanella biegen wir von der S.P. 12 ab und folgen den braunen Schildern „Antece Scultura Rupestre" ca. 5,5 km bergauf. An einem unscheinbaren Holzschild „Località Antece" zweigt rechts eine Schotterstraße ab. Hier parken.

Wir folgen dem ebenen Forstweg in den Buchenwald. Nach ca. 10 min zweigt links ein pfostenmarkierter Pfad ab, der oberhalb eines runden Brunnens mit Tränke über eine langgezogene Lichtung bergauf führt. Wieder im Buchenwald, steigt der Pfad in Serpentinen weiter auf und tritt bei einer Felsengruppe ins Freie. In eine der verkarsteten Felsplatten der **Costa Palomba** (1.125 m; 35 min) ist ein mannshohes Relief geschlagen, das nach Westen in die untergehende Sonne blickt. Im Nordwesten erhebt sich der Gipfel des M. Panormo (siehe W 11). Auf dem gleichen Weg geht es zurück.

Das rätselhafte Steinrelief eines Schamanen hält seit Jahrtausenden Wache über dem Calore-Tal.

13. Grava di Vesalo – Ein Bach verschwindet

Der sympathische Bergort Valle dell' Angelo ist Ausgangs- und Endpunkt dieser abwechslungsreichen Rundwanderung am Oberlauf des Calore. Beeindruckende Bergpanoramen wechseln mit Wiesen und lauschigen Wäldern ab. Ein Abstecher führt zur Grava di Vesalo, einem abgrundtiefen Karstschlund.

Charakter: Abwechslungsreiche Tageswanderung auf überwiegend breiten, teils schattigen Wegen.
Tipp: Die „Locanda dell'Angelo" (Piazza Januzzi 2, Tel. 09 74 94 20 08, www.confusimafelici.it) in Valle dell'Angelo ist eine einfache, nette Herberge mitten im Ort. Angelo Coccaro und Giuseppe D'Amico, die ihre Gäste auch mit besten Wandertipps versorgen, führen nebenan die tolle Trattoria „La Piazzetta" (siehe „Cilento kulinarisch").
Gehzeit: 6 h.
Länge: Ca. 18 km.
Höhenunterschied: 550 m.
Karte: PNCVD, Tavola 7 „Monte Cervati", 1:25.000.
Markierung: Vereinzelt Hinweisschilder.
Start: Ortsmitte Valle dell'Angelo. Parkmöglichkeiten.

Die alte Salzstraße folgt im Baumschatten dem Lauf des Calore.

Von der **Piazza Januzzi** (615 m) verlassen wir, rechts an der Chiesa Madre vorbei, auf der Via Januzzi und Via Nilo den Ort in westliche Richtung. Von oben stoßen wir auf eine anfänglich gepflasterte, dann geteerte Umgehungsstraße, der wir nach rechts folgen, vorbei an einem unsensibel restaurierten Waschplatz. Rechter Hand erheben sich jenseits des Monte Pescorubino die steil aufragenden Felswände des Scanno del Tesoro. Wir erreichen eine **Kreuzung** (593 m; 25 min), auf der IGM-Karte als „Cancello" bezeichnet. Die Gehrichtung beibehaltend verlassen wir die Teerstraße, die hier eine scharfe Rechtskurve beschreibt, und setzen unseren Weg auf dem linken der beiden geschotterten Wirtschaftswege fort, der bald mit schönem

Blick auf Laurino und die scharfgratige Bergkette oberhalb Magliano (siehe W 9) abfällt. Durch idyllische Bauernlandschaft erreichen wir einen **Talgrund** (422 m) und steigen, auf der nun geteerten Straße, wieder hoch. Unterhalb des Sportplatzes von Laurino biegen wir bei einer Gruppe von Häusern auf die querende Straße links ab. An der nächsten Gabelung folgen wir geradeaus der nun wieder geschotterten Fahrspur talwärts. Eine mittelalterliche Bogenbrücke führt über den Calore, am gegenüberliegenden Ufer liegt die **Cappella S. Elena** (426 m; 1 h).

Von der Kapelle aus folgen wir der steingepflasterten, breiten alten Salz-Handelsstraße flussaufwärts, begleitet vom Rauschen des Wassers. Das schattige Blätterdach schließt sich, nur ab und zu öffnet sich der Blick auf die pfirsichroten Kalksteinwände des Monte Pescorubino zur Linken. Heftige Regenfälle spülen stellenweise kleine Schuttkegel auf den Weg. Pfade umschreiten diese Hindernisse bergseitig. Etwa 1 h nach der Kapelle tritt der Weg auf eine Lichtung und schwenkt mit dem Talverlauf nach Süden. Hier folgen wir einem Seitenzufluss des Calore. Linker Hand erheben sich Monte L'Ausinito und Serra del Cigliatore, rechter Hand die Steilwände des Scanno del Tesoro. Auf einer weiteren Lichtung gabelt sich der Weg. Ein Holzschild weist links in Richtung „Monte L'Ausinito" und „Sant'Angelo", später unser Rückweg.

Vorher lohnt der Abstecher auf den Piano delle Fonti und weiter zur Grava del Vesalo. Bald öffnet sich ein weiter, quellreicher Talkessel, der **Piano delle Fonti** (876 m; 2 h 30 min). Wir folgen der Fahrspur über den flachen Weidegrund, vorbei an einem verschlossenen Brunnen, und stoßen am Waldrand auf eine querende Forststraße. Nach rechts geht es im Schatten hoher Buchen im Taleinschnitt sanft bergauf. Nach der Passhöhe fällt der Fahrweg leicht ab. Linker Hand liegt jenseits einer Lichtung der Schlund, in dem der Torrente Milenzio verschwindet. Achtung, nicht zu nahe an den Abgrund treten! Die überhängenden Felswände fallen senkrecht in die Tiefe. Das Naturschauspiel lässt sich gefahrlos betrachten, folgt man der Fahrspur noch ein Stück weit bergab, bis links ein bezeichneter Pfad zum Bachbett absteigt. Hier kann man dem Lauf des Wassers bis zum ersten Schluckloch folgen. Der Bach stürzt in einem kleinen Wasserfall hinein. Dahinter tut sich ein zweiter, 30 m tiefer Schlund auf, die **Grava di Vesalo** (950 m; 3 h 15 min). Auf der Fahrspur nur ein kurzes Stück bachaufwärts, erreichen wir auf einer mit Blumen übersäten Wiese einen herrlichen Rastplatz!

Auf demselben Weg kehren wir auf den Piano delle Fonti zurück und zu der vorhin erwähnten **Y-Gabelung** (827 m; 4 h 15 min) auf der Lichtung. Der Weg setzt sich auf der gegenüberliegenden Talseite zwischen Bachbett und neu aufgeforstetem Hang nach links fort. Während sich seitlich der Bach eintieft, führt der nicht immer eindeutige Pfad unter Haselnussbüschen. Nach etwa 10 min weitet sich das Tal, linker Hand tauchen die Steilhänge des Scanno del Tesoro auf und vorne der Monte Pescorubino. Wo ein verwilderter Walnusshain ein verfallenes Steinhaus umgibt, beginnt der deutliche Weg in langgezogenen Stufen anzusteigen. Lockere Eichenwäldchen wechseln sich mit Ginster- und Felsfluren ab. Der Weg führt um einen Felssporn, und hier öffnet sich ein weites Panorama. **Felsplatten** (5 h 10 min) laden zur Rast ein.

Dann geht es bergab, teilweise über groben Blockschutt im Hainbuchenwald (ein Erdrutsch macht den Weg schwer passierbar). Unterwegs zweigt bergseitig der **Stichweg** (5 h 25 min) zur Grotta dell'Angelo ab.

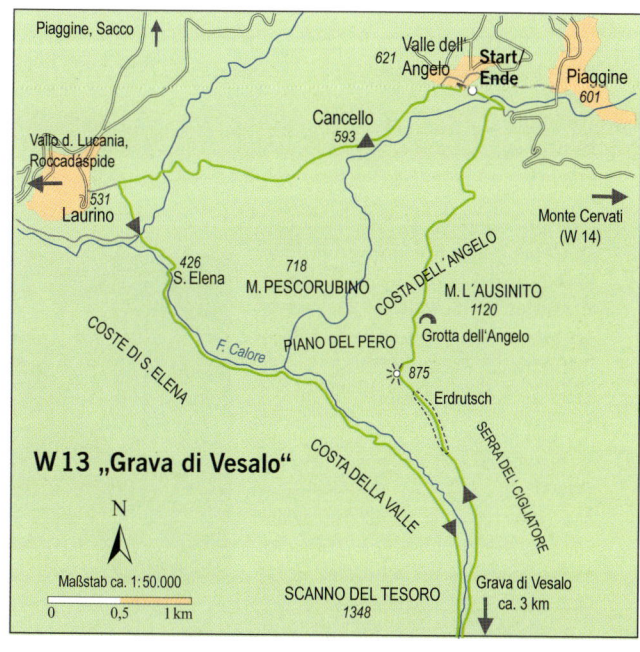

W 13 „Grava di Vesalo"

Auf steilen Serpentinen lässt sich in 40 min das Grottenheiligtum des Erzengels Michael erreichen.

Wir folgen dem breiten Pilgerweg in weiten Kurven bergab. Erst taucht Valle dell'Angelo auf, dann Piaggine. Wir treffen von oben auf eine querende Straße, der wir nach links in den Ort zurück folgen. Die kleine Betonbrücke birgt im Kern eine mittelalterliche Bogenbrücke. Auf der Via Nilo rechts hoch, erreichen wir mit wenigen Schritten die Ortsmitte von **Valle dell'Angelo** (6 h).

14. Monte Cervati – Höchstes Gipfelglück

Aus allen Himmelsrichtungen erreichen Pilgerwege das Marienheiligtum Madonna della Neve auf dem Monte Cervati, mit 1.899 m der höchste Gipfel des Cilento. Eine der schönsten Routen führt durch ausgedehnte Buchenwälder, über Almweiden und vorbei an eindrucksvollen Karstformationen von Piaggine heran.

Charakter: Tagesrundwanderung auf meist breiten, größtenteils markierten Wegen. Brunnen unterwegs.
Tipps: Übernachtung siehe W 13.
Gehzeit: 5 h 15 min.
Länge: Ca. 17 km.
Höhenunterschied: 720 m (kleine Gegenanstiege nicht gerechnet).
Karte: PNCVD, Tavola 7 „Monte Cervati", 1:25.000.
Markierung: Rot-weiße Wegmarkierungen.
Anfahrt/Start: Von Piaggine aus mit dem Auto den Schildern „M. Cervati" folgend, auf der S.P. 388 nach Süden aus dem Ort. Kurz nach Straßenkilometer 6 in einer Rechtskurve links auf die bergseitig abzweigende Schotterstraße abbiegen. Diese setzt sich als S.P. 388 in Richtung Rifugio M. Cervati fort; z. Z. offiziell für den Verkehr gesperrt. Die Weiterfahrt empfiehlt sich ohnehin nur mit einem Fahrzeug mit ausreichend Bodenfreiheit. Andernfalls legt man die Strecke bis zum unten beschriebenen Startpunkt zu Fuß zurück. In jedem Fall hält man sich nach ca. 700 m an der Gabelung rechts und folgt weiter dem Verlauf der Schotterstraße (die links abzweigende betonierte Piste ist als Variante nicht mehr zu empfehlen!). Etwa 4,8 km nach Verlassen der Asphaltstraße stößt von links die betonierte Piste dazu, hier auf einer kleinen Wiese im Schatten von Erlen und Buchen parken.

Vom **Parkplatz** (1.140 m) steigt die rot-weiß markierte Schotterpiste im lockeren Erlen- und Buchenwald gleichmäßig an. Die Holzschilder „Fontana dei Cacciocavalli" und „M. Cervati" weisen den Weg. Nach ca. 25 min führt links ein Abzweig auf eine große Lichtung mit Tränke und Picknickplatz. An der **Fontana dei Cacciocavalli** (1.232 m; 30 min) (Trinkwasser!) herrscht im Sommer Almbetrieb. Am überdeckten Grillplatz rechts vorbei, führt ein kurzer Abschneider durch den Wald zurück auf die Schotterpiste. Circa 5 min nach Passieren des km-Schildes „13" der S.P. 388 biegen wir in einer **engen Rechtskurve** (1.330 m) rechts auf die rot-weiß markierte Piste ab (geradeaus setzt sich die Forststraße zum Piano degli Zingari

Die Madonna del Cervati thront in einsamer Karstlandschaft.

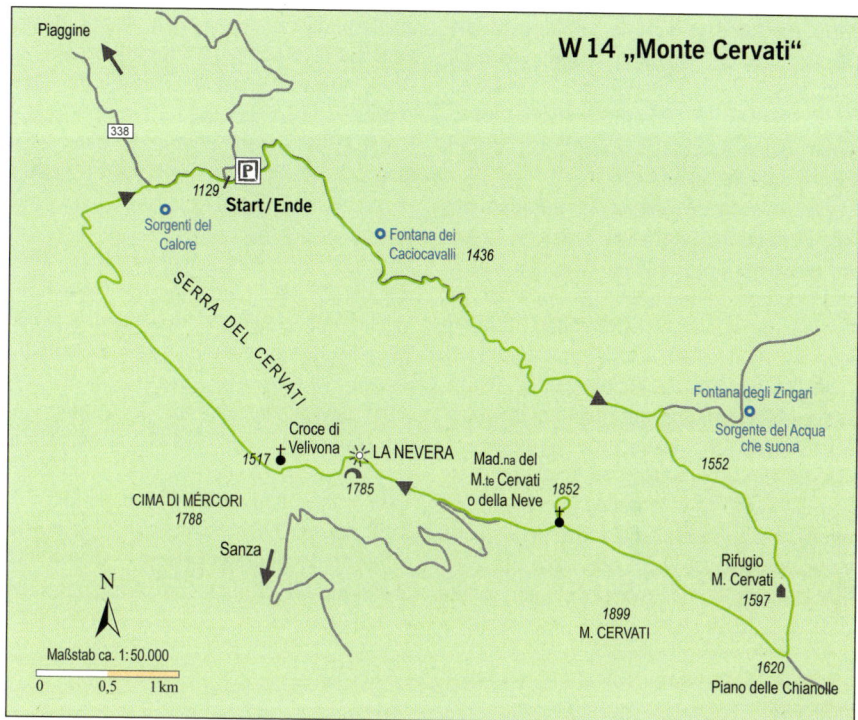

W 14 „Monte Cervati"

Piaggine

338

1129 · Start/Ende

Sorgenti del Calore

Fontana dei Caciocavalli 1436

SERRA DEL CERVATI

Fontana degli Zingari

Sorgente del Acqua che suona 1552

Croce di Velivona

LA NEVERA

Mad.na del M.te Cervati o della Neve 1852

CIMA DI MÈRCORI 1788

1517 · 1785

CIMA DI MÈRCORI 1788

Sanza

1899 M. CERVATI

Rifugio M. Cervati 1597

N

Maßstab ca. 1:50.000

0   0,5   1 km

1620 Piano delle Chianolle

fort). Im Buchenwald beständig bergauf, erreichen wir das Steingebäude des **Rifugio Cervati** (1.597 m; 1 h 50 min) am Rande einer großen Weidefläche.

Wir folgen der Fahrspur über die Weide bergauf, das Cervati-Massiv zur Rechten. Am linken oberen Ende der Lichtung führen rot-weiß markierte Pflöcke zurück in den Buchenwald, auch ein Schild mit der Aufschrift „sentiero storico" weist die Richtung.

Nach wenigen Minuten passieren wir ein Kreuz sowie eine Tafel, die zum alten Pilgerweg informiert. Von der Lichtung auf dem **Piano delle Chianolle** (1.620 m; 2 h 05 min) schwenkt der Weg in einem scharfen Bogen nach rechts in den Wald zurück (auf der Lichtung selbst steht ein weiterer irreführender Wegweiser!), steigt rasch an und tritt dann endgültig ins Freie. Ein Schild bezeichnet diesen Abschnitt des historischen Pilgerweges als *chiana amara* („bitterer Anstieg"). Mit weiten Bergblicken erreichen wir

einen Grat. Vor uns öffnet sich eine riesige Doline, der Monte Cervati (1.899 m) erhebt sich zur Linken. Immer am nördlichen Dolinenrand entlang, führt der annähernd eben verlaufende Pfad in gerader Linie auf die Wallfahrtskirche zu. Im Rücken des **Santuario Madonna della Neve** (1.852 m; 3 h) breitet sich eine zauberhafte Wiese aus, im Frühsommer ein Blütenmeer und daher *Giardino della Madonna* (Garten der Madonna) genannt – ein tolles Plätzchen für die Rast! Hier lohnt der kurze Rundweg vorbei an der Grotta della Neve. Die Blicke sind atemberaubend, aber man sollte schwindelfrei sein!

Zurück am **Santuario** (3 h 20 min), folgen wir der breiten Schotterstraße Richtung Sanza bergab (auf den ersten Metern steingepflastert). Vor uns die Gipfel des Monte Bulghèria (siehe W 24), Monte Scuro, Monte Gelbison (siehe W 15) und Monte Stella (siehe W 7). Nach ca. 10 min beschreibt die

Schotterpiste eine scharfe Linkskurve. Die Gehrichtung beibehaltend, folgen wir dem schmalen, rot-weiß markierten Pfad weiter, der zur **Nevera** (1.785 m; 3 h 40 min) führt, einem tiefen Karstspalt, in dem bis in den Herbst Schnee liegen bleibt.

Der nächste Wegabschnitt erfordert etwas Orientierungsgeschick! Zunächst folgen wir weiterhin der Gratlinie, zwischen Felsen und Buchen, um nach wenigen Minuten auf den scharf nach links absteigenden, rot-weiß markierten Felspfad einzubiegen, der sich zunächst am oberen Waldrand hält. Nach einigen Minuten führt der Pfad rechts in den Buchenwald. Im weiteren Abstieg zielen wir auf die Cima di Mércori zu und erreichen eine Lichtung in der **Talmulde** (1.546 m; 4 h) zwischen La Nevera und Cima di Mércori. Wir folgen dem rot-weiß markierten Hohlweg (im Frühjahr Schmelzwasser!) nach rechts zurück in Richtung Piaggine und kommen

über eine Lichtung mit Kreuz, dem **Croce di Velivona** (1.517 m; 4 h 05 min). Wieder im Wald, verbreitert sich der Weg zur Schotterstraße.

Die Piste quert unterwegs eine Lichtung mit Viehtränke, die **Località Festule** (1.300 m; 4 h 30 min). Nach weiteren 10 min beschreibt die Piste eine S-Kurve und führt zurück in den Wald. Rechter Hand öffnet sich der Blick ins Calore-Tal. Hier besteht die Möglichkeit abzukürzen und über die offenen Weideflächen zu der aus Piaggine heranführenden Schotterpiste abzusteigen, der als Anfahrtsweg dienenden S.P. 388. Etwas länger, aber ohne die Möglichkeit eines Irrtums erreicht man auf der rot-weiß markierten Piste weiter nordwestlich ebenfalls die S.P. 388, der wir nach rechts ca. 20 Minuten, vorbei an der **Fontana Festule** (1.115 m) mit S.-Pio-Kapelle, zurück zum **Ausgangspunkt** (5 h 15 min) folgen.

---

15. Monte Gelbison – Heiliger Berg

Von Novi Vélia führt ein alter Pilgerweg zum Santuario della Madonna del Sacro Monte auf den Gipfel des 1.705 m hohen Monte Gelbison. Gelegentlich trifft man unterwegs Pilger, die zum Teil barfuß bis zum Heiligtum aufsteigen, die meisten fahren jedoch auf der kurvenreichen Straße mit dem Auto hoch. Am letzten Mai-Sonntag und am zweiten Sonntag im Oktober bewegen sich allerdings ganze Menschenströme zu Fuß auf den heiligen Berg.

Charakter: Angenehmer Anstieg auf breiten Wegen durch schattige Wälder, auf demselben Weg zurück.
Gehzeit: Aufstieg 2 h, Abstieg 1 h 30 min.
Länge: Ca. 10 km.
Höhenunterschied: 800 m.
Karte: PNCVD, Tavola 7 „Monte Gelbison – Vélia", 1:25.000.

Markierung: Devotionalien und gelegentlich aufgestellte Kreuze am überdeutlichen Weg.
Anfahrt/Start: Die Straße von Novi Vélia in Richtung Monte Gelbison (verwirrend ist evtl. die unterschiedliche Beschilderung, die Richtungsangaben lauten auch „Monte Sacro" bzw. „Santuario") führt durch das liebliche Torna-Tal. Am frisch murmelnden Bach stehen Picknicktische. Hier kann man das Auto am Straßenrand abstellen.

Kurz nach der Stelle, wo die Straße vom Bach weg eine scharfe Rechtskurve beschreibt, beginnt bergseitig der in breiten Stufen angelegte, steingepflasterte **Pilgerweg** (880 m). Der Aufstieg führt durch schattigen Erlen- und Kastanienwald (im Sommer hohe Farne), vorbei am erfrischenden Brunnen **Fontana di Fiumefreddo** (1.045 m; 25 min) mit einer Majolika der Madonna del Sacro Monte Novi Vélia. Oberhalb des Brunnens liegt eine kreisrunde Wiese als Festplatz. Kurz

Kaskaden und moosbewachsene Felsen im lauschigen Torna-Tal.

danach führt der steingepflasterte Pilgerweg oberhalb zweier großer gemauerter Grillplätze vorbei. Kurz nach einem schmiedeeisernen Kreuz stößt von rechts unten, von der Straße kommend, ein weiterer Weg dazu. Nach weiteren Serpentinen quert der Pilgerweg auf einer Lichtung eine breite Piste. Auf dem steingepflasterten Weg geht es zunächst noch im Buchenwald weiter hoch, doch bald werden mit jeder Spitzkehre die Ausblicke schöner und man versteht, warum der Hang auf der IGM-Karte als Belveder (das „e" hat der Kartenzeichner vor lauter Begeisterung wohl verschluckt) bezeichnet wird. Wo Pilgerweg und Piste wieder zusammentreffen, öffnet sich rechter Hand von einer Felsgruppe ein weites Panorama, das vom Capo Palinuro über den Golf von

Ascea bis zum Monte Stella reicht. Ein schöner Picknickplatz und möglicher Endpunkt der Wanderung!

Wenige Schritte führen auf die **Straße** (1.500 m; 1 h 20 min), die aus Novi Vélia zum Santuario hochführt. Wir queren die Straße und folgen dem Weg, der inzwischen ungepflastert zwischen mächtigen Buchen und Felsbrocken dem Grat folgt. Nach ca. 5 min führt der Pfad nach links zurück zur Straße und endet an einem niedrigen Metallgitterzaun über der Böschungsmauer, in die ein paar Tritteisen eingelassen sind. Die letzten paar hundert Meter geht es auf der Straße nach rechts bis auf eine Lichtung. Hier am **Croce di Rofrano** (1.605 m; 1 h 40 min) treffen zwei Pilgerwege zusammen, der eine aus Novi Vélia, von den Gläubigen aus dem küstennahen Cilento benutzt, der andere aus Rofrano, dessen Einzugsgebiet das bergige Hinterland ist. Ein Treppenweg führt zum Belvedere am **Santuario** (1.705 m; 2 h) hoch. Das Panorama umfasst die Monti Alburni, das Cervati-Massiv (siehe W 14) und in der Ferne das Sirino-Massiv in der Basilikata und in Kalabrien die Gipfel des Pollino. Auf der anderen Seite sehen wir auf das Capo Palinuro hinab (siehe W 18).

Auf demselben Weg kehren wir zum **Ausgangspunkt** (3 h 30 min) zurück. Hungrig nach der Wanderung? In der Gegend servieren die Lokale köstliche Pilzgerichte.

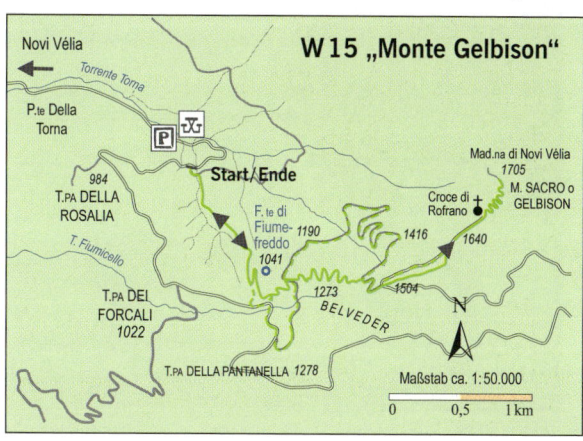

16. Vélia – Wettlauf mit Philosophen

Die Ausgrabung des antiken Elea (Vélia) ist eine der drei (!) UNESCO-Weltkulturerbestätten des Cilento. Weniger der Ruinen wegen, die in Paestum bedeutsamer und eindrucksvoller sind, sondern weil hier vor 2.500 Jahren Gedanken gedacht wurden, die zur Grundlage der Moderne zählen. Um die Lehre seines Lehrers Parmenides zu verteidigen, erfand Zenon z. B. die Paradoxa – Beweise, die sich gegen („para") die im Volk verbreiteten Meinungen („doxa") richteten. Berühmt ist das Paradoxon vom Wettlauf zwischen Achilles und der Schildkröte, aber das ist eine andere Geschichte (siehe „Cilento Kultur"). Nach Vélia verirren sich nur selten Touristenbusse – und was wenige wissen: Innerhalb der archäologischen Zone kann man herrlich wandern.

Charakter: Leichte Streckenwanderung mit weiten Landschaftsblicken.
Gehzeit: 1 h (ohne Besichtigung).
Länge: Ca. 3 km.

Höhenunterschied: 110 m.
Karten: PNCVD, Tavola 7 „Monte Gelbison – Vélia", 1:25.000.
Markierung: Tafeln mit archäologischen Erläuterungen im Gelände.
Start: Vélia–Marina di Ascea liegt an der Küstenstraße S.R. ex S.S. 447 und ist auch per Bus (CSTP hält an der Area Archeologica) oder Bahn (vom Bhf. kein Bus zur Ausgrabung) zu erreichen. Scavi di Vélia, tägl. 9 Uhr bis 1 h vor Sonnenuntergang, Tel. 09 74 97 23 96. Eintritt 2 Euro, ermäßigt 1 Euro.

Vom Eingang gelangt man vorbei an einem römischen Wohnviertel in Nähe des ursprünglichen Hafens und einem imposanten Thermenkomplex auf steingepflasterter Straße, die sich in einem Taleinschnitt vorbei an dem in Hangstufen angelegten Äskulap-Heiligtum hochzieht, zur Porta Rosa. Durchschreitet man die Bogenkonstruktion, blickt man über das Alento-Tal auf den Monte Stella (siehe W 7). In der Antike ermöglichte eine Signalstation auf dem 1.130 m hohen Berg die Telekommunikation zwischen Paestum und Vélia.

Akropolishügel von Vélia.

Auf der Pflasterstraße ein Stück zurück biegen wir rechts zur Akropolis ab. Der imposante mittelalterliche Wachtturm wurde aus den Steinen eines antiken Tempels errichtet. Von hier genießt man einen weiten Blick über das Meer. Die eigentliche „Wanderung" folgt dem Verlauf der antiken Stadtmauer über den Höhenrücken ins Landesinnere. Dabei überschreiten wir die Porta Rosa. Vorbei an den Grundmauern weiterer Heiligtümer erreichen wir einen gut erhaltenen Festungsturm aus hellenistischer Zeit, den Castelluccio. Der Blick reicht von den Monti Alburni bis zum Monte Gelbison (siehe W 15). Auf demselben Weg kehren wir zurück.

17. Castelluccio – Hausberg von Pisciotta

Schöne Ausblicke und schattige Wälder wechseln sich auf dieser Rundwanderung ab. Vom 701 m hohen Gipfel des Castelluccio genießen wir einen 360°-Blick.

Charakter: Mittelschwere Wanderung auf Wald- und alten Wirtschaftswegen mit anfänglich steilem Aufstieg auf Treppenwegen und auf dem Rückweg teils steilem Abstieg auf Schotterpisten nach Pisciotta (Stöcke!).
Tipp: Im „Tre Gufi" z. B. (siehe „Cilento kulinarisch") lässt sich der Hunger nach der Wanderung stillen. Nahe der Piazza Pinto gibt es an der Durchfahrtsstraße mehrere Alimentari, Obst- und Gemüseläden.
Gehzeit: 3 h 30 min.
Länge: Ca. 10 km.

Höhenunterschied: 515 m (sowie einige leichte Gegenanstiege).
Karten: PNCVD, Tavola 9 „Monte Bulgherìa", 1:25.000. Communità Montana Lambro e Mingardo, Carta dei Sentieri, 1:25.000.
Markierung: Hinweisschilder, rot-weiße Markierungen der Comunità Montana, in Ortsnähe gelbe Sprühmarkierungen.
Anfahrt/Start: Piazza Raffaele Pinto, Ortsmitte Pisciotta. Am westlichen Ortsrand gibt es Parkplätze.

Die **Piazza Raffaele Pinto** (185 m) im Rücken, geht es von der Durchfahrtsstraße, vorbei an der Bar „Tre Fontane", auf der steilen Treppengasse Vicolo Tuvolo zwischen Häusern bergauf. Von unten stoßen wir auf eine querende **Asphaltstraße** (280 m, 15 min), der wir wenige hundert Meter nach links folgen, um im Weiler Valle nach rechts den Anstieg auf einem ehemaligen Maultierpfad, inzwischen als Fahrweg betoniert, fortzusetzen (Holzschild „Castelluccio", gelbe Sprühmarkierung). Auf Höhe eines ehemals mächtigen Olivenbaumes stößt von links ein Wirtschaftsweg dazu. An einem Haus vorbei geht es hier rechts hoch und gleich darauf an der Gabelung links weiter auf der gepflasterten *mulattiera*, die zwischen Steinmauern in einem Taleinschnitt bis in den Sattel mit den traurigen Resten der **Cappella di S. Bernardo** (470 m; 45 min) aufsteigt (auf IGM-Karten „Belardino"). Im Norden sieht man Rodío liegen. Die Johanniterritter von Rhodos hatten den Ort im 13. Jh. als Kommende gegründet. In den wasserreichen Hügeln waren früher zahlreiche Ölmühlen in Betrieb.

Von der (leider oft vermüllten) Kapellen-Kreuzung folgen wir der breiten Piste nach rechts, um nach knapp 100 m rechts auf eine anfänglich breite Piste abzubiegen (Holzschild „Castelluccio"). Zunächst führt

der Weg in südliche Richtung und zwischen Baumkronen blitzt das Meer auf. Dann beschreibt der Weg einen Linksbogen, verschmälert sich und steigt am südöstlichen Hang einer Anhöhe im lichten Schatten von Steineichen und Erdbeerbäumen auf. Dabei verschmälert sich der Weg weiter zum Pfad, auf dem wir bald im Westen der La Tartana den **Grat** (580 m; 1 h 5 min) erreichen. Der Weg setzt sich in östliche Richtung fort, vorher aber lohnt der Ausblick vom Fels unmittelbar rechts vom Weg.

Auf dem schmalen Pfad geht es durch hohen Macchiawald über den Bergkamm in östliche Richtung weiter leicht bergauf. Nach ca. 10 min öffnet sich rechter Hand eine weitere Lichtung mit **Felsen** (640 m; 1 h 15 min) und tollem Blick von oben auf Pisciotta, das Capo Palinuro (siehe W 18) und das Meer. Ein idealer Rastplatz!

Anschließend immer weiter am Grat entlang, leicht bergauf, leicht bergab und nicht dabei die Geduld verlieren (Wegzeichen und

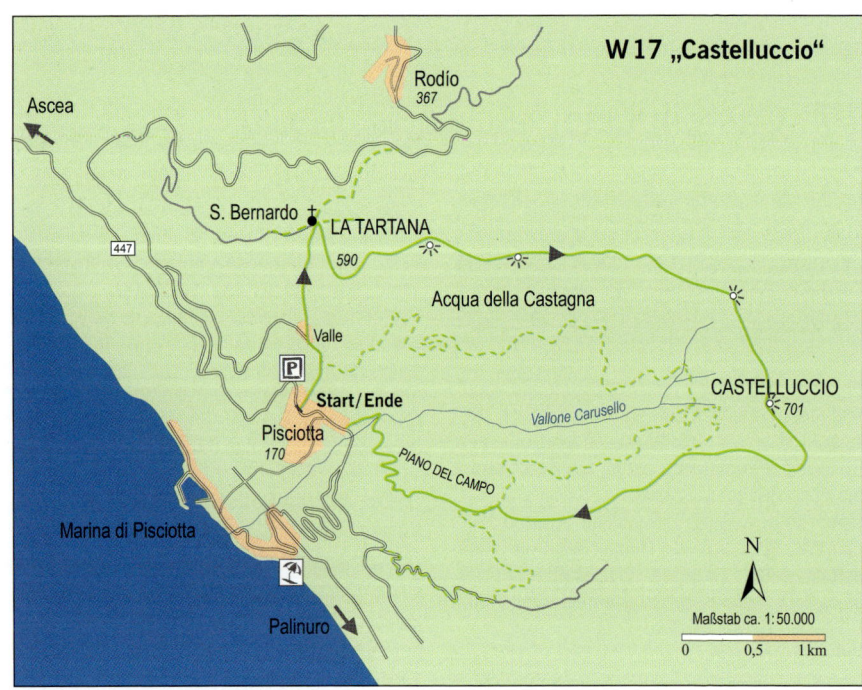

Im Osten Pisciottas erhebt sich der aussichtsreiche Castellucio.

Hinweisschilder machen sich rar). Manch einem mag der nächste Abschnitt als langweilig erscheinen, aber zeitig im Frühjahr blühen Blausterne und Schneeglöckchen, im Sommer kann man Erdbeeren naschen und im Herbst überzieht sich der Boden über und über mit blühenden Cyclamen. Von Lichtungen kann linker Hand der M. Gelbison (siehe W 15) zu sehen sein. Über eine **Kreuzung** (656 m; 1 h 25 min) mehrerer Wirtschaftswege geht es geradeaus auf dem Kammweg weiter. Nach weiteren 20 min verbreitert sich der Weg, führt aus dem Wald heraus und beschreibt einen sanften Rechtsbogen. Vorne taucht der imposante Rücken des M. Bulgherìa (siehe W 24) auf. Vorbei an einer Picknickbank im Schatten einer Steineiche fällt die sandige Fahrspur sanft ab und in einer **Rechtskurve** (730 m; 1 h 50 min) lädt eine Aussichtsbank zur schönen Rast. Im Norden des M. Bulgherìa sind jetzt auch der pyramidenförmige Ort Roccagloriosa und dahinter die hohen Gebirgszüge in der Nach-

barregion Basilikata zu sehen. Von dieser Stelle führt ein kurzer Weg zu einer ca. 70 m tiefer gelegenen Quelle.

Der breite Hauptweg setzt sich mit leichtem Auf und Ab in südwestliche Richtung fort. Vom **Scheitelpunkt** (695 m) des Weges sind rechter Hand erneut die Häuser von Pisciotta zu sehen. Nach links geht es mit wenigen Schritten bis auf den **Castelluccio** (701 m; 2 h). Vom alten Wachtturm ist nichts mehr zu sehen, Bauern der Umgebung haben die Steine zum Bau ihrer Häuser verwendet. Geblieben ist eine Wiesenlichtung mit perfektem Rundumblick!

Der breite Hauptweg steigt in südwestliche Richtung ab, in einer **Rechtskurve** (670 m; 2 h 5 min) stößt von links der Weg C.M. 69 dazu. Nach rechts auf dem C.M. 68 mit Blick auf Pisciotta weiter bergab. Kurz darauf zweigt an der nächsten **Kreuzung** (625 m; 2 h 10 min) rechts der C.M. 178 ab (er führt erst geschottert, dann über eine wenig befahrene Asphaltstraße ebenfalls nach Pisciotta zurück). Wir wählen den links weiterführenden C.M. 67. Die Piste fällt rascher ab. Von oben stoßen wir auf eine querende Fahrspur und mit ein paar Schritten nach rechts auf eine beschilderte **Kreuzung** (450 m; 2 h 30 min). Wir steigen auf der breiten Fahrspur nach links auf dem als C.M. 192 bezeichneten Abschnitt ab, auf Telefonmasten tauchen jetzt auch wieder die gelben Sprühmarkierungen auf. Nach wenigen hundert Metern beschreibt die mittlerweile befestigte Straße eine scharfe Linkskurve. Die Gehrichtung beibehaltend, geht es geradeaus in westliche Richtung zwischen Weinbergen und mit Blick auf den Golf von Ascea sanft bergab. Auch diese Piste beschreibt kurz darauf eine scharfe Linkskurve und wieder behalten wir die Gehrichtung bei und folgen jetzt einer Schneise bergab, vor uns das Meer.

Die alte *mulattiera* wurde hier beim Verlegen einer Wasserleitung leider größtenteils zerstört, doch die Vegetation hat inzwischen wieder Fuß gefasst und es ist nur noch der begangene Pfad zwischen Schopflavendel und Zistrosen freigeblieben. An einem kaum genutzten **Picknickplatz** (340 m; 3 h 5 min) rechts vorbei, geht es in weiteren Serpentinen bergab. Wir queren eine erste Talsohle und folgen dem alten Weg nach links. Der letzte, schöne Teil des Abstiegs ins Carusello-Tal ist steil und folgt hier dem alten Stufenweg. Flußabwärts einer alten Mühle führt eine **Holzbrücke** (190 m; 3 h 20 min) über den Bach. Auf der nördlichen Talseite geht es, im letzten Abschnitt steingepflastert, in den Ort zurück, den wir auf Höhe der Bar „Il Frantoio" erreichen. Nach rechts führen wenige Schritte auf der Hauptstraße zurück zur **Piazza Raffaele Pinto** (3 h 30 min).

18. Capo Palinuro – Weiter Horizont

Am Capo Palinuro läuft die Cilento-Küste zur Hochform auf. Die senkrecht aus dem Meer aufsteigenden Kalkfelsen dienten bereits frühen Seefahrern zur Orientierung, flößten ihnen aber auch Angst ein. In der Änäis schildert Vergil den Tod des Steuermannes Palinuros. Vom Hochplateau bietet sich ein herrlicher Rundblick. Von Februar bis März blüht auf schattigen Felsen in Meeresnähe die Palinuro-Primel *(Primula palinuri)*, endemisches Präglazialrelikt und Emblem des Nationalparks.

Charakter: Spaziergänge mit Fernblick.

Tipp: Hauptattraktion des Capo Palinuro sind die zahlreichen Karstgrotten, die nur vom Meer her mit dem Boot zu erreichen sind; eine weitere faszinierende Welt öffnet sich Tauchern unter Wasser (siehe Kapitel „Küsten und Meer").

Gehzeit: 1–2 h.

Höhenunterschied: 200 m.

Karten: PNCVD, Tavola 9 „Monte Bulghería", 1:25.000. Communità Montana Lambro e Mingardo, Carta dei Sentieri, 1:25.000.

Markierung: Hinweisschilder, keine Orientierungsschwierigkeiten.

Start: Parkplatz kurz vor dem Hafen von Palinuro.

Varianten: Es ist geplant, die einzelnen Küstenwachttürme auf einem neu anzulegenden Wanderweg miteinander zu verbinden. Bis es so weit ist, lädt der 140 m hohe Molpa-Hügel, zwischen Fiume Lambro und Mingardo im Osten des Kaps gelegen, mit den spärlichen Ruinen eines Anjou-Kastells und schönem Rundumblick zur Erkundung ein. Der als C.M. 136 bezeichnete Weg beginnt in Nähe des Agriturismo „Isca delle Donne" (siehe „Cilento kulinarisch"). Ausgangspunkt der problemlos zu bewältigenden Tour ist die Talstation einer „Weinbergsbahn" für Fußlahme (und subventionshungrige Lokalpolitiker). Besonders schön ist auch der nahe Strand am Arco Naturale.

Ein kurzer schöner Aufstieg führt vom Ende der Hafenstraße zur **Torre della Quaglia**, direkt oberhalb der Grotta Azzura, hoch. Ein etwas längerer, bezeichneter Anstieg beginnt auf Höhe des Parkplatzes kurz vor dem Hafen, führt durch einen Pinienhain und stößt von unten auf die schmale Straße, die auf der Kammlinie bis zum Faro ("Leuchtturm") führt.

Spektakuläre Blicke bieten sich auch auf der Südseite des Kaps, z. B. auf Höhe des alten Wachtturms oberhalb der Cala Fetente. Bitte nicht zu nahe an die Geländekante treten!

Der Faro ist von der Ringstraße, an der das "King's Hotel" liegt, auch auf einer anfänglich asphaltierten Stichstraße zu erreichen. Die alten Hirtenpfade auf dem Hochplateau sind inzwischen längst alle verwachsen.

Capo Palinuro – schlechte Aussichten für Schiffbrüchige.

19. San Severino di Centola – Eine Geisterstadt

Das alte San Severino di Centola, bis Mitte des 19. Jh. noch San Severino di Camerota, erhebt sich auf einem Felsgrat über der Mingardo-Schlucht und dem modernen Ort gleichen Namens. Im 16. Jh. konnte unter spanischer Herrschaft vermeldet werden: „Muros buenos y castillo fuerte al pié de la tierra en una rocca." Die Festung hielt eine Schlüsselposition zur Kontrolle des Territoriums. Es bestanden Sichtverbindungen zu anderen Burgen und Küstenwachttürmen. Was früher von strategischer Bedeutung war, genießen wir heute als Belvedere. mit neu erwachter Sensibilität bemüht. In den ehemaligen Baronalspalast soll ein Centro-Turistico-Ambientale einziehen. Der ca. 1-stündige Ausflug macht auch Kindern großen Spaß. Bitte beim Herumklettern zwischen den Ruinen aufpassen und nicht zu nahe an die Geländekante treten!

In San Severino di Centola kann man Fantasie und Blicke schweifen lassen.

Tipp: Im Bahnhof von Centola gibt es eine engagierte Tourist-Info (Mo–Sa 6.30–8.00 und 13–15.30 Uhr, Mobil 3386436198, www.mingardoemiti.it), wo es außer fundierten Infos zu San Severino di Centola auch weitere Wandertipps für die nähere Umgebung gibt.

Von der Verbindungsstraße San Severino–Foria (siehe R 5, 6, 8, 9) führt ein bestens angelegter Weg in wenigen Minuten zu den Ruinen der Stadt, die Mitte des 20. Jh. von ihren Einwohnern verlassen wurde und um deren Erhalt man sich heute

---

20. Camerota – S. Cono – Höhenweg über dem Meer

Der alte Verbindungsweg, der von Camerota vorbei an der Cappella S. Antonio und dem verfallenen Iazzo S. Cono bis an die Mingardo-Mündung südlich des Arco Naturale ans Meer führt, wurde vor etlichen Jahren als Wanderweg neu angelegt (und seither leider kaum noch gepflegt).

Charakter: Die aussichtsreiche Kurze-Hosen-Tour endet an einem tollen Badestrand. Breite Wege ohne Orientierungsschwierigkeiten.

Tipps: Picknick und Badesachen einpacken. Taxi Calicchio aus Marina di Camerota, Tel. 0974935054, 0974379610, Mobil 3281558809, www.calicchioviaggi.it.
Gehzeit: 2 h 30 min.
Länge: Ca. 7,5 km.
Höhenunterschied: 150 m Auf-, 430 m Abstieg.
Karten: PNCVD, Tavola 9 „Monte Bulgherìa", 1:25.000. Comunità Montana Lambro e Mingardo, Carta dei Sentieri, 1:25.000.
Markierung: Hinweisschilder, rot-weiße Markierungen der Comunità Montana.
Anfahrt/Start: Infante-Busse von Marina di Camerota nach Camerota. Die Infante-Busse vom

Endpunkt der Wanderung (Bedarfshaltestelle an der S.R. ex S.S. 562) zurück nach Marina di Camerota verkehren nur im Sommer; es ist auch möglich, in ca. 2 h nach Marina di Camerota zurückzulaufen (siehe unten).

Variante: Die Tour lässt sich als Strandwanderung verlängern (+ 8,5 km, + 2 h). Über den breiten Dünenstrand und abschnittsweise auf der Straße durch Tunnel erreichen wir die Cala Finocchiara. Vor dem Eingang zur Galleria Mingardo (der dritte Tunnel) steigt ein steiler, undeutlicher Ziegenpfad zur Torre Fenosa (74 m) auf, die sich mit herrlichem Blick unterhalb der Antennen von S. Antonio erhebt. Richtung Marina di Camerota setzt sich ein schmaler Pfad fort, verbreitert sich zur Fahrspur und stößt von oben auf die S.R. ex S.S. 562, der wir ca. 1,3 km bis auf Höhe des „Villaggio La Barca" folgen. Unmittelbar nach einer Brücke biegen wir rechts in die schmale Teerstraße, die vorbei am Feriendorf bis ans Capo Grosso zurück an die Küste führt. Auf küstenparallelem Weg erreichen wir die schöne Spiaggia della Calanca (Sandstrand Calanca) im Westen von Marina di Camerota.

Am westlichen Ortsrand von Camerota von der **Piazza S. Vito** (285 m) einige hundert Meter zurück auf der Straße Richtung Marina di Camerota und über die Brücke. Nicht auf dem privaten Weg unmittelbar nach der Brücke rechts aufsteigen, sondern auf dem alten steingepflasterten **Maultierpfad** (260 m; 10 min) ca. 100 Schritte danach. Durch ein Eichenwäldchen bergauf und auf der querenden, betonierten Straße rechts weiter hoch. Die **Cappella la Pietà** (340 m; 20 min) lädt mit Blick auf Camerota und den Monte Bulgherìa (siehe W 24) zur ersten Rast ein. Hinter der Kapelle zweigt links eine geschotterte Stichstraße zum Agriturismo Capocanto ab.

Unsere Wanderung setzt sich geradeaus auf der befestigten Straße fort, die, von Trockensteinmauern und Hecken gesäumt, auf die Antennenanlage über die Küste zuhält. An der **Y-Gabelung** (340 m; 25 min) rechts

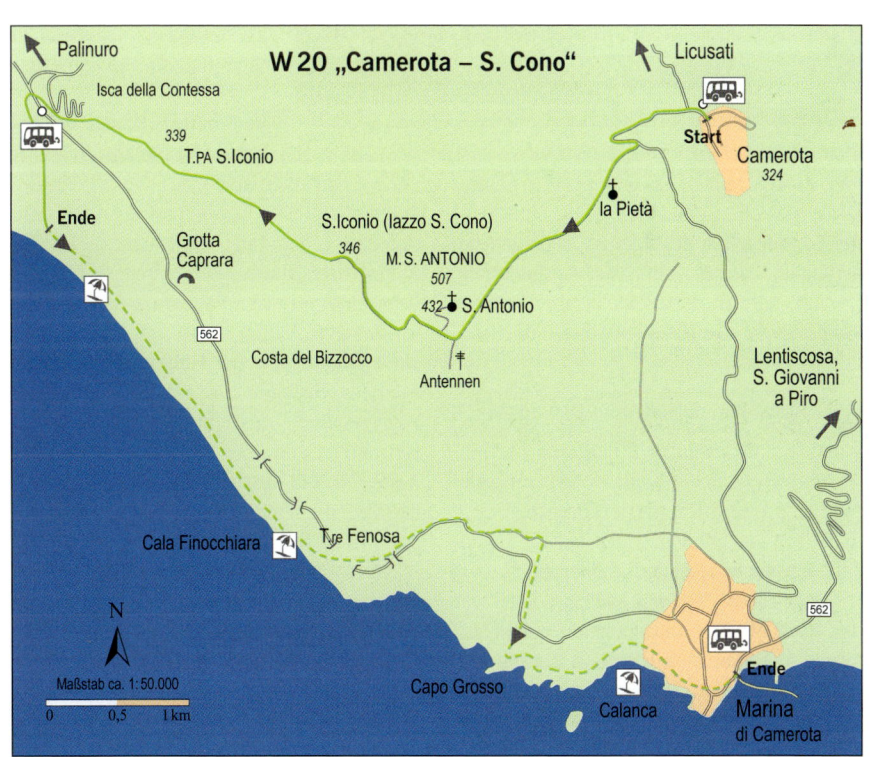

87

und immer der breiteren, rot-weiß als C.M. 3 markierten Fahrspur folgen. Während die betonierte/asphaltierte schmale Straße an der verkarsteten, von einer niederen Macchia überzogenen Ostflanke des Monte S. Antonio ansteigt, sehen wir im Osten Lentiscosa und vor uns Marina di Camerota, die Spiaggia di Lentiscelle und den Monte di Luna (siehe W 21). Einige hundert Meter vor den Anten-

Im Abstieg Blick auf Arco Naturale und Capo Palinuro.

nen verlockt ein etwas unglücklich gesetztes Wegzeichen dazu, bergseitig rechts auf die Schotterpiste abzubiegen. Hier geht es geradeaus weiter auf der Asphaltstraße (zweigt man an dieser Stelle ab, führt der Weg in einem weiten Rechtsbogen nach Camerota zurück).

Vor den Antennen schwenkt die Piste nach rechts und hier führt ein kurzer Stichweg rechts zur **Cappella di S. Antonio** (432 m; 45 min) hoch, deren Lage – obwohl sie von Antennen und Strommasten umgeben ist – malerisch ist. Schöne Blicke auf Camerota, Lentiscosa und Marina di Camerota.

Zurück auf dem Hauptweg, folgen wir der als C.M. 194 bezeichneten, leicht abfallenden Fahrspur in Richtung Westen und wählen kurz darauf an der nächsten Gabelung den linken, unteren Weg. Nach dem Taleinschnitt und einem leichten Gegen-

anstieg führt die breite Piste im Wesentlichen sanft bergab. Unterwegs besteht die Möglichkeit eines kurzen Abstechers nach links in das umzäunte Aufforstungsgebiet zu einem Aussichtsplatz. Mit Blick aufs Capo Palinuro (siehe W 18) setzt sich der Hauptweg fort auf den Iazzo S. Cono zu – auf Militärkarten als S. Iconio bezeichnet, eine verfallene Meierei mit Schafpferch. Ein Eisentor versperrt Fahrzeugen die Durchfahrt, Fußgänger werden links unterhalb der Umzäunung geleitet (der folgende Wegabschnitt ist verschlammt). Kurz darauf führt der Weg direkt unterhalb des **Iazzo S. Cono** (344 m; 1 h 30 min) vorbei. Von der Steinpflasterung des alten Wirtschaftsweges ist nicht mehr viel zu erkennen. In langen Stufen geht es zwischen verfallenen Steinmauern bergab, das Capo Palinuro im Blick. In den aufgelassenen Olivenhainen ist die Macchia wieder auf dem Vormarsch, z. T. wurden Kiefern aufgeforstet. Der inzwischen als C.M. 193 markierte Weg folgt im Halbschatten der Kiefern dem Grat bergab. Marode Holzbänke laden unterwegs zur Panorama-Rast. Zurück im Kiefernschatten, führt der Weg weiter sanft bergab, um auf Höhe einer ebenfalls maroden Picknickzone auf den dem Meer zugewandten, aussichtsreichen Hang zu schwenken und über Felsstufen rascher abzusteigen. Ein kurzes Stück östlich der Brücke über den Fiume Mingardo treffen wir auf die **S.R. ex S.S. 562** (20 m; 2 h 30 min).

Überqueren wir die Straße, liegt die Behelfsbushaltestelle ein paar Schritte nach links auf Höhe einer Apotheke. Hält man sich rechts und folgt dem Schild „Camping Mingardo", erreicht man in wenigen Minuten den wunderschönen kilometerlangen Sand- und Kiesstrand.

21. Porto degli Infreschi – Erfrischende Paradiesbucht

Östlich von Marina di Camerota erstreckt sich einer der wildesten Küstenabschnitte des Parco del Cilento. Der Porto degli Infreschi, ein kristallklarer Naturhafen am Golfo di Policastro, verdankt Kaltwasseraustritten seinen Namen. Früher nutzten Fischer die kühlen Grotten, um ihren Tagesfang frisch zu halten.

Charakter: Kurze-Hosen-Wanderung durch duftende Macchia auf meist guten Pfaden, Schotterpisten. Kurze Abschnitte auf kaum befahrener Teerstraße. Zahlreiche Badegelegenheiten unterwegs, kaum Schatten.

Tipps: In Marina di Camerota die Rückfahrt mit dem Boot von Porto degli Infreschi organisieren (siehe „Küsten und Meer"). Man kann sich natürlich auch erst mit dem Boot an den Porto degli Infreschi bringen lassen, um dann den Weg in umgekehrter Richtung zu laufen. Trinkwasser, Picknick und Badesachen einpacken. Im Sommer öffnen ein nettes Strandlokal an der Spiaggia Pozzallo und ein wildromantisches Restaurant direkt am Porto degli Infreschi.

Gehzeit: 1 h 50 min (einfach).

Länge: Ca. 4,5 km (einfach).

Höhenunterschied: 260 m (einfach, sowie einige Gegenanstiege).

Karten: PNCVD, Tavola 9 „Monte Bulgherìa", 1:25.000. Communità Montana Lambro e Mingardo, Carta dei Sentieri, 1:25.000.

Markierung: Rot-weiße Sprühzeichen und Markierungen der Comunità Montana. Die einzelnen Wegabschnitte werden als C.M. 11 bis 15, 172 und 18 bezeichnet.

Start: Von Marina di Camerota geht oder fährt man das kurze Stück bis zur östlich gelegenen Spiaggia Lentiscelle (Sandstrand). Parkplatz am Friedhof.

Von der **Spiaggia Lentiscelle** (5 m) aus führt, vorbei am Camping „Romano" und links von der Grotta di Lentiscelle (Schiffsrumpf im Inneren), im Taleinschnitt ein Treppenweg hoch. Oben angekommen, stoßen wir auf eine querende Schotterstraße, der wir 20 m nach links folgen (rot-weiße Markierung und Linkspfeil auf dem Betonmast). Auf der schmalen Teerstraße (= Via Monte di Luna) geht es rechts weiter bergauf. Dieser Abschnitt ist als C.M. 11 markiert. Oberhalb der Cala Fortuna knickt die Straße links

Porto degli Infreschi – willkommen im Paradies!

Seefahrerkapelle S. Lorenzo.

ab und führt weiter ansteigend ins Landes-innere. An der **T-Kreuzung** (135 m; 25 min) biegen wir von der geteerten Straße rechts auf eine Schotterpiste, die sich im Rücken des Monte di Luna küstenparallel fortsetzt und geradeaus über eine X-Kreuzung führt, dabei die Torre Cala Bianca im Blick. Weinanbau ist hier weitgehend aufgegeben worden und die Macchia ist wieder auf dem Vormarsch. Jenseits des tief eingeschnitte-nen Vallone Valamonte erhebt sich im Lan-desinneren die Serra degli Infreschi.

Wir folgen der Schotterstraße geradeaus über eine Y-Kreuzung. In Serpentinen geht es auf schottriger Piste talwärts (auf der gegenüberliegenden Talseite ist die Fort-setzung des Weges als Pfad zu erkennen). Kurz oberhalb des Talbodens zweigt rechter Hand der kurze Stichweg zur „Bar-Ristoro

Pozzallo" und zum gleichnamigen schönen **Strand** (2 m; 50 min) ab.

Zurück von der Spiaggia Pozzallo, geht es noch ein kurzes Stück bergab und am Grund des Vallone Valamonte queren wir das im Sommer trockene **Bachbett** (5 m; 1 h). Im Schatten hoher Macchia steigt der Pfad zu-nächst an, führt von einer Anhöhe wieder leicht bergab und tritt ins offene Gelände (roter Kalkverwitterungsboden). Hier ist et-was Orientierungsgeschick gefragt. (Hier gibt es auch die Möglichkeit, in ca. 10 min auf einem zumindest auf der Karte als C.M. 20 markierten Pfad die wunderschöne Badebucht Cala Bianca zu erreichen. Eine Steinpyramide markiert den Einstieg. Un-terwegs wird ein Dreschplatz gequert.) Auf dem Weg zum Porto degli Infreschi behalten wir die westliche Gehrichtung bei und blei-ben auf dem küstenparallelen Hauptpfad, der kurz hinter einer betonierten Tränke auf das trockene Bachbett des **Vallone Cerza di Lazzo** (18 m; 1 h 25 min) trifft. Jenseits des Bachbetts steigt der als C.M. 15 markierte Pfad im Schatten von Flaumeichen den Ge-genhang hoch. Nach ca. 5 min zweigt links der als C.M. 172 rot-weiß markierte Weg ab, dem wir weiter bergauf folgen, an aufgelas-senen Terrassen und Brunnen vorbei, bis wir an einer Kreuzung auf eine eben verlaufende **Schotterpiste** (100 m; 1 h 40 min) treffen. Einige Bauernhäuser sind hier zu beschei-denen Feriendomizilen umgebaut.

Auf der Schotterpiste geht es 50 m nach links, wo sich im Landesinneren auffällig die Pyramide des Monte Vaccuta (siehe W 22) erhebt. Rechter Hand öffnet sich ein grandioser Blick auf den Golfo di Policastro und rechts zweigt der Pfad ab, der, vorbei an dem kleinen **Seefahrerkirchlein S. Lorenzo** (53 m), in ca. 10 min zum **Porto degli Infreschi** (2 m; 1 h 50 min) mit kleiner Badebucht absteigt.

Eine Rückfahrt mit dem Boot nach Marina di Camerota (siehe oben) entlang der spektakulären Steilküste rundet das großartige Landschaftserlebnis ab.

22. La Vaccuta – Gipfel auf die Schnelle

Trotz ihrer Zwerghöhe von nur 576 m ist die Vaccuta ein Gipfel, der ins Auge fällt. Das mag an der pyramidenförmigen Gestalt liegen, v. a. aber sieht man den Berg von überall her. Entsprechend gut ist der Ausblick von oben.

Blick ins Vallone del Marcellino.

Charakter: Einfache Streckenwanderung.
Gehzeit: 1 h.
Länge: ca. 2,5 km.
Höhenunterschied: 110 m.
Karten: PNCVD, Tavola 9 „Monte Bulgherìa", 1:25.000. Communità Montana Lambro e Mingardo, Carta dei Sentieri, 1:25.000.
Markierung: Keine, wenig Orientierungsprobleme.
Anfahrt/Start: Von Lentiscosa kommend (auf der S.R. ex S.S. 562 Richtung San Giovanni a Piro) am km 20,900 in einer Linkskurve rechts auf eine Schotterstraße abbiegen. Nach ca. 100 m nördlich des einsamen Baustofflagers das Auto abstellen (die Gegend wird gerne auch zum Abladen von Bauschutt missbraucht).

Von der **Y-Gabelung** (465 m) im Rücken des Baustofflagers folgen wir der besser ausgebauten Schotterstraße nach rechts in östliche Richtung und überschreiten dabei eine kleine Kuppe. Der Weg schwenkt nach rechts und führt durch eine Sattelmulde. Hier eine weitere **Gabelung** (460 m; 5 min), an der wir uns links halten. Die Fahrspur endet wenige Minuten später in einem Wendeplatz (450 m; 10 min) oberhalb einer aus Gasbetonsteinen errichteten Schäferhütte.

Mit einem Rechtsschwenk geht es innerhalb des vom Forst umzäunten Gebietes weiter, jetzt auf deutlichem Pfad zwischen niedriger Macchia in Serpentinen durch verkarstetes Gelände aufsteigend. Nach etwa 10 min wird rechter Hand der Stacheldrahtzaun sichtbar und parallel zum Zaun geht es weiter hoch. Der durch eine Steinpyramide gekennzeichnete **Gipfel** (576 m; 30 min) liegt etwas oberhalb des umzäunten Bereiches. Von hier oben genießt man einen beeindruckenden Rundumblick, der den M. Bulgherìa (siehe W 24) und den Hafen von Marina di Camerota mit einschließt. An klaren Tagen sieht man über den Golf von Policastro bis in den lukanisch-kalabrischen Apennin. Ein paar Schritte nach Osten – Vorsicht, das Gelände ist stark verkarstet –, und man kann von oben ins Vallone del Marcellino (siehe W 23) hineinblicken. Ein friedlicher und vor allem stiller Ort zum Verweilen.

Auf demselben Weg kehren wir zum **Ausgangspunkt** (1 h) zurück.

23. Vallone del Marcellino – Wildes Tal

> Der Vallone del Marcellino ist eine wild-romantische Talschlucht mit herrlicher Vegetation. Nach starken Regenfällen füllen sich die Gumpen mit Wasser. In den steilen Felsklippen nisten Falken. Am Ende der Wanderung wartet ein einsamer Kiesstrand am Golf von Policastro.

Charakter: Mittelschwere bis anspruchsvolle Streckenwanderung. Breite Pisten und Pfade, die etwas verwachsen sein können.

Tipps: Am schönsten ist es, sich am Strand mit dem Boot abholen zu lassen. Salvatore Calicchio, der auf Wunsch die Wanderung naturkundlich begleitet, organisiert auch die Rückfahrt mit dem Boot (siehe Einführung zum Kapitel „Wanderungen" und „Küsten und Meer"). Man kann auch auf den etwas abenteuerlichen Abstieg ins Vallone und den Strand verzichten und stattdessen auf dem C. M. 30 gemütlich die Costa S. Carlo mit wunderbarer Aussicht ansteuern.

Gehzeit: 2 h bis 2 h 30 min (einfach, ohne Abstecher in den Sattel nördlich der Timpa del Piombo), etwas länger für den Wiederaufstieg.

Länge: Ca. 9 km (einfach, ohne Abstecher in den Sattel nördlich der Timpa del Piombo).

Höhenunterschied: 540 m Abstieg (einfach, ohne Abstecher in den Sattel nördlich der Timpa del Piombo) zzgl. 540 m Aufstieg, wenn man die Strecke auch wieder zurückläuft.

Karten: PNCVD, Tavola 9 „Monte Bulgherìa", 1:25.000. Communità Montana Lambro e Mingardo, Carta dei Sentieri, 1:25.000.

Markierung: Rot-weiße und rote Sprühpunkte unterwegs (an einigen entscheidenden Stellen fehlen präzise Markierungen).

Start: Linienbusse aus Marina di Camerota halten in S. Giovanni a Piro. Aus dem Ort lässt sich der Startpunkt der Wanderung auch zu Fuß erreichen, indem man durch die Gassen in Richtung Westen auf das Santuario zuläuft und dann zur Ciolandrea abbiegt. Mit eigenem Fahrzeug am westlichen Ortsende von der S.R. ex S.S. 562 knapp 2,5 km Richtung Santuario di Pietrasanta, um am Scheitel einer scharfen Linkskurve rechts auf der steingepflasterten Straße zum Belvedere Ciolandrea abzubiegen (Parkmöglichkeiten).

Den Monte Bulgherìa (siehe W 24) im Rücken und die wilde Steilküste zu Füßen, spannt sich vom **Belvedere Ciolandrea** das atemberaubende Panorama über den Golf

Orientierungspause am „Zisternengehöft".

von Policastro bis zur Costa di Maratea (siehe W 28 bis 30), dahinter erhebt sich majestätisch der lukanisch-kalabrische Apennin.

Vom **Kiesparkplatz** (540 m) am Belvedere folgen wir der breiten, als C.M. 29 markierten Schotterpiste nach Südwesten. Der zunächst ebene, dann sanft abfallende Weg führt an Bauerngärten, Weinbergen und Olivenhainen vorbei – eine intakte, archaische Kulturlandschaft, die uns bis in die Località Cerrito begleiten wird. An der nächsten **Gabelung** (525 m; 5 min) geht es rechts weiter auf dem C.M. 140 (lohnend ist auch der Abstecher nach links auf dem C.M. 30, der in ca. 40 min bis ans Ende der Costa S. Carlo führt).

Während die Schotterpiste abfällt – steilere Abschnitte sind betoniert –, tieft sich linker Hand der Taleinschnitt des Vallone Trarro ein, dahinter erstreckt sich der Höhenrücken der Costa S. Carlo. Mit leichtem Auf und Ab geht es durch hohe Macchia, die hier als Niederwald der Brennholzgewinnung dient, dazwischen immer wieder Weideflächen. Alte Gehöfte, Pferche und Dreschplätze zeigen an, dass auch diese Gegend früher intensiver bewirtschaftet wurde. Zwischendurch auch wieder freie Blicke aufs Meer und den Küstenwachtturm auf der Costa S. Carlo. Etwa 500 m, bevor die von Geländefahrzeugen befahrbare Piste im Rücken der Timpa del Piombo endet, gabelt sich in der Località Cerrito der Weg oberhalb eines verlassenen **Gehöfts** (380 m; 50 min) mit zwei Zisternen, die offene Zisterne direkt unterhalb des Weges. Möchte man zunächst von oben einen Blick ins

Vallone del Marcellino werfen, kann man der breiten Piste noch einige Minuten nach rechts bis zu ihrem Ende folgen (für den Abstecher ca. 30 min rechnen). Ein nicht bezeichneter Pfad steigt rechts im Rücken der Timpa del Piombo bis in einen Sattel auf. Von hier blickt man ins grün bewachsene Vallone, auf der westlichen Talseite erhebt sich die 575 m hohe La Vaccuta (W 22).

Am **Zisternen-Gehöft** – hier wünschte man sich dringend eine Markierung – geht es links vorbei, bergab in Richtung Küste. Jetzt erkennt man auch die zweite, gedeckte Zisterne direkt oberhalb des Hauses und auf dem Türstock die Aufschrift „Qui ebbe origine la famiglia Gagliardo". Wir schreiten durch ein Gatter, und ein schöner alter Stufenweg führt zwischen niedrigen Steinmauern mit dem Grat bergab. Jetzt tauchen auch wieder rot-weiße Wegmarkierungen auf und vorne der Küstenwachtturm auf der Costa S. Carlo. Dahinter ist bei klarer Sicht die Costa di Maratea zu sehen.

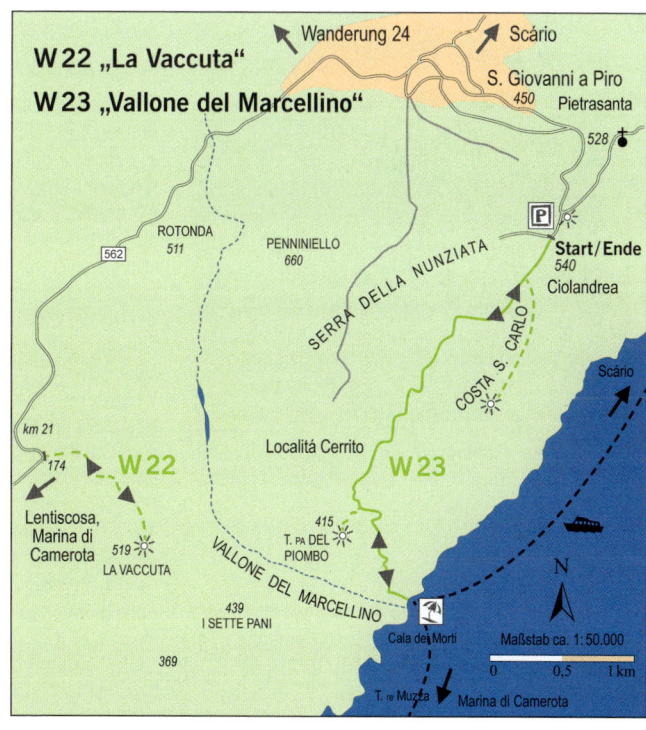

93

Jetzt heißt es Aufpassen! Kurz vor Erreichen des kleinen Sattels (wie schon am Gehöft auch dort zahlreiche Badewannen als Viehtränken) am Boden auf den rot-weiß markierten **Fels** (325 m; 55 min) mit der Beschriftung C.M. 140 achten. Rechter Hand liegt der etwas verwachsene Einstieg in den weiterführenden Weg. Der schmale Pfad selbst ist dann klar zu erkennen und quert unterhalb der Umzäunung schräg den offenen Grashang in südwestliche Richtung bergab. Im Schatten von Steineichen und Baumheiden queren wir eine **Talsohle** (280 m; 1 h). Der Pfad schwenkt nach Südosten und fällt, inzwischen wieder im offenen Gelände, leicht ab, um nach wenigen Minuten bei Erreichen einer Gratlinie im rechten Winkel erneut nach Südwesten zu schwenken. Am Fuße einer Steilwand unterhalb der Timpa del Piombo queren wir bis zur nächsten **Gratlinie** (245 m; 1 h 20 min). Jetzt geht es in kleinen Serpentinen rechts von der Gratlinie mit Blick aufs Meer bergab. Die inzwischen deutlicher markierte Idealroute schwenkt dann nach rechts und steigt ins Vallone del Marcellino ab. Wir erreichen das (meist) trockene Bachbett und merken uns den markierten großen **Felsblock** (15 m; 1 h 50 min) für den Rückweg. Nach links geht es im Bachbett in einem Vegetationstunnel bis an die einsame **Spiaggia del Marcellino** (0 m; 1 h 55 min). Im Sommer ist an der wunderbaren Kies- und Felsbucht mehr los, wenn sich Badegäste aus dem nahen Scário mit dem Boot herbringen lassen.

Sofern wir keine Bootsabholung und keinen Rücktransfer zum Ausgangspunkt organisiert haben, kehren wir auf bekanntem (schweißtreibendem) Weg zu Fuß zum **Belvedere Ciolandrea** (540 m; 3 h 30 min) zurück.

24. Monte Bulgherìa – Weitblick und Lavendelduft

Seine exponierte Lage über dem Golf von Policastro macht den „nur" 1.225 m hohen Monte Bulgherìa zu einem der schönsten Aussichtsberge des Cilento. Den Namen verdankt er bulgarischen Söldnern, die im 7. Jh. in Begleitung der Langobarden ins Land kamen. Von April bis Juni blühen zahlreiche Orchideen und im Sommer ist die Luft erfüllt vom Duft des wilden Lavendels.

Charakter: Mittelschwere bis anspruchsvolle Rundwanderung, die ein bisschen Orientierungsgeschick erfordert.
Gehzeit: 4 h.
Länge: Ca. 10 km.
Höhenunterschied: 695 m.
Karten: PNCVD, Tavola 9 „Monte Bulgherìa", 1:25.000. Communità Montana Lambro e Mingardo, Carta dei Sentieri, 1:25.000.

Markierung: Rot-weiße Markierungen der Comunità Montana, rote Sprühzeichen.
Anfahrt/Start: Von Lentiscosa kommend, ca. 600 m nach dem Ortsschild S. Giovanni a Piro im Ortsteil Pedale von der S.R. ex S.S. 652 links abbiegen (Schild: Campo Sportivo). Im Ort nach rechts fahren und unterhalb des Fußballplatzes parken. S. Giovanni ist von Marina di Camerota aus auch mit Linienbussen zu erreichen (Haltestelle: Bivio Campo sportivo).
Varianten: Eine langatmige Aufstiegsvariante (ideal als MTB-Tour!) beginnt in Poderia. Aus dem Ort ist der Monte Bulgherìa ausgeschildert. Ein Betonweg führt 800 m steil nach oben (Parkmöglichkeit) und in Serpentinen setzt sich die Schotterstraße ca. 4,5 km bis auf das Hochplateau fort. Über den Grat führt die Piste vorbei an einer Schutzhütte weiter Richtung Osten; unterwegs liegen Picknickstellen im Schatten mächtiger Kastanien. Der letzte Anstieg bis zum Gipfel führt mit herrlichen Ausblicken über karstiges Gelände (4 h 30 min; 14 km; 1.000 m).

Stolz erhebt sich der Monte Bulgherìa über San Giovanni a Piro.

Reizvoller ist der steile Aufstieg von Acquavena (3 h 30 min, 8 km; 720 m).

Vom **Fußballplatz** (530 m) folgen wir der Asphaltstraße noch etwa 100 m talwärts und biegen links auf die als C.M. 43 markierte Schotterstraße, die sich auf die Felswände zubewegt und dabei rasch ansteigt. Auf Höhe eines Brunnenhauses durchschreiten wir ein

Gatter und kurz danach, oberhalb eines zweiten Brunnenhauses, ein zweites Gatter. Vorbei an einer Tränke und einer steinernen Sitzbank, beginnt die alte *mulattiera* über Stufen in Spitzkehren rasch nach links den Felshang aufzusteigen. Steineichen bilden niedrige Buschinseln. Bald erreichen wir eine weitere Tränke mit einer Madonna in der Felsnische – die **Sorgente Remite** (670 m; 20 min).

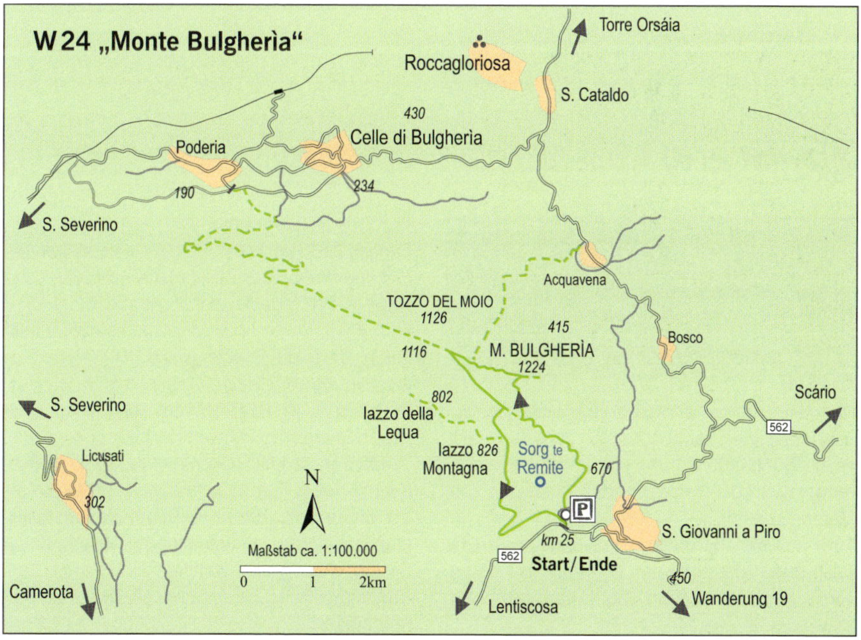

W 24 „Monte Bulgherìa"

Torre Orsáia

Roccagloriosa

S. Cataldo

Poderia

Celle di Bulgherìa

430

234

190

S. Severino

Acquavena

TOZZO DEL MOIO
1126

415

Bosco

1116

M. BULGHERÌA
1224

S. Severino

Scário

802

iazzo della
Lequa

562

Licusati

iazzo 826
Montagna

Sorg te
Remite

670

302

N

P

Maßstab ca. 1:100.000

S. Giovanni a Piro

0   1   2 km

562

km 25

Start/Ende

450

Camerota

Wanderung 19

Lentiscosa

Darüber ein Picknicktisch. Die *mulattiera* steigt mit schönen Blicken auf den Golf von Policastro weiter rasch an. Die Steineichen schließen sich allmählich etwas dichter.

Eine gute Stunde nach Start erreichen wir eine Gruppe höherer Steineichen, umgeben von niedrigen Mäuerchen. Die Markierung C.M. 43 weist uns nach links und anschließend folgen wir den häufig gesetzten rot-weißen Markierungen über verkarstetes Gelände und durch eine Schneise im Steineichenwald fast senkrecht den Hang hoch, bis wir oberhalb des Waldstreifens die endlos weiten verkarsteten Weideflächen an der Südflanke des Bulgherìa erreichen. Über uns sind der Gipfelgrat und weit im Westen Licusati zu sehen. Ein **Felsblock** (1.070 m) auf der Wiese trägt noch einmal Markierungen. Von hier führt der C.M. 48 schräg nach links bis in einen Sattel westlich des Gipfels (später Teil des Rückwegs). Auf dem C.M. 44, einer undeutlichen Wegspur im offenen, karstigen Gelände voller Viehgangeln, erreichen wir in ca. einer halben Stunde den Grat und mit einigen Schritten nach links den Gipfel des **Monte Bulgherìa** (1.225 m; 2 h 20 min). Der Blick über den Golf von Policastro auf die mächtigen Gebirgsmassive der Basilikata und Kalabriens ist überwältigend. Im Norden blicken wir auf Roccagloriosa hinab und sehen auf das Cervati-Massiv (siehe W 14).

Im Abstieg folgen wir dem Grat nach Westen (= C.M. 45), bis wir ein kleines Plateau mit einem steinernen Tisch erreichen (weiter westlich die Schutzhütte am Tozzo del Moio). Über die Nordflanke des Bulgherìa führt der Weg aus Acquavena heran (= C.M. 158). Zurück zu unserem Ausgangspunkt steigen wir nach links auf dem C.M. 48 über die Südflanke ab. Dem schräg abwärts führenden Pfad folgen wir ca. 15 min und biegen dann im rechten Winkel rechts auf deutliche Viehspuren ab, die in den Steineichengürtel führen (rote Sprühpunkte). Im Schatten der Steineichen schwenkt der Pfad nach links und führt jetzt steiler bergab, bis wir oberhalb des **Iazzo Montagna** (826 m; 3 h 05 min), der von hier aus unsichtbar in der Talmulde liegt, auf eine breite Schotterpiste treffen.

Mit schönen Blicken von oben in das Vallone del Marcellino (siehe W 23) auf der Schotterstraße (= C.M. 40) nach links zurück in den **Ort** (4 h).

25. Scário – Über dem Golf von Policastro

Westlich von Scário erstreckt sich wild und beinahe unberührt die Costa Massetta. Ein Wanderweg hoch über der Küste führt mit herrlichen Ausblicken durch duftende Macchia.

Gehzeit: 1–1 h 30 min.
Länge: Ca. 3 km.
Höhenunterschied: 20–160 m.
Karten: PNCVD, Tavola 9 „Monte Bulgherìa", 1:25.000. Communità Montana Lambro e Mingardo, Carta dei Sentieri, 1:25.000.
Markierung: Rot-weiße Markierungen.
Start: Vom Kreisverkehr am westlichen Ortsrand den braunen Hinweisschildern „Costa" und „Punti Panoramici" folgen, um nach ca. 600 m, kurz vor dem Faro (Leuchtturm), rechts auf die Via Gloria Bortolotti abzubiegen, die anfänglich steil ansteigt. Der asphaltierte Abschnitt der Straße endet nach weiteren 900 m vor dem Bungalow-Park „La Francesca". Hier wenden und parken.

Charakter: Einfache Wanderung, wenn man auf dem Hauptweg bleibt bzw. nur zum Turm aufsteigt. Ohne gute Schuhe und etwas Bergerfahrung ist von den ungesicherten Abstiegen zum Meer abzuraten.
Tipp: Zu den herrlichen Badebuchten an der Costa della Massetta lässt man sich am besten von Scário aus mit dem Boot hinbringen (siehe „Küsten und Meer").

Rechts oberhalb der **Einfahrt zum Bungalow-Park** (70 m) auf der breiten Schotterstraße aufsteigen. Kurz darauf öffnet sich linker Hand ein Belvedere auf den Golf und die Costa di Maratea (siehe W 28 bis 30).

Holzbänke laden zur ersten Rast. Der Weg setzt sich als Pfad durch die duftende Macchia fort und erreicht wenige Minuten später eine **Kreuzung** (75 m) unterhalb der **Torre Spinosa** (162 m). Hier kann man auf dem C.M. 38 nach rechts zum Küstenwachtturm aufsteigen oder auf dem C.M. 37 zur Punta Spinosa absteigen (Holzschild: „Belvedere, Oasi"). Der Weg endet über scharfkantigen Felsen mit interessanter Küstenvegetation. Das verlockende Meer von hier aus erreichen zu wollen, wie die Karte der Comunità Montana suggeriert, wäre allerdings Selbstmord. Vielleicht soll ja der Weg noch verlängert werden?

Von der Kreuzung setzt sich der Wegabschnitt C.M. 33 ein Stück weit küstenparallel fort. Nach ca. 5 min markiert eine **Steinpyra-**

Im Osten taucht die Costa di Maratea auf.

mide (60 m) im zweiten Taleinschnitt einen Abzweig, der nach links zu einer schönen Kies- und Sandbucht hinabführt. Der steile Pfad ist mit Stufen, Geländer und Halteseilen gesichert (inzwischen verfallen). Folgt man dem küstenparallelen Weg weitere 25 min, gelangt man zur **Grotta dell'Acqua** (35 m), einer großen Grotte im Kalkfels. Auch in diesem Taleinschnitt führt ein sehr steiler und extrem rutschiger Weg zum Meer hinab.

Auf dem küstenparallelen Hauptweg geht es zum Ausgangspunkt zurück.

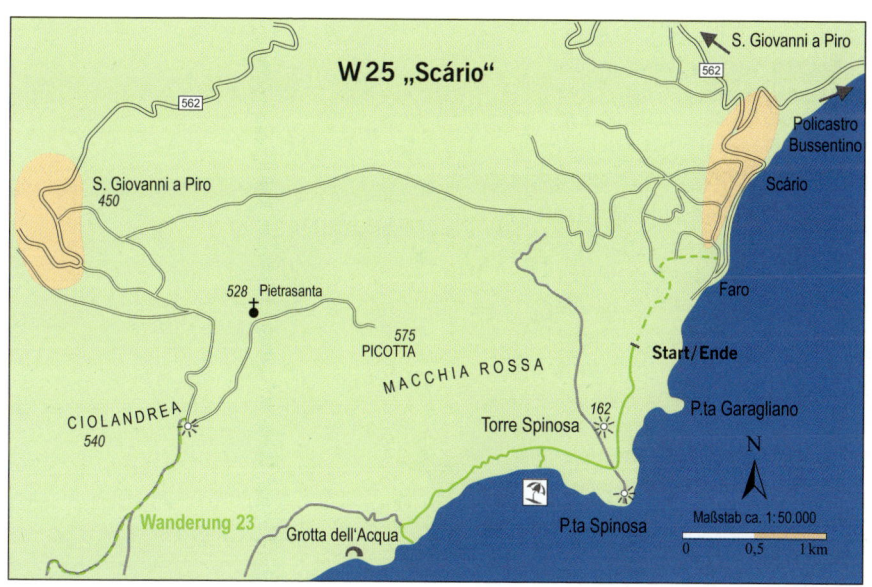

26. Morigerati – Ein Fluss taucht auf

Der Fiume Bussento entspringt am Fuße des M. Cervati. Bei Caselle in Pittari (siehe W 27) verschwindet er im Karst, um nach 8 km unterirdischem Lauf in einer faszinierenden Talschlucht unterhalb des mittelalterlichen Städtchens Morigerati wieder aufzutauchen.

Charakter: Einfache Rundwanderung, die auch Kinder spannend finden.

Tipp: Badesachen, Taschenlampe und Picknick einpacken! In Morigerati kann man auch gut im Ristorante „Al Castello" essen (siehe „Cilento kulinarisch").

Gehzeit: 1 h.

Länge: Ca. 2 km.

Höhenunterschied: 130 m.

Karte: PNCVD, Tavola 9 „Monte Bulgherìa", 1:25.000.

Markierung: Hinweisschilder.

Start: In Morigerati von der zentralen Piazza (272 m) den braunen Schildern „Oasi WWF" und „Grotte del Bussento" ins Tal folgen. Nach 500 m steht man vor dem Info-Kiosk des World Wildlife Fund (Mobil c/o Demetria Barra 33 36 95 99 91, www.wwf.it/grottedelbussento.nt). Spätestens hier oder bereits auf der Piazza parken. Eintritt mit Führer 5 Euro, Kinder bis 10 Jahre frei. Im Sommer tägl. 9.30–19 Uhr, im Winter bis 14 Uhr.

Vom **Info-Kiosk** (240 m) führt eine alte steingepflasterte *mulattiera* in die grüne Talschlucht (schlauen Lokalpolitikern ist die Sesselbahn zu verdanken). Sie ist bestens in Schuss, während die Gärten und Olivenhaine längs des Weges größtenteils aufgegeben sind. Ohne den Luxus des Holzgeländers und der schattenspendenden Hütten mit Rastbänken legten die Bewohner des Ortes früher den Weg mehrmals am Tag zurück, um am Fluss frisches Trinkwasser zu schöpfen.

Unterwegs zweigt linker Hand ein **Weg** (155 m; 10 min) mit dem Holzschild „Grotte" ab, später der Rückweg. Nach rechts geht es auf der *mulattiera* weiter runter bis zum **Fluss** (150 m; 15 min). Vor der Brücke kommt man rechts mit ein paar Schritten zum schön gelegenen Picknickplatz an einem sauberen Zufluss des Bussento (Badestelle). Die Brücke führt aufs westliche

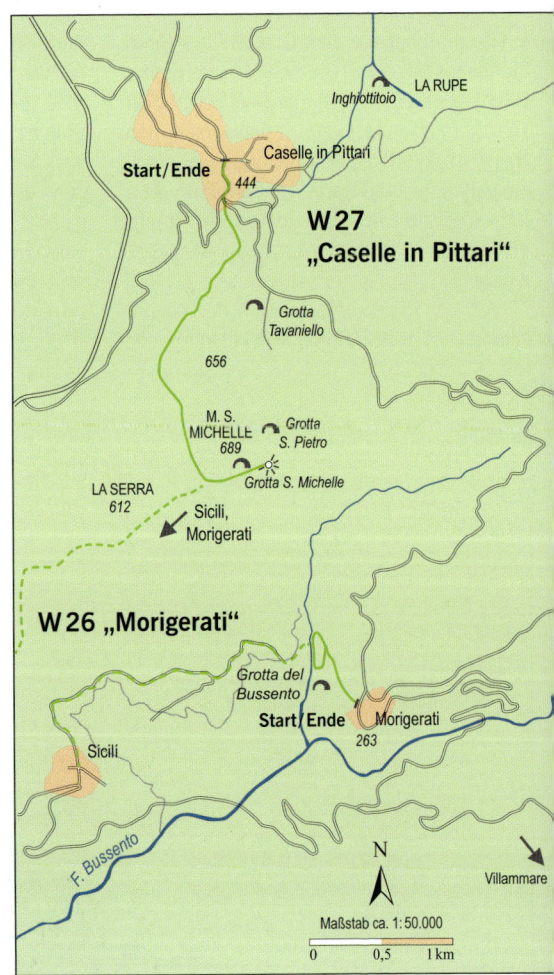

Ufer zu der alten Getreidemühle aus dem 16./17. Jh., die noch bis in die 1960er Jahre in Betrieb war. Sie konnte durch die darüber entspringende Karstquelle angetrieben werden, die 50 l Wasser pro Sekunde schüttet. Auf der westlichen Talseite steigt der alte Wirtschaftsweg bis in den Nachbarort Sicili (205 m) auf.

Zurück auf dem östlichen Ufer führt ein angelegter Weg flussabwärts, quert den Wasserlauf nach rechts und wieder zurück ans linke Ufer. Ein paar Steinstufen führen hoch zu einem kleinen **Plateau** (120 m). Von hier geht es wiederum über einige Stufen hinab zu der engen **Felsschlucht** (105 m), die der Bussento sich beim Austritt aus der darüberliegenden Grotte gegraben hat. Zur Grotte, in der der Fluss wieder ans Tageslicht tritt, gelangt man mit wenigen Schritten von dem kleinen Plateau. Von einer Brücke blickt man in den dunklen Schlund. Von der Decke hängen Tropfsteingebilde. Mit der Taschenlampe kann man noch ein paar Meter weiter in die Höhle vordringen. Zurück aus

Wasserkraft – bis in die 1960er Jahre genutzt.

der Grotte, geht es nach rechts zurück auf den Hauptweg und wieder hoch zum Info-Kiosk.

27. Caselle in Pittari – S. Michele genießt die Aussicht

Bei Caselle in Pittari verschwindet der Bussento in einem Schluckloch, um nach 8 km unterirdischem Lauf bei Morigerati (siehe W 26) plötzlich wieder aufzutauchen. Viel Belvedere für wenig Bergschweiß gibt es auf dem Pilgerweg zum Michaelsheiligtum. Dabei müssen wir den 689 m hohen Hausberg noch nicht einmal ganz erklimmen.

Charakter: Kinderleichte Streckenwanderung.
Tipps: In Caselle in Pittari kann man bestens in der Trattoria „Zì Filomena" speisen (siehe „Cilento kulinarisch"). Am 8. Mai findet die Prozession des Schutzpatrons S. Michele statt.
Gehzeit: 2 h 15 min.
Länge: Ca. 6 km.
Höhenunterschied: 180 m.

Karte: PNCVD, Tavola 8 „Sanza – Gole del Bussento", 1:25.000.
Markierung: Hinweisschilder, der erste Teil des Pilgerweges ist als Kreuzweg angelegt.
Start: Ortsmitte Caselle in Pittari.
Varianten: Das Michaelsheiligtum am Monte S. Michele lässt sich auf dem CAI-Weg N° 901 auch aus dem südlichen Nachbarorten Sicilí und Morigerati (siehe W 26) erreichen. Das gewaltige Schluckloch „Inghiottitoio del Bussento" liegt ca. 1 km westlich außerhalb des Ortes am Fuße der Felswand La Rupe und ist ebenfalls zu Fuß zu erreichen (Treppenweg).

Von der zentralen **Kreuzung** (430 m) zweigen wir mit Blick auf den alten Ortskern rechts ab, um ca. 250 m leicht ansteigend zum nächsten größeren Abzweig mit der Ausschilderung „Casaletto Spartano, Morigerati,

Sapri" zu gelangen. Hier nach links und am asphaltierten Kinderspielplatz vorbei den gelben Wegmarkierungen folgend rechts hoch. Nach wenigen Metern löst eine grobe Pflasterung den Asphalt ab und kurz darauf beginnt der alte Pilgerweg, der in Stufen zunächst auf der Nordflanke des Monte S. Michele in Serpentinen ansteigt. Ein lokaler Künstler hat die Steinreliefs der Kreuzwegstationen geschaffen, während die in einen Fels geritzten Kreuze noch aus langobardischer Zeit stammen. Der grobe Steinstufenweg steigt nach rechts weiter an und erreicht dann die endgültige Wanderhöhe, die wir mit leichtem Auf und Ab bis zu unserem Ziel beibehalten. Etwa 40 Minuten ab Start endet der Kreuzweg an einer aussichtsreichen **Stelle mit Holzkreuz**, wo während der Prozession gerastet wird.

Esel pilgern nur noch selten.

Unser Weg beschreibt eine Linkskurve und führt unterhalb einer Kalkfelswand mit bizarren Erosionsformen herum (hier sollen alten Überlieferungen nach die *monaceddi*, kleine gutartige Trolle, leben).

An einer T-Kreuzung geht es weiter geradeaus (über den Wiesensattel, wo sich die langobardische Abtei erhob, stößt von rechts der Weg aus Sicili und Morigerati dazu). Unser Weg führt am Fuße der steilen Felswand eben weiter. Durch ein grünes Tor betreten wir ein gepflegtes Gärtchen mit einer famosen **Aussichtsterrasse** (598 m; 1 h 15 min). Die beiden Felsgrotten dienten seit Urzeiten als Kultstätten, seit dem byzantinischen Mittelalter sind sie ein Michaelsheiligtum. An klaren Tagen ist der Blick auf den Golf von Policastro und die Bergkämme des lukanisch-kalabrischen Apennin kaum zu überbieten. Der Ort Morigcrati (siehe W 26) liegt uns zu Füßen.

Auf bekanntem Weg steigen wir ab zurück in den Ort (1 h 15 min) und genießen dabei die nicht minder grandiosen Blicke ins Landesinnere auf M. Gelbison (siehe W 15) und M. Cervati (siehe W 14).

28. Monte S. Biágio – Christus sieht fern

Hoch über Maratea erhebt sich eine 22 m hohe Christus-Statue aus weißem Beton, die mit ausgebreiteten Armen der Küste den Rücken zuwendet und ins Landesinnere blickt. Zu Füßen des Redentore genießt man einen der schönsten Ausblicke auf den Golf von Policastro und den südlichen Cilento.

Charakter: Kinderleichte Bergtour mit herrlichem Panorama. Zum Redentore (Erlöser) führt auch eine Straße hoch. Ihr folgen wir im Abstieg einige rasante Kurven lang. Ansonsten führt die Wanderung auf schönen alten Wirtschaftswegen.

Gehzeit: 2 h.

Länge: Ca. 6 km.

Höhenunterschied: 320 m.

Karte: Guida Cartografica di Maratea, 1:20.000.

Markierung: Rote Sprühzeichen.

Start: Parkplatz auf der Piazzale Padre Pio im Osten der Altstadt von Maratea. Stadtbusse halten in der Nähe.

Von der **Piazzale Padre Pio** (325 m) führt die Salita dei Cappuccini, ein breiter Treppenweg, bergauf. Von unten treffen wir auf die querende Via dei Cappuccini, der wir 30 m nach links folgen, um dann rechts in die schmale Via Madonna delle Grazie einzubiegen, die auf den Berg zuführt. Kurz darauf biegt die Straße nach rechts und hier, auf Höhe der gleichnamigen Kapelle, führen ein paar Stufen den Hang hoch. Hier setzen wir den Aufstieg, den M. Crivo im Rücken (siehe W 29), auf einem alten Maultierpfad fort. Im lichten Schatten eines

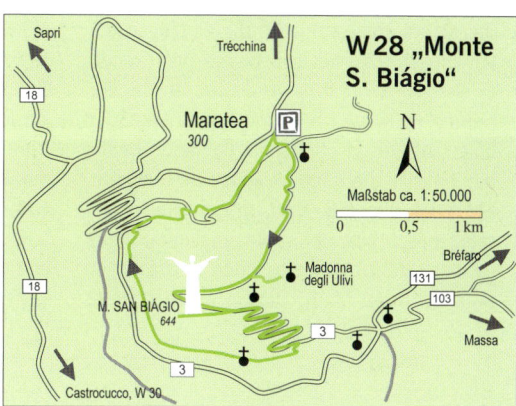

Steineichen-Hainbuchenwaldes geht es in raschen Serpentinen an der Nordflanke des Monte S. Biágio hoch. Unterwegs öffnet sich eine Lichtung und links führt ein kurzer **Stichweg** (520 m; 25 min) zur Madonna degli Ulivi. Die Gehrichtung beibehaltend, setzen wir den Anstieg in westliche Richtung fort. Zwischen den Baumkronen sehen wir auf die Dächer von Maratea Borgo herab. Dann weitet sich der Blick aufs Meer. Auf offenem Hang schwenkt der Weg nach links, steigt weiter an und trifft von unten auf den betonierten Treppenweg, der vom Santuario S. Biágio heranführt. Nach rechts erreichen wir mit wenigen Schritten den Gipfel des **Monte S. Biágio** (644 m; 50 min) mit der kolossalen Christus-Statue.

Viele Besucher kommen mit dem Auto und laufen nur das letzte Stück zu Fuß, um sich dann mit Filzstiften auf dem weißen Beton-Erlöser zu verewigen. Die Aussicht ist umwerfend! Über den Golf von Policastro hinweg erkennen wir die südliche Cilento-Küste mit dem Porto degli Infreschi (siehe W 21) und dem M. Bulgherìa (siehe W 24). An der Costa di Maratea können wir im Uhrzeigersinn den M. Cerreta, M. Coccovello (1.505 m), den Passo Colla, M. Crivo (siehe

W 29), das Mega-Hotel „Mondo Maratea", die Serra di Castrocucco, die Punta Caina mit dem gleichnamigen Küstenwachtturm (siehe W 30) und weiter im Süden die Küste und Berge Kalabriens erkennen.

Auf dem betonierten Weg steigen wir bis auf den Parkplatz mit Bar und Souvenirbuden ab, um auf Höhe der Basilica di S. Biágio nach rechts auf einem Treppenweg zwischen den teils restaurierten Gebäuden des im Mittelalter verlassenen ältesten Ortsteils Marateas abzusteigen. Dann stoßen wir in einer Kurve auf die „Carrera-Bahn", denn daran erinnert die flott geschwungene Straße, die unterhalb der Basilica S. Biágio endet. Ihr folgen wir einige Kurven bergab bis auf Höhe der ersten Häuser. Hier auf

Fast wie in Rio: Christus breitet die Arme aus.

die rechts abbiegende Straße einbiegen, die wir in der scharfen Linkskurve nach rechts in westliche Richtung verlassen. An der **Gabelung** (500 m; 1 h 10 min) nach ca. 30 m links auf der geschotterten Fahrspur weiter, die bald in den Prozessionsweg übergeht. Mit Blick über den Golf und auf Porto Maratea beschreibt der sanft abfallende steingepflasterte Weg einen weiten Rechtsbogen unterhalb des M. S. Biágio. Dann geht es

mit einigen Serpentinen bis auf die S.P. 3 und nach einigen Schritten rechts auf der Via Capo Casale auf Treppenwegen in den Ort zurück. Auf dem Weg zur zentralen Piazza Buraglia kommen wir an der Chiesa S. Maria Maggiore und der Chiesa dell'Addolorata vorbei. Dem Corso vorbei an der S. Biágio-Säule und über die Piazza Vitolo folgend, erreichen wir erneut den **Piazzale Padre Pio** (2 h) im Osten der Altstadt.

29. Monte Crivo – Alpinistische Kühe

Vom 1.277 m hohen verkarsteten Gipfel schweift der Blick nicht nur über die Costa di Maratea, sondern den Golf von Policastro, den südlichen Cilento und über die höchsten Gipfel der Basilikata und Kalabriens. An klaren Tagen ist sogar die Vulkaninsel Stromboli zu sehen.

Charakter: Anspruchsvolle Bergtour über teils stark verkarstetes Gelände und völlig ohne Schatten.
Tipp: Fernglas und genügend Wasser einpacken!
Gehzeit: 4 h 30 min.
Länge: Ca. 11 km.
Höhenunterschied: 710 m.
Karte: Guida Cartografica di Maratea, 1:20.000.
Markierung: Kaum, eine Aufstiegsvariante soll in den C.A.I.-Farben rot-weiß markiert werden.
Start: Von Maratea aus in Richtung Redentore, Massa und Bréfaro fahren. Von der Kreuzung (hier halten mehrmals am Tag SITA-Busse) unterhalb des Redentore noch ca. 1 km auf der S.P. 131 in Richtung Bréfaro. Linker Hand zweigt eine breite Schotterpiste ab, hier steht das Holzschild „M. Crivo, Ponte Scala". Unterhalb der Straße liegt ein Fußballplatz, Parkbuchten an der Straße.

Von der **S.P. 131** (565 m) biegen wir am Holzschild „M. Crivo" auf die breite, geschotterte Piste ab. Nach kurzem Anstieg schwenkt die Piste hangparallel nach rechts (hier sollte ein Gewerbegebiet erschlossen werden). Die Gehrichtung beibehaltend, folgen wir einem der Viehpfade ein kurzes Stück senkrecht den Hang hinauf, links an einem grau verputzten Gebäude (Brunnenhaus) vorbei. Hinter dem Gatter (links am Zaun vorbei) steht noch einmal das Holzschild „M. Crivo, Ponte Scala" und ab hier folgen wir der steinigen *mulatticra*, oberhalb des blechgedeckten Stallgebäudes, schräg in nordöstliche Richtung den Hang hinauf. Im

Ausblicke bis zur Vulkaninsel Stromboli: der Monte Crivo.

Aufstieg begleiten uns zur Rechten der Blick auf die Serra di Castrocucco und weiter im Süden die Berge und Küste Kalabriens. Dann schwenkt der Weg nach links ins Valle di Cantarelli. Die Hänge der umliegenden Berge sind völlig verkarstet und von Viehgangeln durchzogen. Die Piste quert die **Talsohle** (760 m) und hier steht erneut das Holzschild „M. Crivo, Ponte Scala". Im Westen zieht sich der Grat, der im M. Crivo gipfelt. Es gibt keine klare Aufstiegsroute und man kann auch bereits an dieser Stelle, wie vom Holzschild nahegelegt, aus dem Tal nach links über die offenen Hänge aufsteigen.

Wir folgen noch ein Stück weit der *mulattiera*, die nach einer Spitzkehre auf der östlichen Talseite in Nordrichtung weiter ansteigt. In der **Aria dei Pedali** (885 m; 1 h), einem weiten Sattel mit Weiden und umzäuntem Quellgebiet, erreicht der Weg seine Scheitelhöhe. Kurz vorher biegen wir links auf die Wiesenfläche ab, das Brunnenhaus hinter dem Zaun zur Rechten, und halten auf den Taleinschnitt zu. Die Serra Capeddera im Rücken, steigen wir im Mini-Canyon über aufgelassene Ackerterrassen rasch bergauf bis auf einen **Sattel** (1.028 m), von dem aus sich im Norden ein weiter Blick ins Valle del Noce und aufs Sirino-Massiv bietet. Wir steigen in Westrichtung weiter auf, ebenfalls über eine Serie aufgelassener Ackerterrassen, die heute Rindern und Pferden als Weide dienen. Dabei liegt die Wallfahrtskirche Madonna del Soccorso in unserem Rücken. Kurz vor dem Grat kommen wir an einer auffälligen Kalksteinformation pliozäner Brekzien vorbei. Die natürlichen Grotten und Überhänge boten früher Hirten und Vieh Unterstand. Den Grat erreichen wir auf Höhe eines **Metallkreuzes** (1.165 m; 2 h), das Mitte der 1960er Jahre vom M. S. Biágio (siehe W 28) hierher versetzt wurde. Bereits hier bietet sich ein

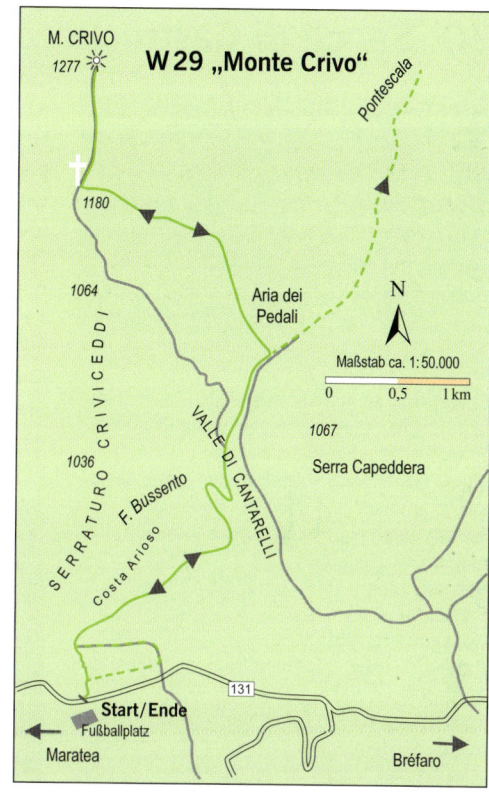

großartiges Panorama! Von oben blicken wir auf Maratea Borgo hinab und sehen im Uhrzeigersinn den M. Cerasa, dahinter die Berge des Cilento, den M. Cocovello, das Valle del Noce mit dem M. Sirino (2.005 m), die auf 1.099 m gelegene Madonna del Soccorso, das Orsomarso-Massiv und die Costa dei Cedri in Kalabrien und die Serra di Castrocucco. Eigentlich müsste man nicht weiter bis zum **Gipfel** (1.277 m; 2 h 30 min) ansteigen. Falls doch, nimmt man sich am besten die hiesigen Rinder zum Vorbild und hält sich zunächst östlich des verkarsteten Grates, um dann erst zum Schluss zum eigentlichen Gipfelansturm anzusetzen.

Zurück ins Tal zur **S.P. 131** (4 h 30 min) geht es auf demselben Weg. Dabei bietet das offene Gelände keine Orientierungsprobleme, und so kann man auch neue Varianten ausprobieren.

30. Secca di Castrocucco – Ausschau nach Piraten

Reizvolle Küstenwanderung durch duftende Macchia, mit Kindern ein Mini-Abenteuer. Küstenwachttürme wie die Torre Caina wurden im 16. Jh. errichtet, um nach Piratenschiffen Ausschau zu halten und die Bevölkerung durch Feuerzeichen rechtzeitig zu warnen. Daher der Ausspruch: Eine Nachricht verbreitet sich wie ein Lauffeuer!

Charakter: Leichte Wanderung, teils auf schmalem Felspfad, teils auf breitem, schattigem Weg. Trotzdem feste Schuhe anziehen!
Tipps: Unterwegs die Bar-Lido „La Secca" (siehe „Küsten und Meer"). Badesachen einpacken. Auch ein Picknick unter Steineichen ist möglich.
Gehzeit: 1 h.
Länge: Ca. 4,5 km.
Höhenunterschied: 50 m.
Karte: Guida Cartografica di Maratea, 1:20.000.
Markierung: Kaum. Orientierung problemlos.
Start: Sandparkplatz (im Sommer gebührenpflichtig) am Nordende der Spiaggia di Castrocucco (Bootsliegeplätze).

Links von der Bar L'Approdo (im Sommer geöffnet) geht es über ein paar hohe Felsstufen hoch und nach links auf dem schmalen küstenparallelen Felspfad weiter. Zur Linken erstreckt sich die Spiaggia di Castrocucco, weiter südlich die verbaute kalabrische Küste mit der Isola di Dino, im Hintergrund die Orsomarso-Berge. Wir umrunden das kleine Kap, vor uns die Cala La Secca mit dem kleinen Felseiland und einem kleinen Palazzo mit Nebengebäuden. Im Rücken des Lido und der Bar „La Secca" führt der inzwischen breite Weg weiterhin küstenparallel über einen schattigen Parkplatz mit Picknicktischen unter Oliven und einem kleinen Fußballplatz.

Hier besteht immer wieder die Möglichkeit, durch Zaunöffnungen links zum Fels- und Kiesstrand abzusteigen. Bimsstein von der Äoleninsel Lipari wird genauso wie Zivilisationsmüll angetrieben, ansonsten ist das Meer sehr sauber. Ein Eisentor verschließt den breiten Fahrweg, zu Fuß kann man es links umgehen. Steineichen lösen die Flaumeichen ab, und mit einem tollen Blick auf die Punta Caina und den Küstenwachtturm findet sich ein toller Rastplatz im Schatten. Südlich der Punta Caina lädt eine Kiesbucht zum Baden und Schnorcheln ein. Zurück auf dem gleichen Weg.

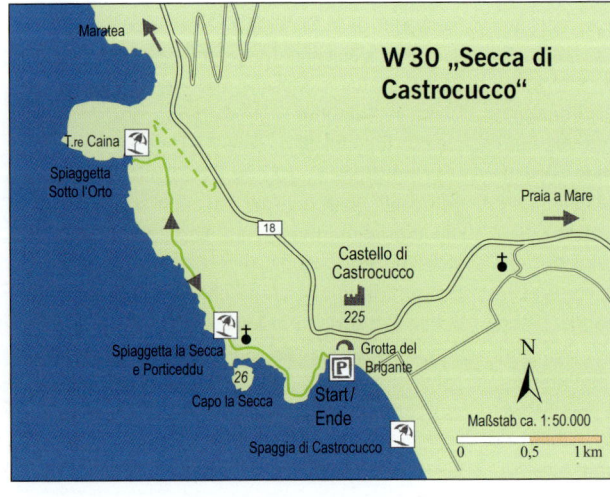

W 30 „Secca di Castrocucco"

Maratea
T.re Caina
Spiaggetta Sotto l'Orto
Praia a Mare
18
Castello di Castrocucco
225
Spiaggetta la Secca e Porticeddu
Grotta del Brigante
26
N
Capo la Secca
Start / Ende
Spaggia di Castrocucco
Maßstab ca. 1:50.000
0   0,5   1 km

Radtouren

Cilento – Paradies für Rennradfahrer

Für Rennradfahrer ist der Cilento wie Mallorca ohne Rummel. Das wird auch so bleiben, selbst wenn der Giro d'Italia öfters durch das Nationalpark-Gebiet führt. Dank der Schnellstraße S.S.-18-Variante, die von der Autobahnausfahrt Battipaglia im Norden durch den Cilento bis an den Golf von Policastro im Süden führt, ist es auf den meist gut ausgebauten Landstraßen ruhig geworden. Selbst auf der rasend schönen Küstenstrecke herrscht, von Wochenenden und Hochsommer abgesehen, wenig Verkehr. Der Zustand der meisten Straßen ist gut, doch muss man gelegentlich mit Steinen, Ästen und Dreck auf dem Belag rechnen. Autofahrer nehmen generell Rücksicht beim Überholen. Gehupt wird, um zu grüßen, nicht um zu drängeln. Ansonsten gilt die allgemeine Regel im italienischen Straßenverkehr: Jeder achtet auf seinen Vordermann. Radfahrer sind gerne gesehen und werden oft angefeuert. Oft kommt es vor, dass zwei Autofahrer, die sich begegnen, mitten auf der Straße zu einem kleinen Schwatz halten. Auch Kuh- und Schafherden sind kein ungewöhnlicher Anblick auf den Straßen im Landesinneren. *Pazienza*, Geduld, heißt die Devise. Als Straßenkarte empfiehlt sich die Generalkarte Italien, Blatt 12 „Campania-Basilicata", 1:200.000 (Mairs Geographischer Verlag bzw. Istituto Geografico De Agostini). Detaillierter ist die Karte „Parco Nazionale Cilento e Vallo di Diano. Carta Turistica e dei Sentieri", 1:50.000 (Matonti Editore) – zu empfehlen und vor Ort erhältlich. Stecken Sie sich eine Fotokopie des Kartenausschnittes, in dem Sie unterwegs sind, ein!

In Dörfern und an den Landstraßen gibt es Trinkwasserbrunnen, auch die Einheimischen füllen hier ihre Flaschen und Kanister ab. Noch im kleinsten Ort findet sich eine Bar, viele schließen jedoch über Mittag. Nehmen Sie also einen Snack und ausreichend Getränke mit. Selbst Touren ins bäuerliche und bergige Hinterland führen früher oder später wieder ans Meer zurück, das von Ende April bis weit in den Herbst mit angenehmen Badetemperaturen erfreut. Es ist zum Teil möglich, Fahrräder in Linienbussen mitzunehmen; zudem bestehen im Sommer Fährverbindungen zwischen einzelnen Hafenorten im Cilento.

Die vorgeschlagenen Strecken sind zwischen 40 und 200 km lang, dabei sind Höhenunterschiede von 560 bis 2.400 m zu bewältigen. Als Übersetzung wird 39/25 bzw. 39/27 empfohlen. Vom Genussradeln am Meer bis zu ambitionierten Bergtouren ist für jeden etwas dabei. Die Touren im Buch sind von Nord nach Süd angeordnet. Nach ersten Erfahrungen werden Sie schnell Ihre eigenen Touren zusammenstellen. Reizvoll ist z. B. die 25 km lange Runde um den Monte Stella, die sich in Höhen zwischen 481 und 598 m bewegt, von der Küste gut zu erreichen über Póllica und Gelso. Besonders viele reizvolle Varianten bietet auch die Gegend um Marina di Camerota. Die Touren 4 bis 10 können beinahe beliebig untereinander kombiniert werden.

Mountainbiken im Cilento

Auf den Halbinseln von Monte Tresino (siehe W 4) und Monte Licosa (siehe W 5, 6) können sich Mountainbiker auf aussichtsreichen Pisten austoben, vielversprechend sind auch die Hänge des Monte Stella, etwa um Casal Velino (siehe W 8). Ein anspruchsvolleres Terrain sind die Monti Alburni, ein karstiger Gebirgsstock, der sich im Nordosten des Cilento erhebt. Hier sollte man auf ortskundige Begleitung nicht verzichten.

Ein reizvolles Terrain liegt im Rücken der Serra degli Infreschi (siehe W 21). Von Marina di Camerota bzw. Lentiscosa führen Schotterpisten bis knapp oberhalb des Porto degli Infreschi. Auch W 22 und W 23 haben MTB-Potential. Von Poderia lässt sich der M. Bulghèria (siehe W 24) per MTB stürmen.

Tipps & Adressen

Capáccio Scalo

◆ Ciclidea, km 90 der S.S. 18, Tel./Fax 0828723564, Mobil 3497287515 (Pino), www.ciclidea.eu. Profi-Radshop an der S.S. 18 in einem modernen Glasgebäude auf Höhe der nördlichen Abfahrt nach Paestum. Räder der besten italienischen Manufakturen zu erstaunlich fairen Preisen und Rahmen auf Maß. Auch Gebrauchträder in Top-Zustand. Profi-Rennräder und Mountainbikes zum Ausleihen (bis max. 15 Räder können im Minibus an die Urlaubsadresse in den Cilento gebracht werden!). Wertvolle Tipps: Von Pino Giovinale, der Deutsch spricht, stammen z. B. unsere Tourenvorschläge um Marina di Casal Velino.

Casalvelino Scalo

◆ Iorio Gomme, Via Nazionale 37/39, Tel. 0974621 69. Fahrradwerkstatt und Ersatzteile. Mo bis Sa 7–13 und 14.30–20 Uhr.

Marina di Camerota

◆ Bicimania – Centro Gomme Moretti, Via Sirene 14, Tel. 0974321 40. Reifenhandel am Ortseingang. Giovanni Moretti verleiht Familien-, ordentliche Rennräder und MTBs. Reparaturen und Ersatzteile. Mo bis Sa 8–13 und 14.30–19.30 Uhr.

Palinuro

◆ Iannaco, Via Carlo Pisacane 153, Tel. 0974931671. Mo–Sa 8–13 und 14–20 Uhr. MTB-Verleih, ausreichend für kürzere Ausflüge in die Umgebung. Auch Scooter.

Santa Maria di Castellabate

◆ Antares '91, Via Pagliarola 2, Tel./Fax 0974960241, Mobil 3356389719, 3491210033, www.antares91.com. Verleih von Autos, Scootern, Rennrädern, MTBs.

Salerno

◆ Associazione Cycling Salerno, Via Iannelli 20 (c/o Bottega Commercio Equo e Solidale), Mobil 3498136344, www.cyclingsalerno. it. Für Mitglieder (15 Euro/Jahr) Rad- und MTB-Ausflüge in der Provinz Salerno inkl. Cilento.

◆ Genius Loci Travel, Via Rotondo 5, 84100 Salerno, Tel./Fax 089791896, Mobil 3284740990, www.genius-loci.it, www.italienradreisen.com. Der seit Jahren in Salerno lebende, aus Holland stammende Peter Hoogstaden (siehe „Bergführer/Reiseveranstalter") organisiert in Zusammenarbeit mit dem Belgier Lieven Loots auch Rad- und MTB-Touren im Cilento.

◆ Outdoor Campania, Vicolo Municipio Vecchio 6, 84125 Salerno, Mobil 3406587806, www.outdoorcampania.it. Neben Wander- und Trekkingtouren bietet Leonardo Ricciardi auf Anfrage auch MTB-Touren im Cilento an.

◆ Trekking Campania – Officinae Itineris, Salerno (z. Z. ohne feste Adresse), Mobil 3393707097 (Mario Luciano), 3397456795 (Andrea Perciato), www. trekkingcampania.it. Andrea Perciato, Autor mehrerer Wander- und Radführer, führt gelegentlich ein- und mehrtägige Rad- und MTB-Touren im Cilento. Auch Wandertouren.

1. Meer und Monte Stella

Folgen wir nur der Küstenstraße, handelt es sich um eine ideale Einstiegstour. Möglich ist auch ein Abstecher über Ogliastro Marina zur Punta Licosa. Etwas mehr Puste erfordert die Rückfahrt über die nördlichen Ausläufer des Monte della Stella. Beste Aussichten sind in jedem Fall garantiert.

Start/Ziel: Marina di Casal Velino.
Dauer: 3 h.
Länge: 70 km.
Höhenmeter: 670 m.

Von Marina di Casal Velino folgen wir der S.R. ex S.S. 267, vorbei an Pioppi (Meeresmuseum, siehe „Küsten und Meer") bis Acciaroli, dem größten Fischereihafen des Cilento. Weiter geht es über Agnone und, mit einigen Serpentinen, den Felsriegel der Ripe Rosse. Ein Belvedere lädt zum Verschnaufen ein. Im Tal des Rivo dell'Arena besteht die Möglichkeit, links nach Ogliastro Marina abzubiegen. Mit einem Trekking-Rad kann man auf ebener Kiesstraße, vorbei an der Punta Licosa, die Runde bis S. Marco di Castellabate drehen (es gab allerdings zuletzt immer wieder Probleme mit dem Zugang, siehe W 5).

Auf der S.R. ex S.S. 267 erreichen wir den Abzweig Castellabate im Süden des freundlichen Fischerstädtchens Santa Maria di Castellabate (siehe R 4). Vier Kilometer Serpentinen und 245 Höhenmeter später haben wir Castellabate erreicht. Der Anstieg setzt sich über Perdifumo bis Mercato Cilento (siehe W 7) fort, mit 598 m der höchste Ort der Tour.

Geistige Nahrung im Philosophenstädtchen Vatolla.

Herrliche Landschaftsblicke und verkehrsarme, gut asphaltierte Straßen versüßen den schweißtreibenden Abschnitt.

Von Mercato Cilento geht es kontinuierlich bergab in Richtung Laureana. Unterwegs reizt ein Abstecher ins Philosophenstädtchen Vatolla. Am Abzweig Torchiara halten wir uns rechts und erreichen über Rutino das Alento-Tal bei Omignano Scalo. Auf der neu asphaltierten Piedimontana am westlichen Alento-Ufer setzen wir zum Schlusssprint bis Marina di Casal Velino an.

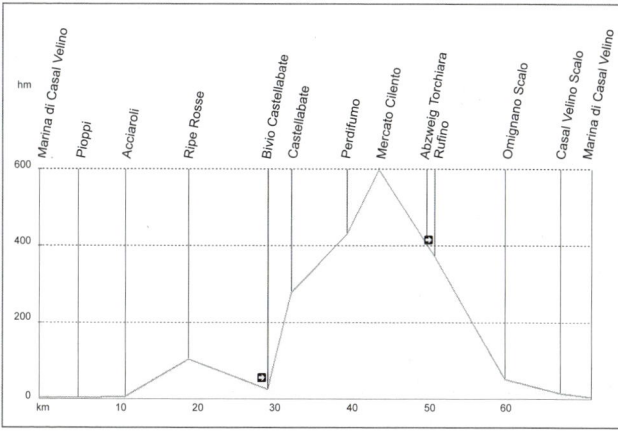

2. Über alle Berge nach Paestum

Nichts für Ungeübte, für den sportlichen Aktivurlauber allerdings ein Leckerbissen. Zeit braucht man für den Besuch der berühmten Tempel von Paestum. Eine aussichtsreiche Höhenstraße führt über Capáccio, die mittelalterliche Nachfolgesiedlung Paestums, zurück ins Alento-Tal.

Start/Ziel: Marina di Casal Velino.
Dauer: 5 h.
Länge: 105 km.
Höhenmeter: 1.110 m.

Von Marina di Casal Velino rollen wir auf der Piedimontana am westlichen Ufer des Alento bis Omignano Scalo. Dort warten 350 m Anstieg über Rutino bis zum Abzweig Torchiara (siehe R1). Hier geht es rechts. Als Belohnung der Blick in die Ebene von Paestum und, über den Golf von Salerno hinweg, bis zur Amalfitana und Capri. Über die Schnellstraße und vorbei an Prignano Cilento geht es mit leichtem Auf und Ab über die nördlichen Ausläufer des Monte della Stella bis Ogliastro Cilento, dann die erholsame Abfahrt über Mattine zu den Tempeln von Paestum. Mit dem Fahrrad können wir die 4,5 km lange, fast vollständig erhaltene antike Stadtmauer umrunden. Für den Besuch der Tempel und eine frische Mozzarella steigen wir gerne vom Sattel.

Weiter geht es vom Osttor Porta Sirena zum Bahnhof, hier mit dem Fahrrad zu Fuß durch die Gleisunterführung und anschließend unter der S.S. 18 durch in Richtung Capáccio. Am Kreisverkehr biegen wir links auf die S.P. 318 ab und fahren wenige Kilometer Richtung Norden. Kurz nach dem Ristorante „Le Trabe", auf der Wiese davor ein Landeplatz für Gleitschirmflieger (siehe „Gleitschirmfliegen"), erreichen wir die be-

Mit Schwung geht es nach Capáccio hoch.

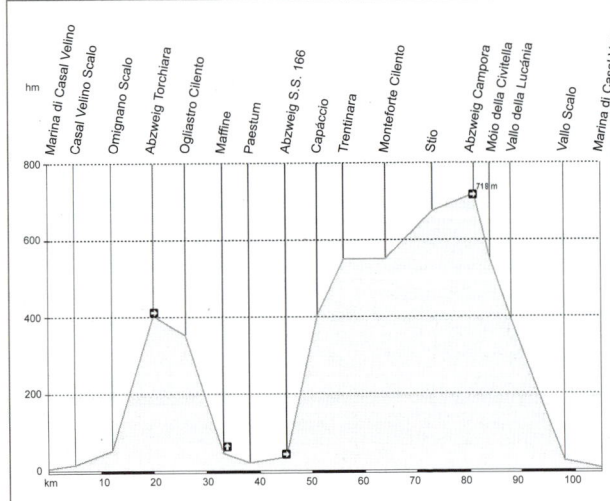

fahrene S.S. 166, der wir nur wenige hundert Meter in Richtung Roccadáspide nach rechts folgen. Dann biegen wir wieder rechts ab und auf der S.P. 13 beginnt der lange Anstieg nach Capáccio. Beim kurzen Abstecher zum Santuario Madonna del Granato holen wir noch einmal Luft und genießen die Aussicht (siehe W1). Bilderbuchblicke und Steineichenwälder begleiten uns während des weiteren Anstiegs durch Capáccio, vorbei an Trentinara. Im Auf und Ab geht es weiter durch Capizzi und Magliano Vétere (siehe W9). Am Ortsschild Magliano Nuovo biegen wir rechts nach Stio ab. Nach dem hübschen Ort biegen wir links ab und es geht auf der S.S. 488 noch einmal bergauf bis zum 718 m hohen Abzweig Cámpora, dem Scheitelpunkt der Tour. Zur Belohnung folgt die lange Genuss-Abfahrt durch unberührte Wälder, den Monte Gelbison (siehe W15) und die Küste im Blick. Über Móio di Civitella erreichen wir Vallo della Lucania. Auf der alten S.S. 18 erreichen wir Vallo Scalo. Hier biegen wir links ab und folgen dem Alento-Tal, parallel zur Bahnlinie, in Richtung Meer. Auf Höhe von Casal Velino Scalo queren wir den Fluss und kehren zurück nach Marina di Casal Velino.

3. Cilentissima – über den Sentinella-Pass

Die ultimative Herausforderung für konditionsstarke Könner! Radsport pur auf perfekt asphaltierten, meist verkehrsarmen Straßen und Belvedere satt. Die 230 km lange Runde mit Giro-d'Italia-Niveau wartet mit fünf Bergen und 2.400 Höhenmetern auf. Am Passo della Sentinella erreichen wir knapp die 1.000 m-Grenze.

Start/Ziel: Marina di Casal Velino.
Dauer: 10 h.
Länge: 192 km.
Höhenmeter: 2.400 m.
Tipp: Als Zwischenstopp bietet sich z.B Corleto Montforte mit dem Agriturismo „Terra Nostra – My Land" an der S.S. 116 zwischen Corleto und Bellosguardo an (Contrada Galdo, Mobil 3334560287, www.agriturismoterranostra.it).

Von Marina di Casal Velino fahren wir in umgekehrter Richtung der R2 über Vallo Scalo, Vallo della Lucania und Móio della Civitella zur ersten Bergwertung ins 675 m hoch gelegene Stio (geruhsamer ist die Strecke über Cámpora). Auf flotten Serpentinen geht es dann Richtung Laurino bergab ins Calore-Tal, bevor auf der gegenüberliegenden Flussseite der 30 km lange Anstieg beginnt. Vorbei an Laurino, Piaggine, Sacco und Roscigno (reizvoll der Abstecher nach Roscigno Vecchia!), erreichen wir zuletzt auf der S.S. 166 den 998 m hohen Passo della Sentinella, unseren höchsten „Gipfel". Nach einem stolzen Blick zurück wartet zur Kühlung der brennenden Oberschenkel eine rasante Abfahrt auf der S.S. 116 bis San Rufo und weiter über San Pietro al Tanagro und Sant'Arsenio auf der S.S. 426 ins 550 m tiefer gelegene Polla. Vor uns breitet sich das Vallo di Diano aus, seit der Anti-

Bei Laurino gibt es noch viele der alten Bogenbrücken, auch „Teufelsbrücken" genannt.

ke eine der Hauptverkehrsadern Richtung Kalabrien.

Von Polla steigen wir an der Nordflanke der verkarsteten Monti Alburni über Petina in westlicher Richtung nach Sicignano degli Alburni auf. Über Serre rollen wir dann, noch einmal den Fiume Calore querend, unterhalb von Altavilla Silentina auf Nebenstraßen durch Cerrelli und Matinella in Richtung Paestum. Bei Vúccolo di Maiorano stoßen wir auf die

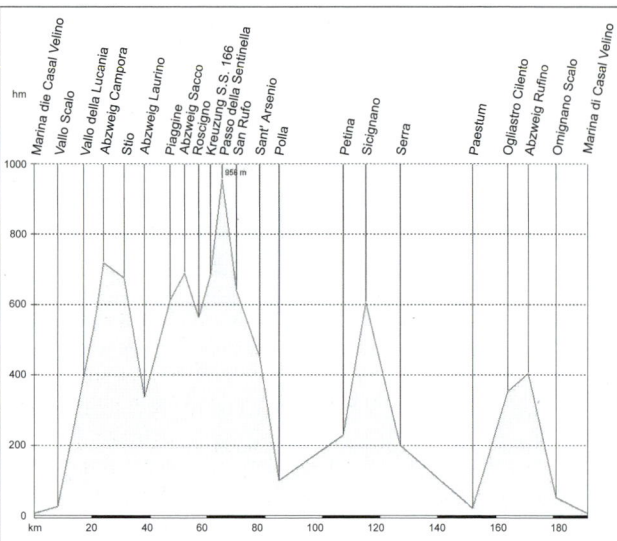

S. S. 166, der wir nur ein kurzes Stück nach rechts folgen. Den Abzweig nach Capáccio lassen wir links liegen, biegen aber kurz darauf links auf die Piedimontana ein, die am Ristorante „Le Trabe" vorbei zu einem Kreisverkehr führt. Reicht die Kraft noch für einen kurzen Blick auf die Tempel von Paestum, biegen wir hier rechts ab. Ansonsten fahren wir geradeaus, bis wir am nördlichen Ufer des Fiume Solofrone auf eine querende Straße stoßen, biegen rechts ab und erreichen den Bivio Mattine. In umgekehrter Richtung der R2 geht es ein letztes Mal bergauf. Ist der knapp 370 m hohe Anstieg nach Rutino geschafft, ist die gemächliche Rückfahrt durch das Alento-Tal über Omignano Scalo bis Marina di Casal Velino redlich verdient (siehe R1).

Manchmal gibt es unterwegs einen Apfel geschenkt.

4. Auf der Küstenstraße

Viel Meer und viele Kilometer. Von Marina di Camerota geht es immer die Küstenstraße entlang bis S. Maria di Castellabate und anschließend wieder zurück. Eine Tour auch für schlechtes Wetter, nur nicht an Wochenenden oder im Hochsommer!

Start/Ziel: Marina di Camerota.
Dauer: 6–7 h.
Länge: 144 km.
Höhenmeter: 1.700 m.
Tipp: Im Sommer bestehen Fährverbindungen zwischen einzelnen Hafenorten des Cilento, ein erholsamer Perspektivwechsel (Mètro del Mare: Call center 199 60 07 00, www.metro delmare.com)!

vielen Kurven auf gutem Asphalt nach Marina di Ascea. Unter der Eisenbahnbrücke durch und vorbei an den Ausgrabungen von Vélia (siehe W 16), geht es am nördlichen Ortsausgang an der Kreuzung geradeaus weiter. Wir überqueren den Fiume Alento und erreichen auf einem flachen Abschnitt Marina di Casal Velino.

Wie in R 1 beschrieben, setzen wir die Fahrt auf schöner Strecke in Richtung S. Maria di Castellabate fort, diesmal nach links bis in den hübschen Küstenort hinein. Am Meer öffnet sich eine halbrunde Strand-Piazza, der kleine Corso lädt zum Flanieren ein. Auf gleicher Strecke geht es anschließend zurück nach Marina di Camerota.

Von Marina di Camerota führt die S.R. ex S.S. 562 an verlockenden Stränden entlang, fast immer auf Meereshöhe, bis Palinuro. An der großen Kreuzung im Norden des Urlaubsortes folgen wir rechts der Küstenstraße parallel zum herrlichen Sandstrand und vorbei an der Stazione di Caprioli. Dann folgt der längere Anstieg nach Pisciotta (nette Piazza mit Bars!). Es folgen ein welliger Abschnitt, insgesamt abfallend, und von oben herrliche Blicke aufs Meer. Danach geht es mit 12 % Gefälle steil bergab! Kaum Zeit zum Verschnaufen. Über eine kleine Brücke geht es dann nach Ascea gleich wieder bergauf. Danach die schöne Abfahrt mit

Santa Maria di Castellabate ist ein Fischer-Borgo mit viel Flair und kilometerlangen Sandstränden.

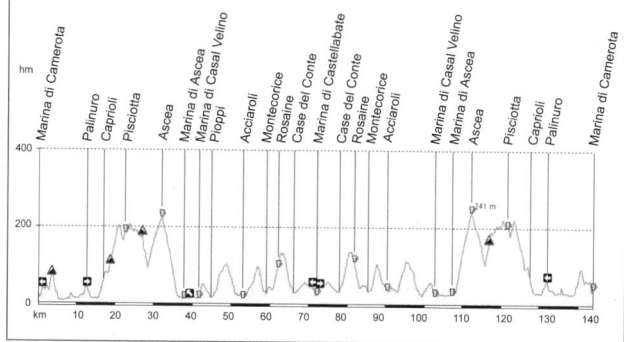

5. Mingardo- und Lambrotal

Gute Einstiegstour, um die Küstenstraße einzufahren und das Hinterland von Palinuro zu erkunden. Das nächste Mal locken vielleicht die Serpentinen von Licusati (siehe R 9). Spaß und Überblick bringt die Abfahrt von Centola nach Palinuro.

Start/Ziel: Marina di Camerota.
Dauer: 2 h.
Länge: 41 km.
Höhenmeter: 560 m.

Von Marina di Camerota fahren wir auf der küstenparallelen S.R. ex S.S. 562 in Richtung Palinuro und biegen nach der Mingardo-Brücke rechts auf die S.S. 562 dir., der wir durchs Mingardo-Tal bergauf folgen. Nach Einmündung der Serpentinenstraße aus Licusati (siehe R 9) biegen wir hinter einem Tunnel links ab und erreichen über eine Brücke San Severino (siehe W 19). Wir folgen der Straße im Ort bergauf und halten uns an der Y-Gabelung schräg links.

In Foria biegen wir an der T-Kreuzung links ab (rechts setzt sich die Straße Richtung Futani fort, siehe R 6, 9). Kurz darauf, an einer Kreuzung mit Tankstelle, biegen wir noch einmal links ab, jetzt in Richtung Meer. In Centola steigt die Straße über Kopfsteinpflaster steil an, die Piazza lassen wir links liegen. Dann geht es wieder bergab. Der Straßenbelag ist gut und wir genießen die Serpentinen-Abfahrt, bis wir auf der Höhe von Palinuro wieder auf die Küstenstraße stoßen. Nach links geht es zurück nach Marina di Camerota.

Varianten: An der Tankstellen-Kreuzung in Foria rechts abbiegen und hinab ins Lambro-Tal. Vorbei an der Stazione di San Mauro la Bruca geht es wieder bergauf und an der T-Kreuzung links weiter bergauf in Richtung San Nicola. Nach dem Ort gabelt sich die Straße. Landschaftlich reizvoller ist die etwas längere Variante, die rechts Richtung Pisciotta führt. Es geht angenehm bergab, zunächst durch ein modernes Straßendorf und dann zwischen Olivenhainen mit Blick aufs Meer. Auf der Küstenstraße nach links kehren wir über Palinuro nach Marina di Camerota zurück.

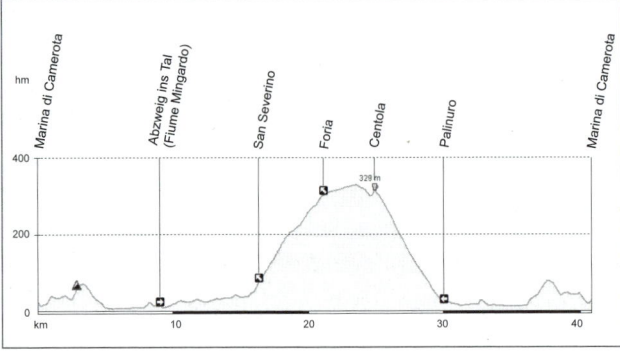

Am Ende der Radtour, kurz vor Marina di Camerota, lockt ein erfrischendes Bad am Mingardo-Strand.

6. Zwischen Mingardo und Fiumarella

Zu beiden Seiten von Palinuro locken herrliche Sandstrände. Im Hinterland fahren wir durch schattige Kastanienwälder, Olivenhaine und freundliche Bergorte. Gegen den Durst helfen nette Bars und kühle Wasserbrunnen unterwegs. Als Draufgabe gibt es Andreas Heinbokels Lieblingsabfahrt von Catona nach Terradura.

Reiche Weinernte bei Cúccaro Vétere, im Hintergrund der Monte Bulgherìa (siehe W 24).

Start/Ziel: Marina di Camerota.
Dauer: 5 h 30 min.
Länge: 104 km.
Höhenmeter: 1.600 m.

Von Marina di Camerota fahren wir auf der S.R. ex S.S. 562 in Richtung Palinuro und weiter durch das Mingardo-Tal bergauf bis San Severino und Foria (siehe R 5). In Foria halten wir uns an der T-Kreuzung rechts. Dieser Straße folgen wir bis Massicelle. Hinter Massicelle geht es unter der Schnellstraße durch. Der Anstieg setzt sich, nach Durchfahrt des Lambro-Tals, Richtung Futani fort. Im Ort geht es bergauf und nach einem Linksknick an der Gabelung schräg rechts weiter bergauf (schräg nach links führt die Straße in Richtung Eremiti und San Mauro la Bruca bergab). Wir stoßen auf die alte S.S. 18, die seit Eröffnung der Schnellstraße kaum noch befahren wird, und folgen ihr nach links. Vorbei an Cúccaro Vétere steigt die Straße bis zum Scheitelpunkt unserer Tour weiter an und fällt dann mit Blick auf die Monti Alburni rasch ab.

Am Ende der Abfahrt erreichen wir nach einigen flotten Serpentinen, ca. 1,5 km vor San

Biase (siehe R 8), den Linksabzweig nach Ceraso. Wieder geht es unter der Schnellstraße durch. Am östlichen Ortsrand von Ceraso biegen wir an der Tankstelle links in Richtung Santa Bárbara ab. An der Küste ist der Akropolishügel von Vélia (siehe W 16) zu sehen, dahinter öffnet sich der Golf von Ascea. Nach Santa Bárbara steigt die Straße erneut an und führt kurz vor Mandia an einem Trinkwasserbrunnen vorbei. Mandia bleibt rechts liegen. Nach einem weiteren Anstieg erreichen wir den Abzweig von Rodío, mit der Möglichkeit, die Route abzukürzen (siehe R 7). Wir fahren geradeaus weiter bis Catona. Es folgt die tolle Abfahrt durch

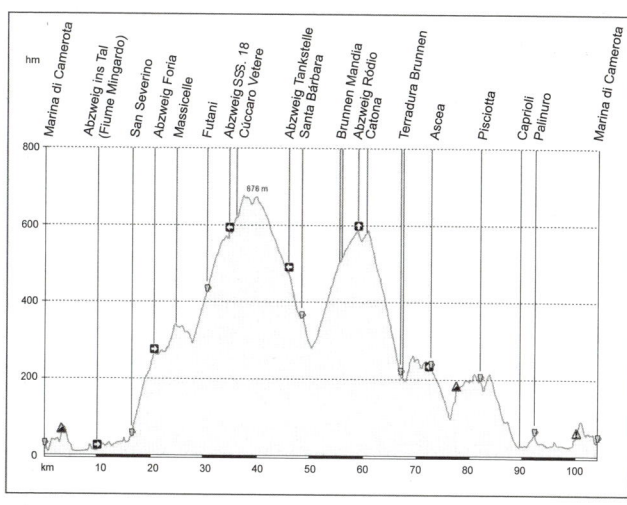

Olivenhaine bis Terradura. Der Blick geht über das Fiumarella-Tal auf die Ruinen von Vélia. Nach leichtem Zwischenanstieg erreichen wir in Ascea die Küstenstraße S.R. ex S.S. 447. Zurück in Richtung Palinuro geht es zunächst bergab, dann mit über 12 % Steigung hoch und weiter nach Pisciotta. Die Piazza mit den einladenden Bars in der Ortsmitte kommt wie gerufen!

Wir bleiben auf der S.R. ex S.S. 447, die Serpentinenstraße hinunter nach Marina di Pisciotta ist für Fahrräder zu steil. Vorsicht, kurz nach dem Abzweig San Nicola kommt eine schwer einsehbare Linkskurve, in der rechts die Straße zum Bahnhof Pisciotta-Palinuro abzweigt! Vorbei am Bahnhof Caprioli erreichen wir Palinuro und folgen am nördlichen Ortsrand der Hauptstraße nach links. Im Rücken des Molpa-Hügels und des Arco Naturale geht es über die Mingardo-Brücke auf der S.R. ex S.S. 562 nach Marina di Camerota zurück.

7. Terradura und Rodío

Die Küstenstraße bietet einen fantastischen Ausblick auf das Meer. Durch Olivenhaine geht es von Ascea bergauf bis Catona – eine Traumstrecke, die wir bei R 6 als Abfahrt genießen. Auf der Fahrt vorbei an Rodío ist Zeit für eine Pause in Pisciotta. Wer mehr Berge mag, macht auf dem Rückweg nach Marina di Camerota einfach einen Schlenker, z. B. über San Nicola, Foria und Centola (siehe R 5, 6).

Verkehrsstau auf der Straße zwischen S. Bárbara und Rodío.

Start / Ziel: Marina di Camerota.
Dauer: 5 h.
Länge: 78 km.
Höhenmeter: 1.200 m.

Wie in R 4 beschrieben, folgen wir der Küstenstraße bis Ascea. Hier ist eine gute Gelegenheit für eine kleine Pause, denn in Terradura oder Catona sind die Bars manchmal geschlossen und bis Pisciotta sind es noch gut 2 h Fahrt.

In Ascea biegen wir ca. 200 m hinter der kleinen Piazza auf der Kuppe rechts ab. Kurz danach teilt sich die Straße und wir halten uns rechts. Ohne auf weitere Abzweige achten zu müssen, folgen wir der Straße durch Olivenhaine hinab nach Terradura und anschließend über viele Serpentinen hoch bis Catona. Hier gibt es noch echte kleine und große Pantani-Fans. Man wird entsprechend begrüßt und angefeuert. Hinter Catona geht es kurz bergab, und nach etwa 1,5 km erreichen wir einen Abzweig. Rechts geht es zwischen den Bergkämmen steil nach Rodío herunter. Die ersten Kehren sind mit Vorsicht zu fahren! Die Straße ist sehr steil und oft liegt Schmutz auf der Fahrbahn. Dann wird die Abfahrt etwas flacher. In Rodío selbst halten wir uns an der Kreuzung schräg links. Nach kurzem Zwischenanstieg kommen wir in den Genuss einer schönen Abfahrt, die uns auf die Küstenstraße zurückführt. Nach links erreichen wir kurz darauf Pisciotta (siehe W 17) und gönnen uns auf der sonnigen Piazza Raffaele Pinto das verdiente *gelato*.

Wie in R 6 beschrieben, folgen wir zurück nach Marina di Camerota der Küstenstraße. Unterwegs achten wir auf die schwer einsehbare Kurve am Abzweig zur Stazione di Pisciotta-Palinuro!

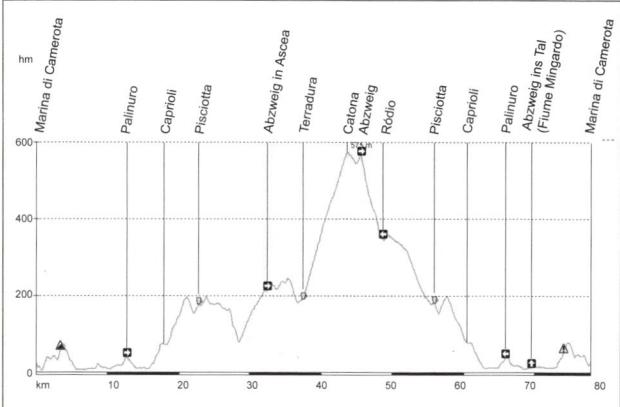

8. Am Fuße des Monte Sacro

Die ideale Radtour für Freunde langgezogener, nicht allzu steiler Anstiege. Nach der schönen Küstenstrecke folgen wir im Landesinneren der landschaftlich reizvollen alten S.S.18, die seit Eröffnung der Schnellstraße fast frei von Verkehr ist.

Start / Ziel: Marina di Camerota.
Dauer: 6 h.
Länge: 111 km.
Höhenmeter: 1.450 m.
Tipp: Bei einem Abstecher in das idyllische Torna-Tal am Fuße des Monte Sacro (Monte Gelbison) oder einem Halt in San Biase können wir einladende Picknickplätze entdecken. Einkaufen kann man auch unterwegs.

Wie in R 4 beschrieben, folgen wir der Küstenstraße bis Marina di Ascea. Unterhalb des Akropolishügels von Vélia (siehe W 16) biegen wir am nördlichen Ortsausgang rechts ab und fahren auf ebener Strecke vorbei an der Stazione di Casal Velino am östlichen Alento-Ufer bis auf Höhe der Stazione di Vallo-Castelnuovo.

An der T-Kreuzung biegen wir rechts auf die alte S.S.18, die parallel zur neuen Schnellstraße über Pattano nach Vallo della Lucania führt. Mit der Hauptstraße umfahren wir die „Hauptstadt" des Cilento im großen Rechtsbogen, lassen den Abzweig nach Móio della Civitella links liegen (siehe R 2) und folgen der alten S.S.18 jetzt in Südrichtung. Kurz nach Massa besteht die Möglichkeit eines reizvollen, aber steilen Abstechers vorbei an Novi Vélia ins idyllische Torna-Tal (siehe W 15). Der Gipfelsturm auf den 1.705 m hohen Monte Sacro (Monte Gelbison) ist wirklich nur etwas für absolut Hartgesottene (12 – 18 % Steigung!).

Vallo della Lucania, die heimliche Hauptstadt des Cilento.

115

Cúccaro Vétere auf einem Hügel – umgeben von Wein.

Auf der alten S.S. 18 begleiten uns in Richtung Süden im reizvollem Wechsel Eichenwälder, Weinberge und Olivenhaine. Wir kommen vorbei an San Biase, einem freundlichen Ort am Ufer des Fiume Palistro. Nach dem Abzweig nach Ceraso (siehe R 6) schraubt sich die S.S. 18 Richtung Cúccaro Vétere in Serpentinen bergauf. Am Straßen-

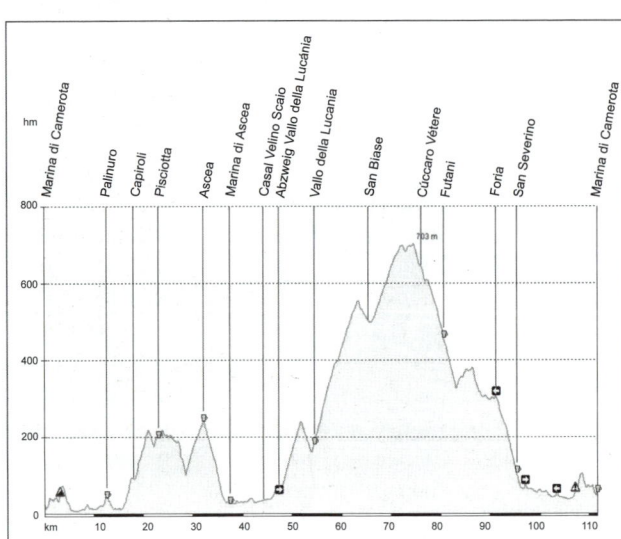

kilometer 160 erreichen wir den Scheitelpunkt der Tour. In Kurven geht es jetzt angenehm bergab. Über Cúccaro Vétere sehen wir auf den Monte Bulgherìa (siehe W 24). Die S.S. 18 umfährt den Ort im weiten Bogen (ein Abstecher bis zur Belvedere-Piazza lohnt), der von allen Seiten einen schönen Anblick bietet. Dann verlassen wir die alte S.S. 18 und biegen rechts in Richtung Futani und Palinuro ab. Mit leichtem Gefälle geht es im angenehmen Halbschatten bergab. In Futani ist es möglich, nach San Mauro la Bruca weiter zu fahren und die Küstenstraße über San Nicola zu erreichen. Wir folgen R 9, 6 in umgekehrter Richtung über Massicelle und Foria nach Severino und gelangen durch das Mingardo-Tal auf die S.R. ex S.S. 562, auf der es zurück nach Marina di Camerota geht.

9. Um den Monte Bulgherìa

Ein weiter Bogen ins Landesinnere und viele Punkte für die Bergwertung. Statt Power-Schoko-Riegel gibt es in Torre Orsáia leckeren Honig! Atemberaubend ist die Serpentinen-Abfahrt von Lentiscosa zurück nach Marina di Camerota.

Start/Ziel: Marina di Camerota.
Dauer: 6 – 7 h.
Länge: 98 km.
Höhenmeter: 1.920 m.
Varianten: Sanfter beginnt die Tour mit der Anfahrt durch das Mingardo-Tal (siehe R 5, 6) und endet weniger aufregend mit der Rückfahrt über Celle und Poderia.

Gleich zu Beginn treten wir bergauf nach Camerota kräftig in die Pedale. Vor dem Ort flacht die Straße erst noch einmal kurz ab. In Camerota selbst biegen wir an der ersten größeren Kreuzung links ab (geradeaus geht es ins Centro). Durch den nördlichen Ortsteil geht es weiter bergauf nach Licusati – kurzzeitig richtig steil. Hinter Licusati setzt sich der Anstieg fort bis auf eine Kuppe mit der S. S. Annunziata-Kapelle. Dann die Belohnung: eine schnelle Abfahrt ins Mingardo-Tal, nur die sechs Serpentinen erfordern die Bremse. Wir stoßen auf die S. S. 562 dir., der wir in Fahrtrichtung nach rechts in Richtung San Severino folgen. Direkt hinter dem Tunnel biegen wir links in den Ort ab und erreichen, wie in R 6 beschrieben, über Foria, Massicelle und Futani die alte S. S. 18, die seit Eröffnung der Schnellstraße kaum noch befahren wird.

Auf der alten S. S. 18 geht es nach rechts leicht bergauf bis Montano Antília, dem Scheitelpunkt der Tour. Das Meer ist nicht mehr zu sehen, dafür genießen wir tolle Blicke ins bergige Hinterland. Jetzt geht es flott bergab und durch Laurito. Mit einem kleinen Zwischenanstieg nach Alfano erreichen wir im leichten Auf und Ab Torre Orsáia. Wir folgen dem Straßenverlauf und biegen am westlichen Ortsrand in einer lang gezogenen Linkskurve rechts nach Roccagloriosa ab. Bis Roccagloriosa steigt die Straße wieder an. Im Ort halten wir uns schräg nach links

Haarnadelkurven führen von Licusati ins Mingardo-Tal.

Scharfe Kurven zwischen Lentiscosa und Marina di Camerota.

und fahren kurz bergab. Wer schon etwas müde ist, biegt an der Gabelung rechts nach Celle di Bulgherìa und Poderìa ab und kehrt auf sanft abfallender Strecke nach Marina di Camerota zurück.

Bergfreunde fahren an der Gabelung weiter geradeaus. Wir überqueren die Schnellstraße über eine Brücke und erreichen auf einem welligen Abschnitt über Acquavena das kleine Bosco. Hinter Bosco geht es an einer T-Kreuzung rechts ab und, mit kurzen

Blicken auf den Golf von Policastro, steil bergauf nach San Giovanni a Piro. Ein reizvoller Abstecher führt vom östlichen Ortsrand zum Aussichtspunkt Ciolandrea (siehe W 23)!

Der Anstieg zieht sich durch den Ort und noch ein kurzes Stück darüber hinaus (auf Höhe des Sportplatzes ein Einstieg zur W 24). Mit Blick aufs Meer geht es wieder sanft bergab. Dann kommen die ersten Kurven und die Abfahrt wird schneller. Bei der Durchfahrt durch Lentiscosa bitte auf Fußgänger und Hunde achten! Nach der Kehre im Ort kommt eine Ampel. Bei Rot sollten auch Radfahrer brav warten, da die Straße wirklich so eng ist, dass man nicht an einem entgegenfahrenden Auto vorbeikommt. Sind Autos, Busse oder Laster hinter einem, vorbeifahren lassen. Dann kann man die nun folgende rasante Abfahrt ungestört genießen. Vollgepumpt mit Adrenalin erreichen wir auf Höhe des Fußballplatzes Marina di Camerota.

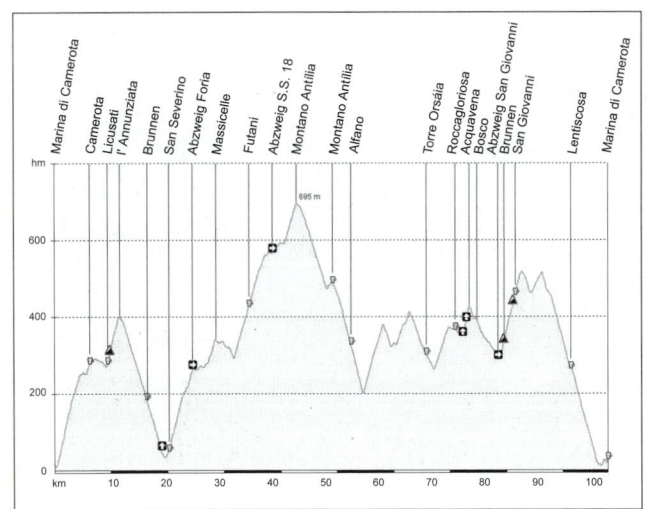

10. Nach Scário an den Golf von Policastro

Durch alpine Bergeinsamkeit gelangen wir an den Golf von Policastro, ein Stück Schweiz in Süditalien. Vier rasante Abfahrten und ein extremer Anstieg nach San Giovanni a Piro stehen auf dem Programm.

Start/Ziel: Marina di Camerota.
Dauer: 5–6 h.
Länge: 102 km.
Höhenmeter: 1.800 m.
Tipp: In Morigerati taucht der Bussento-Fluss, der bei Casella in Pittari (siehe W 27) in einem gigantischen Schluckloch verschwindet, wieder auf. Aus dem Ort führt ein Maultierpfad in das 130 m tiefer gelegene Naturschutzgebiet in einem spektakulären Canyon (Oasi WWF Morigerati, siehe W 26).

Wie bei den Radtouren 5, 6 beschrieben, fahren wir durch das Mingardo-Tal in Richtung San Severino. Nach dem Tunnel geht es diesmal geradeaus unter der Eisenbahnbrücke und, nachdem wir an der Kreuzung links abgebogen sind, unter der Schnellstraße durch. Auf kaum befahrener Straße geht

Scário am Golf von Policastro: Fast glaubt man, in der Schweiz zu sein.

es über Poderia (siehe W 21) und Celle di Bulgherìa bis zur T-Kreuzung unterhalb von Roccagloriosa.

Hier biegen wir links ab, lassen den Ort links liegen und fahren bergab in Richtung Torre Orsáia. Am Ende der Abfahrt biegen wir an der T-Kreuzung links ab und folgen dem Straßenverlauf leicht bergauf durch den Ort. Am östlichen Ortsrand schwenkt die Hauptstraße nach links. Wir fahren aus der Kurve geradeaus weiter, und hier beginnt die erste Abfahrt über viele Kurven ins Bussento-Tal. Schnell sind die hart erarbeiteten

Ein Abstecher an den Strand von Villammare.

Halbzeit in Caselle in Pittari.

Höhenmeter dahin, nicht zum letzten Mal auf dieser Tour. Dann wieder bergauf erreichen wir nach ca. 2 km einen Abzweig, an dem wir schräg nach links Richtung Caselle fahren. Etwas später folgen wir nicht dem Wegweiser Caselle, der auf die Schnellstraße führt, sondern der kaum noch befahrenen Landstraße weiter geradeaus. Wir überqueren die S.S. 517 und erreichen mit einigen Kehren Caselle in Pittari (siehe W 27). An der Piazza am Ortseingang biegen wir rechts ab und an der nächsten Kreuzung wieder rechts. Leicht bergauf geht es durch karstige Berglandschaft bis zu einem Abzweig. Rechts beginnt die nächste schöne Abfahrt,

diesmal bis Morigerati. Im Ort folgen wir dem Straßenverlauf, und nach einer kleinen Fahrt durch das Bussento-Tal geht es wieder bergauf nach Vibonati. Gleich hinter dem Ort folgt die dritte Abfahrt, die uns diesmal bis auf die Küstenstraße bringt.

Auf der an Wochenenden stärker befahrenen S.S. 18 fahren wir nach rechts, nach Capitello im leichten Auf und Ab. Bei Policastro Bussentino führt die Straße im Bereich der Bussento-Mündung von der Küste mit einem Schlenker ins Landesinnere. Hier biegen wir von der S.S. 18 links nach Scário und San Giovanni ab. Am Kreisverkehr von Scário lohnt der kurze Abstecher an den Hafen. Pause mit Riviera-Flair vor dem steilsten Anstieg!

Nach San Giovanni geht es ständig bergauf, im Schnitt mit 7 %, gelegentlich aber mit bis zu 12 %! Der Anstieg setzt sich im Ort fort. Weiter geht es, wie in R 9 beschrieben, bergab bis Lentiscosa. Hier wartet als krönender Abschluss die letzte und schönste Abfahrt der Tour nach Marina di Camerota.

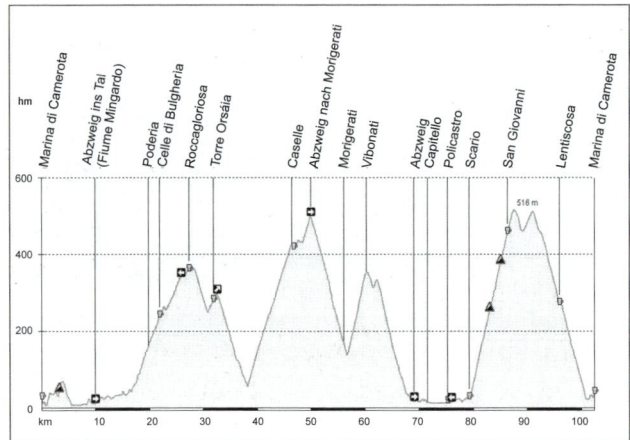

Küsten und Meer

Strände, Bootsausflüge, Segeln, Surfen, Tauchen...

Der Cilento lockt mit über 100 abwechslungsreichen Küstenkilometern zum Urlaub am Meer. Von April bis weit in den Herbst lädt das Wasser zum Baden ein. Lange Sandstrände wechseln sich mit stillen Kiesbuchten, steilen Felsklippen und geheimnisvollen Meeresgrotten ab.

Jeden Sommer untersucht der italienische Umweltverband Legambiente (www.legambiente.com) die Küsten und Strände des Bel Paese. Der Cilento schneidet dabei überdurchschnittlich gut ab, Bestnoten erhalten regelmäßig die Strände von Acciaroli und Pioppi.

Die Foundation of Enviromental Education (www.feeitalia.org) verleiht als Auszeichnung für hohe Wasserqualität, Sicherheit und gutes Umweltmanagement die Blaue Flagge, im Cilento weht sie seit Jahren über den Stränden von Castellabate, Acciaroli, Pioppi, Ascea und Pisciotta.

Im Hochsommer spielt sich italienisches Strandleben in den *lidi* oder *bagni* ab, abgesteckten Strandabschnitten mit bonbonbunten Umkleidekabinen, *ombrelloni* (Sonnenschirmen) und *lettini* (Liegestühlen), für deren Benutzung ein paar Euro zu entrichten sind. Manchmal sind Beachvolleyball-Felder abgesteckt. Im Cilento allerdings bleiben auch im August viele Strandabschnitte frei zugänglich, einige versteckte Buchten sind ohnehin nur mit dem Boot zu erreichen. Bis Juni und wieder ab Mitte September sind die Traumstrände fast menschenleer.

Im sauberen Meer spielt Fischfang immer noch eine wichtige Rolle. Im Hafen von Acciaroli liegt eine der großen Fischereiflotten Kampaniens, während in Marina di Pisciotta eine jahrhundertealte Fischfangtradition lebendig geblieben ist (siehe „Cilento kulinarisch"): In Nächten ruhiger See, zwischen April und Juli, werden *alici di menaica* gefangen. Die Fischer fahren mit traditionellen *menaide*, 8 m langen Holzbooten, aus und benutzen dabei die *menai-*

Mit schönen Stränden lockt auch die Costa di Maratea, wie hier in Fiumicello.

ca, speziell geknüpfte Netze zum Fang von Sardellen. Noch auf dem Boot werden die Fische ausgenommen und an Land sofort in Salz eingelegt. In Keramikgefäßen reifen die *alici* heran, bis sie zart und von unvergleichlichem Geschmack zum Verzehr bereit sind. Beim Pescaturismo kann man Fischern bei ihrer Arbeit auf den Booten nicht nur über die Schultern schauen, sondern auch selbst mit anfassen und den frischen Fang anschließend sogar gemeinsam verspeisen. In San Marco di Castellabate kann man zusehen, wie *maestri d'ascia* („Axtmeister") traditionelle Holz-Gozzi von bis zu 20 m Länge auf Kiel legen.

Freizeitsegler können die Marinas in Agròpoli, San Marco di Castellabate, Acciaroli, Marina di Camerota und Scário anlaufen. Surfer finden an allen Stränden gute Bedingungen. Mit Schnorchel und Maske eröffnet sich einem die faszinierende Welt unter Wasser, trockenen Fußes lässt sie

Goldene Seide aus dem Meer

Beim Schnorcheln kann man Riesenmuscheln zwischen dem Seegras entdecken. Es sind die Edlen Steckmuscheln *(Pinna nobilis)*, die bis zu einen Meter lang und 40 Jahre alt werden können. Wie Miesmuscheln halten sie sich mit Fäden am Boden fest. Die Ankerfäden sind so fest wie Nylon und viel dünner noch als Seide. Dabei glänzen sie wie Gold. Kein Wunder, dass daraus in der Antike und im Mittelalter der wertvollste Stoff gewoben wurde. Leisten konnten ihn sich nur Kaiser, Könige und Päpste. Für ein Kilogramm Byssus mussten 4.000 Muscheln dran glauben.

Heute stehen die Steckmuscheln unter strengem Naturschutz. Sie brauchen sehr sauberes Wasser, um zu überleben – das gibt es im Cilento glücklicherweise noch reichlich.

sich in Santa Maria di Castellabate und Pioppi in Museen erleben. In fast allen Küstenorten gibt es Tauchbasen. Die besten Tauchspots liegen vor der Punta Licosa, am Capo Palinuro und östlich Marina di Camerota. Mit knapp 25 spektakulären Kilometern öffnet sich im Süden des Cilento die Region Basilikata zum Golf von Policastro. Die Kiesstrände gelten als blitzsauber, an der Felsküste öffnen sich eine Reihe sehenswerter Meeresgrotten. Weithin sichtbares Wahrzeichen der Costa di Maratea ist der 21 m hohe Christus aus weißem Stahlbeton auf dem 644 m hohen Monte S. Biágio.

Paestum

Ein endloser, von Pinien gesäumter Sandstrand zieht sich von Salerno nach Agròpoli, die Wasserqualität wird nach Süden hin zunehmend besser. Aufpassen muss man wegen der Strömungen! Die Strände von Paestum sind ein ideales Windsurfrevier.

Lido

◆ MareMirtilli, Via Linora di Paestum-Capáccio (= S.P. 278), Tel. 0828721133, Mobil 3333652324, 3351555881, www.maremirtilli.it. Die Familie Gorga hält ihren sympathischen Lido vom Frühjahr bis zum Herbst geöffnet, der angeschlossene Camper-Park im Tamariskenschatten ist theoretisch sogar ganzjährig geöffnet (vorher anrufen!). Feiner Sandstrand, flaches, kinderfreundliches Meer und locker gestellte Leinenschirme. Schicke Bar. Abzweig von der Küstenstraße auf halber Strecke zwischen Paestum und Agròpoli.

Agròpoli

Nördlich von Agròpoli erstreckt sich der kilometerlange Sandstrand von San Marco, südlich der Stadt liegt die schöne Sandbucht Baia di Trentova. An beiden Stränden herrscht im Sommer organisierter Badebetrieb. Vom Meer zeigt sich Agròpoli übrigens von seiner schönsten Seite. Vom Meer aus erkennt man auch noch einige der Küstenwachtürme, die einst rechtzeitig vor dem

Abendstimmung am Lido MareMirtilli bei Paestum.

Herannahen von Piratenschiffen warnen sollten. Die Baia del Vallone nördlich der Punta Tresino (siehe W 4) diente in der Antike als Hafen. Beim Schnorcheln kann man unter Wasser Reste der Molen ausmachen. Dabei schwimmt man über ausgedehnte Seegraswiesen hinweg. Der Küstenabschnitt der Tresino-Halbinsel ist zum Meeresschutzgebiet erklärt, Sportfischen, Anlegen und Ankern sind demzufolge verboten.

Bootsausflüge

◆ Noitour, Via C. Ianni 6, Tel. 09 74 82 77 06, Mobil 32 88 96 77 94. Von Mitte Mai bis September startet Antonino Barretta mit einem traditionellen *gozzo* vom Hafen aus zu Ausflügen bis an die Punta Licosa. Die Mitglieder von Noitour begleiten auch auf Wanderungen.

Tauchen

◆ Sub Mania, Via Salerno 19, Tel./Fax 09 74 82 56 04, Mobil 33 85 98 88 25, www.submaniaagropoli.it. Professionelle Kurse aller Niveaus und Tauchausflüge. Alesandro Picariello kennt die Küsten vor Agròpoli wie kein Zweiter. Nach Süden zieht sich eine reich gegliederte Felsküste, im Norden liegen weite Sandgründe mit zahlreichen Unterwasserrelikten aus dem Zweiten Weltkrieg. Die Tauchgänge sind auf der Website auch auf Deutsch beschrieben.

Santa Maria di Castellabate, San Marco di Castellabate

Nicht zufällig wurden die beiden hübschen Fischerstädtchen als Erste im Cilento vom Tourismus entdeckt. Nördlich und südlich von Santa Maria locken langgezogene, familienfreundliche Sandstrände. Eine schöne Sandbucht liegt im Süden in Ogliastro Marina. Seit 1972 sind die Küsten und küstennahen Gewässer vor Castellabate als Parco Marino geschützt, inzwischen auch als Teil des Parco Nazionale. Die kleine Isola Licosa vor dem gleichnamigen Kap (siehe W 5) trägt einen Leuchtturm, über und unter Wasser sind Reste antiken Mauerwerks auszumachen. Der Legende nach wurde hier der Leichnam der Sirene Leukosia angetrieben, deren lockenden Gesängen der schlaue Odysseus widerstanden hatte und die darüber enttäuscht den Tod suchte. Am 25. April ist das Inselchen vom Hafen San Marco aus Ziel einer eindrucksvollen Bootsprozession.

Museum

◆ Il Mare Antico c/o Villa Matarazzo, Corso Matarazzo, S. Maria di Castellabate. April bis Oktober Di–So 9.30–12.30 Uhr, im Sommer länger. Eintritt 1 Euro. Antike Unterwasserfunde, vor Santa Maria und San Marco aus dem Meer geborgen.

Lido

◆ Lido Azzuro, siehe „Cilento kulinarisch".

Bootsausflüge

◆ Sea Rent and Rescue, Hafen von S. Marco di Castellabate, Tel./Fax 09 74 96 65 42, Mobil 33 96 98 99 93, 33 43 87 68 88, www.maredelcilento.com. Raffaele bietet Yachtservice an und von Mai bis Oktober Bootsausflüge auf traditionellen *gozzi* zur Isola Punta Licosa (3 h ab 4 Pers. ca. 60 Euro).

Tauchen

◆ Cilento Sub, Via Roma 3, Santa Maria di Castellabate, Tel./Fax 09 74 96 16 28, Mobil 33 83 44 03 50, www.ascilentosub. com. Ausrüstung, Zubehör und Reparaturen im Fachgeschäft „Il Pellicano". Schnorchel-Ausflüge und professionelle Kurse.

Ogliastro Marina/Casa del Conte

Eine sehr schöne Sandbucht öffnet sich im Süden der Licosa-Halbinsel (siehe W 4, 5). Gut ins Wasser kommt man z.B. bei Ogliastro Marina. Einheimische schätzen den Zugang von Casa del Conte, einem südlich San Marco di Castellabate an der S.R. ex S.S. 267 gelegenen Ort. Eine Stichstraße führt fast bis an den weitläufigen Strand, der Parkplatz ist in der Saison gebührenpflichtig. Im Sommer öffnet eine Bar.

Acciaroli

Der Fischerhafen Acciaroli (siehe W 8) ist besonders bei italienischen Badegästen beliebt. Über den langen Sandstränden weht die Blaue Flagge, und auch Legambiente vergibt regelmäßig Bestnoten. Dahinter stand das jahrelange Engagement des am 5. September 2010 mutmaßlich von der Camorra ermordeten Bürgermeisters Angelo Vasallo, der seiner Kommune Póllica auch den Titel Città Slow verschafft und sich dafür eingesetzt hatte, dass die „dietà mediterranea" zum UNESCO-Weltkulturerbe erklärt wurde. Einige erinnern sich noch an Ernest Hemingway, der 1953 als frisch gebackener Erfolgsautor von „The Old man and the Sea" zum ersten Mal in Acciaroli auftauchte. Im Fischer Antonio Masarone fand er das cilentanische Pendant seines „alten Mannes", mit ihm fuhr er fast täglich zum Angeln aufs Meer hinaus.

Pioppi

Der schmale Kiesstrand von Pioppi (siehe W 8), einem außerhalb des Hochsommers sympathisch verschlafenen Küstenort, zählt zu den saubersten des Cilento. Pioppi und Acciaroli (siehe oben) gehören zur Kommune Póllica. Eine winzige Marina bietet Seglern ein paar Ankerplätze.

Museum

◆ Museo del Mare, Via Caracciolo 146, Tel. 09 74 90 50 59, www.museodelmare.it. Juli bis Mitte September 9.30–12.30 und 18–22 Uhr, Mitte September bis Mai 9.30–12.30 und 15–19 Uhr, Di geschl. Eintritt 2 Euro, ermäßigt 1,50 Euro. Im Palazzo Vinciprova, der mit seiner Fassade aus dem 17. Jh. auf das Meer weist, zeigen Aquarien die marinen Ökosysteme des Cilento. Das aus privater Initiative hervorgegangene „Museo Vivente della Dieta Mediterranea", ebenfalls im Palazzo Vinciprova untergebracht, sieht leider einer ungewissen Zukunft entgegen. Paradox, bedenkt man, dass die „dietà mediterranea" 2010 zum UNESCO-Weltkulturerbe erklärt wurde.

Bootsausflüge

◆ Associazione Ripe Rosse, c/o Reisebüro „Verdeblu Travel", Via Porto, 84041 Acciaroli), Tel. 09 74 90 46 36, Fax 09 74 90 47 54, Mobil 33 96 68 48 18 (Giuseppe Damiani), www.cilentoverdeblu.it. Naturkundliche Ausflüge mit Fischerbooten und Segelyachten (siehe auch „Wanderungen").

Marina di Ascea

Die Sand- und Kiesstrände von Marina di Ascea (siehe W 16), einem cilentanischen Mini-Rimini, werden vor allem von italienischen Badetouristen aufgesucht. Die Wasserqualität ist ausgezeichnet. Wunderschön ist der wilde, freie Dünenstrand ganz im Süden an der Scogliera unterhalb der Torre di Telegrafo (Parktickets!). Leider lässt der moderne Ferienort den Charme anderer Küstenorte vermissen.

Marina di Pisciotta

Die Strände von Marina di Pisciotta (siehe W 17) sind mit der Blauen Flagge für gute Wasserqualität ausgezeichnet. Von der Marina aus werden im Sommer Bootsausflüge entlang der Küste angeboten.

Tauchen

◆ Centro Pesciolino Sub, Banchina del Porto, Mobil 34 82 24 91 66, www.pesciolinosub.it. Roberto Navarras bevorzugtes Tauchrevier ist das Capo Palinuro. SSI-Kurse in allen Niveaus. Ostern bis September.

◆ Lido Paradiso Diving Center, c/o Lido Paradiso Club, S.R. ex S.S. 447 (2 km östl. Marina di Pisciotta und 1 km westl. vom Bahnhof „Pisciotta-Palinuro"), Tel. 09 74 97 32 32, Fax 09 74 97 35 77, Mobil 34 72 52 63 35, www.ddiving.net. Tauchschule auf dem Gelände des gleichnamigen

Buchtipps

Rod Heikell:
Küstenhandbuch Italien.
Ventimiglia-Brindisi. Mit Sardinien, Sizilien und Malta. Edition Maritim, Hamburg, 2009.
Für Segler ein unentbehrlicher Begleiter! Präzise Angaben zu Ansteuerungen, Ankerbuchten, Liegeplätzen, Versorgungs- und Service-Einrichtungen. Farbfotos und detaillierte Hafenpläne.

Robert Hofrichter (Hg.):
Das Mittelmeer.
Spektrum Akademischer Verlag, Heidelberg, 2001–03.

Unverzichtbare Handbücher für den ambitionierten Strandläufer und Taucher. Hochinformativ, packend zu lesen und hervorragend illustriert!

Campingplatzes. Von Juni bis Mitte September Unterricht nach PADI- und NAUI-Richtlinien, Tauchgänge am Capo Palinuro.

Palinuro

Die steil aufragenden Kalkfelswände des Capo Palinuro (siehe W 18) bilden die spektakuläre Kulisse für einige der schönsten Cilento-Strände. Nördlich und südlich des Kaps ziehen sich kilometerlang familienfreundliche Sandstrände, mit Booten lassen sich die Buchten am Kap erreichen. Karibisches Flair verbreitet hier die Cala del Buondormire. Besonders schön ist der Strand am Arco Naturale, einem von Wind, Wetter und Wellen geschaffenen Felsbogen. Die Hauptattraktion des Kaps, einem der besten Tauchreviere des Cilen-

Vorsicht beim Grotten-Tauchen!

to, sind die zahlreichen Meeresgrotten. Die Grotta Azzura macht ihrer Namensschwester auf Capri Konkurrenz, die Grotta del Sangue verdankt ihren blutrünstigen Namen rotem Felsbewuchs, in der Cala Fetente (Stinkende Bucht) entspringt eine Schwefelquelle, und in der Grotta delle Ossa wachsen Tropfsteine über einem Friedhof steinzeitlicher Tier- und Menschenknochen. Lange Zeit glaubte man, es handele sich um die versteinerten Reste römischer Schiffbrüchiger, bis 1954 genauere Untersuchungen Steinklingen, Knochenreste eiszeitlicher Tiere und in einer benachbarten Grotte schließlich auch einen 540.000 Jahre alten menschlichen Kieferknochen zu Tage förderten. Der als *Homo camerotensis* titulierte Ur-Cilentaner gilt als Zeitgenosse des Neandertalers. Im Sommer werden vom Hafen und vom Arco Naturale aus Bootsfahrten angeboten.

Bootsausflüge

◆ Cooperativa Palinuro Porto, Via Porto 19, Tel. 09 74 93 16 04, www.palinurocoop.com
◆ Da Artemio, das „Urgestein" unter den Bootsführern. Porto di Palinuro, Tel. 09 74 93 11 33, Mobil 33 88 38 27 78
◆ Nino e Antocco, Arco Naturale, Mobil 33 93 57 87 00, 368 68 54 01
◆ Ugo e Luccio, Spiaggia Ficocella, Tel. 09 74 93 12 67, 09 74 93 18 32

Tauchen

◆ Diving Center Arco Naturale, c/o Camping „Arco Naturale", Tel. 09 74 93 15 25, Mobil 33 93 11 26 96, Fax 09 74 93 19 75, www.palinurodivers.it. Von Mitte Juni bis Mitte September Unterricht und Törns für erfahrene Taucher. Ausrüstung kann gestellt werden.
◆ Palinuro Sub Diving Center, c/o Hotel „Le Tre Caravelle", Via Santa Maria 16, Tel./Fax 09 74 93 85 09, Mobil 33 55 49 56 06, www.palinurosub.it. Die Tauchschule von Fabio Barbieri, dem Entdecker der Meeresgrotten von Palinuro, besteht seit 1983. Von Ostern bis Oktober Unterricht nach PADI- bzw. CMAS-Richtlinien auf Italienisch und Englisch. Kurse in Meeresspeleologie, Meeresbiologie und Unterwasserfotografie.

Spannende „Exkursionen" an Felsküsten.

Ausrüstung kann gestellt werden, Flaschenservice. Sehr informative Website!

Marina di Camerota

Ein kilometerlanger Sandstrand erstreckt sich von der Mündung des Mingardo bis zum Capo Grosso im Westen von Marina di Camerota. Ein paar Campingplätze und Ferienclubs nutzen die Gunst der Lage. Von den Parkbuchten an der S.R. ex S.S. 562 führen kurze Treppenwege durch den noch weitgehend intakten Dünengürtel zum Strand (siehe W 20). Unmittelbar westlich von Marina di Camerota liegt die schöne Calanca-Bucht, im Osten der herrlich breite familienfreundliche Sandstrand Lentiscelle.

Die von Marina di Camerota aus angebotenen Bootsfahrten entlang der aufregend schönen Küste bis in den Porto degli Infreschi sollte man sich auf keinen Fall entgehen lassen! In den steil abfallenden Kalkfelswänden öffnen sich unzählige Meeresgrotten, viele sind prähistorische Fundstätten. Auf der Punta della Zancale erhebt sich der erste von mehreren gut erhaltenen Küstenwachttürmen. Vielleicht stand hier der römische Tempel der Fortuna? Auf jeden Fall heißt die nächste Bucht Cala Fortuna, die Fischer behaupten, dass ihnen hier oft ein guter Fang gelingt. Die Grotta Azzura in der Cala di Monte di Luna ist bei Weitem nicht so bekannt wie ihre berühmte Schwester auf Capri, dafür muss man hier aber auch nicht „Schlange stehen", um die durchs Wasser blau gefilterten Lichtreflexe zu bewundern. In der Cala Pozzallo entspringt mitten im Meer eine Süßwasserquelle, ein hier häufig zu beobachtendes Phänomen, dass auch dem Porto degli Infreschi den Namen geliehen hat. In der gleichnamigen, kühlen Grotte lagerten die Fischer den früher hier gejagten Thun.

Einige der schönen Kiesbuchten an der Costa degli Infreschi lassen sich auch zu Fuß erreichen (siehe W 21). Nicht vergessen, Schnorchel und Maske einzupacken! Im Porto degli Infreschi ragen Große Steck-

Mysteriöse braune Bälle am Strand

An Badestränden wird zu Saisonbeginn immer kräftig sauber gemacht. Dann kommen große Bagger und schieben all den Müll weg, der im Winter angespült worden ist – Plastikflaschen, Styropor und jede Menge brauner Algen (denkt man). Die vermeintlichen Algen sind die abgerissenen Blätter des See- oder Neptunsgrases (Poseidonia oceanica), das unter Wasser große Wiesen bilden kann. Nur sauber und klar muss das Wasser sein. Beim Schnorcheln stellt man schnell fest, dass die Seegraswiesen die „Kinderstuben" vieler Fische sind. Bis sie groß genug sind, um ins offene Meer hinauszuschwimmen, finden sie hier Schutz und Nahrung. An Naturstränden, wo die Blätter im Lauf des Sommers zerfallen, werden die übrig gebliebenen Fasern von den Wellen erst zu kleinen, dann zu immer größeren Bällen gerollt. Irgendwann bläst der Wind die braunen Faserbälle ein Stück weit ins Land. Dort sammeln sie sich zu großen Wällen und bilden den Dünen ein sicheres Fundament. Das kann man z. B. an den kilometerlangen Stränden zwischen dem Capo Palinuro und Marina di Camerota beobachten. Doch Vorsicht – nicht die angelegten Stege verlassen, die Dünen sind sehr trittempfindlich!

Spuren im Sand.

muscheln *(Pinna nobilis)* aus dem Meeresboden. Aus den golden schimmernden Ankerfäden *(Byssus)* wurde in der Antike Muschelseide hergestellt.

Bootsausflüge

◆ Associazione dei Pescatori „Monte di Luna", Info-Kiosk am Hafen, Mobil 3 39 11 43 15 22, 34 74 18 24 02 (Ciro Cammarano, besser bekannt als Capitan Dominic Antò). Mit Booten unterschiedlicher Größe – die schlanken *gozzi* dringen bis in die Meeresgrotten – Ausflüge zur Baia degli Infreschi oder ans Capo Palinuro, Badestopps unterwegs. „Monte di Luna" organisiert auch Pescaturismo und Wanderungen zur Baia degli Infreschi mit anschließender Rückfahrt im Boot. Auch Ciro besitzt inzwischen ein Menaica-Netz zum Sardellenfang.

◆ Gerardo Balbi, Besitzer der hübschen „Antonia", unternimmt von Mai bis Oktober Bootstouren entlang der gesamten Küste, Mobil 34 84 72 30 86.

◆ Cooperativa Cilento Mare, Info-Kiosk am Hafen, Tel. / Fax 09 74 93 29 78, Mobil 33 98 87 79 90 (Felix D'Andrea), www.coop cilentomare.com. Flotte moderne Boote, Touren zum Porto degli Infreschi oder in Richtung Palinuro. Kombinierte Wander- und Bootsausflüge. Im Sommer nächtliche Bootsausflüge mit Fischern *(lamparata)*.

Lido

◆ Club Michele, Spiaggia del Mingardo, Tel. 09 74 93 81 23 (priv.), Mobil 33 88 09 30 39, www.clubmichele.it. Von Mitte Mai bis Mitte Oktober öffnet Michele Afeltra seine sympathische Strandbar am kilometerlangen Mingardo-Strand. Gute Küche, Liegestühle, Kanu-Verleih.

Tauchen

◆ Continente Blu, Info-Kiosk am Hafen, Mobil 34 70 73 70 08 (Mario), http://web. tiscali.it/continenteblu/. In Zusammenarbeit mit der Cooperativa Cilento Mare (s. o.) Tauchausflüge zwischen Capo Palinuro und Porto degli Infreschi.

◆ Diving Center Marina di Camerota, Tel./ Fax 09 74 93 26 05, Mobil 33 31 52 10 15, www.divingcamerota.it. Kurse und Tauchausflüge von Ostern bis Oktober. Als Tauchbasis dient u. a. der „Black Marlin Club" am Mingardo-Strand.

Scário

Scário (siehe W 26) hat selbst kaum Strände, die Felsen reichen bis ans Meer. Im Sommer pendeln daher regelmäßig Boote zu den Badebuchten im Westen, die sich entlang der Steilküste in Richtung Punta degli Infreschi öffnen. Die Costa della Masseta ist wild und unberührt, die Blicke über den Golf von Policastro auf die hohen Berge des lukano-kalabrischen Apennin sind umwerfend. Unterwegs kommt man auch am Talausgang des Vallone del Marcellino (siehe W 23) vorbei.

Bootsausflüge

◆ Marina di Scário di D'Andrea Guerino, Lungomare Marconi, Tel./Fax 09 74 98 62 22 (priv.), Mobil 34 92 96 11 07 (Guerino D'Andrea). Von Anfang Juni bis Ende September pendeln bei gutem Wetter mehrmals täglich Holzschiffe zwischen dem Hafen von Scário und den Badebuchten an der Costa della Masseta. Auch Bootsausflüge mit Fischfang.

Tauchen

◆ Sub Center Fomdale, Località Giardino, Mobil 34 88 40 24 72, www.subcentrofom dale.it.

Villammare

Vor dem netten Küstenstädtchen am Golf von Policastro erstreckt sich ein kilometerlanger Sandstrand mit wenigen freundlichen Lidis, einigen Strandbars und viel *spiaggia libera*. Der freie Strand setzt sich im Osten des Ortes fort. Parkplätze reichlich vorhanden (siehe auch „Cilento kulinarisch").

Maratea

Auch an der Costa di Maratea (siehe W 28 bis 30) verspricht die Blaue Flagge ungetrübte Badefreuden. Am schönsten sind der blitzsaubere Kiesstrand von Acquafredda, die Felsbuchten von Cersuta, die Spiaggia nera und die Spiaggia del Macarro an der Punta della Matrella gegenüber der Isola di S. Janni und der kilometerlange Sandstrand von Castrocucco. Der Strand von Fiumicello ist im Sommer stark überfüllt. Die Strände sind mit dem eigenen Fahrzeug bzw. mit dem Linienbus gut zu erreichen, zu den Buchten von Cersuta und den Stränden an der Punta della Matrella muss man einige Stufen zu Fuß absteigen. Entlang der Küste öffnen sich faszinierende Meeresgrotten.

Lidi

◆ Illicini, Località Illicini (S.S. 18, km 236, 700), Tel. 09 73 87 90 28. Exlusives Plätzchen an einem vom Steineichenwald umgebenen Kap. Parkplätze, Pool, Bar und Restaurant. Mitte Mai bis Mitte Oktober.

◆ La Secca, Località La Secca, Castrocucco (S.S. 18, km 241,100), Tel. 09 73 87 17 19. Wildromantisches Plätzchen mit Blick auf den Isolotto della Secca mit Bar, Lido und Solarium (siehe W 30). Die kreisrunde Terrasse der Bar ist ein früherer Dreschplatz. Wellengeschützter natürlicher flacher Felsswimmingpool. Mitte Mai bis Ende September tägl. 8–20 Uhr.

Bootsausflüge/Kajak/Tauchen

◆ Centro Sub Maratea, Via S. Caterina 28, Maratea, Tel. 09 73 87 00 13, Mobil 33 88 77 78 99, http://web.tiscali.it/csmara tea/. Von Mai bis Mitte Oktober organisiert Giovanni Lagatta von Porto Maratea aus Bootsausflüge, geführte Tauchgänge und Tauchkurse.

◆ Fly Maratea, Maratea Porto. Claudio Pagliaro (Mobil 33 35 91 45 38, claudio. pagliaro@alice.it) vermietet Seekajaks und die passende Ausrüstung, verrät die besten Küstenspots zwischen Castrocucco und Sapri und begleitet auch auf Kajaktouren. Fly Maratea, ein Zusammenschluss von („Sports-") Freunden, ist als Associazione Sportiva organisiert. Gegen eine Jahresgebühr von ca. 25 Euro wird man Club-Mitglied, dafür gibt es dann eine Reihe von Vergünstigungen. Zu den Aktivitäten zählen außerdem Gleitschirmfliegen, Tauchen (in Zusammenarbeit mit Giovanni Lagatta, siehe oben), Wandern, MTB- und Radfahren. Alle weiteren wichtigen Infos und Kontakte auf der Website www.flymaratea.it.

Porto degli Infreschi – Ziel von Wander- und Bootsausflügen.

Kajakfahren

Mit dem Fluss-Kajak im Cilento

Der waldreiche Cilento ist eines der wasserreichsten Gebiete Süditaliens und damit ein wichtiges Trinkwasserreservoir für die Region Kampanien. Bussento, Calore und Sele führen das ganze Jahr über Wasser; die Oberläufe sind intakte Ökosysteme, in denen selten gewordene Fischotter zu Hause sind. Der Calore bildet auf seinem Lauf fünf spektakuläre Schluchten, die schönste in der Nähe von Felitto (siehe W 9). Im Abschnitt zwischen Laurino und Felitto ist der Calore ein anspruchsvolles Wildwasserrevier. Einige Tage nach starkem Regen, wenn der Fluss immer noch hoch, aber wieder klar ist, herrschen die besten Bedingungen. Ruhiger fließt der Calore unterhalb der mittelalterlichen Brücke von Felitto dahin. Auch wenn das Tal sich jetzt weitet, bleibt die Landschaft beeindruckend schön.

◆ Campo Base, Mobil 33 88 66 68 75, www.campobase.org. Stefano Prota organisiert Rafting auf dem Sele und dem Tanagro.
◆ Trekking & Paddles, Mobil 33 33 10 78 38 (Antonello), 34 05 25 21 77 (Giulia), www. tpescursioni.it. Kajak- und Rafting-Touren auf dem Calore, Sele und Tanagro. Die Ausrüstung wird gestellt.
◆ Vienna Cammarota, Via Starza, 84055 Felitto, Mobil 33 84 48 12 37, vienna.c@ tiscali.it, www.escursioninelcilento.135.it. Geführte Kajaktouren auf dem Calore und Wanderungen in der Schlucht. Vienna, die Deutsch spricht, ist Mitglied im Verband der G.A.E. (Guide Ambientali Escursionistiche) und kennt den Calore in- und auswendig. Sie selbst besitzt vier Kajaks und begleitet erfahrene Kajakfahrer, aber auch Anfänger auf ihrem Lieblingsfluss. Helme können gestellt werden, Neopren-Anzüge und eventuell eigene Kajaks muss man mitbringen. Vienna kann den Transport organisieren, ein eigenes Fahrzeug erleichtert die Sache allerdings.

Mit dem See-Kajak entlang der Küste

Unvergessliche Eindrücke bieten Kajak-Touren entlang der Costa cilentana. Dabei hat man die Wahl zwischen geschützten Sandbuchten, wie z. B. im Golf von Santa Maria di Castellabate, oder wilden Felsküsten, wie z. B. am Capo Palinuro oder entlang der Costa degli Infreschi östlich Marina di Camerota. Immer mehr Strandhotels, Aktiv-Campingplätze und Ferienclubanlagen bieten ihren Gästen diese faszinierende Sportart an.

◆ Genius Loci Travel, Via Rotondo 5, 84100 Salerno, Tel./Fax 089 79 18 96, Mobil 32 84 74 09 90, www.italykayaktours.com. Geführte Kajak-Törns auch für Mini-Gruppen an den Küsten zwischen Punta Tresino und Punta Licosa (siehe W 4–6), am Capo Palinuro und zwischen Marina di Camerota und Porto degli Infreschi (siehe W 21).
◆ Fly Maratea, Maratea Porto c/o Lido Acqua Marina. Claudio Pagliaro (Mobil 33 35 91 45 38, claudio.pagliaro@alice.it) vermietet Seekajaks und die passende Ausrüstung, verrät die besten Küstenspots zwischen Castrocucco (siehe W 30) und Sapri und begleitet auch auf Kajaktouren.

Reiten

Den Cilento aus der Sattel-Perspektive erleben

Die Küsten und Berge des Cilento aus dem Sattel zu erleben, setzt etwas Reiterfahrung und Kondition voraus, ist aber ein seltenes Vergnügen. Wie wäre es beispielsweise mit einem Ritt im Vollmondschein über den Strand oder Pferdewandern mit Biwak-Übernachtung? Es empfiehlt sich auch aus Sicherheitsgründen, immer in Begleitung unterwegs zu sein; und nur so lernt man die schönsten Wege kennen. Viel Spaß hat man beim Ausritt in einer italienischen Gruppe. Deutsche Pünktlichkeit gehört zwar nicht zu den vorherrschenden Tugenden, wird aber mehr als wettgemacht durch kameradschaftliche Hilfsbereitschaft und gute Laune unterwegs. Auch die Reitställe entsprechen nicht immer mitteleuropäischen Standards, die Tiere sind allerdings gut gepflegt und Sattel und Zaumzeug in Schuss. Bei längeren Ausritten wird meist dem amerikanischen Sattel der Vorzug gegeben.

Casalbuono

◆ Associazione Sportiva Trekking Riding Horse, Località Bagnoli, Tel. 09 75 86 20 43 (priv.), Mobil 32 92 08 36 03, www.astrho.it. Von April bis Ende September organisiert Alfonso Consalvo in kleinen Gruppen Reitausflüge im Vallo di Diano und in Richtung Monte Cervati. Ein bisschen Erfahrung sollte man mitbringen, vor allem für die mehrtägigen Ausritte.

Casal Velino

◆ I Moresani, Località Moresani, Tel./Fax 09 74 90 20 86, Tel. 09 74 90 75 42 (priv.), Mobil 34 73 60 55 86, www.cilentohorse riding.com. November und Dezember geschlossen. Von seinem schönen Agriturismo in den Hügeln bei Casal Velino bricht Gino Fedullo zu Reitausflügen in die Umgebung auf (siehe W 8). Auf dem Hof kann man auch reiten lernen. Als recht sanft erweisen sich die Persano-Pferde, eine der lokalen Rassen.

Castel San Lorenzo

◆ Alto Calore, Via Foresta, Mobil 33 57 66 80 60, www.trekkingacavallo.it. Von Mai bis September unternimmt Lucio Durso, der auch gut Englisch spricht, mit seinem Verein und Gästen an Wochenenden Reitausflüge durchs Calore-Tal in Richtung Felitto (siehe W 10).

Palinuro

◆ Centro Ippico La Staffa, Località Ponte Mingardo, Tel. 09 74 93 19 21, Mobil 33 36 05 94 69 (Lello Cerulo), www.centro ippicolastaffa.com. Ganzjährig aktiv. Bei kurzen ersten Ausritten erreicht man z. B. den Strand am Arco Naturale bzw. den nahen Molpa-Hügel (siehe W 18). Längere Reitausflüge, auch mit Biwak-Übernachtung, führen durch die Täler des Lambro und Mingardo ins Hinterland.

See-Pferde am Strand.

Drachen- und Gleitschirmfliegen

Paestum und Capri aus der Luft

Die Tempel von Paestum aus der Adlerperspektive erleben! Eine der Top-Locations für Drachen- und Gleitschirmflieger in Süditalien liegt nur wenige Autominuten von den antiken Tempeln von Paestum entfernt. Am langen Bergrücken, der sich vom Monte Capáccio Vecchio (siehe W 1, R 2) über den Monte Soprano bis zum Monte Vésole zieht, entwickelt sich tagsüber ein starker Aufwind aus S-SW-Richtung. Wenige Minuten nach dem Start erreicht man Höhen von 650–700 m, in Ausnahmefällen auch über 1.000 m. Man kann stundenlang in der Luft bleiben und genießt dabei von oben den Blick auf die Tempel von Paestum und weit über den Golf von Salerno auf die Amalfitana und Capri; im Landesinneren sind die Berge des Cilento zu sehen.

Die Startplätze für Drachen- und Gleitschirmflieger lassen sich zu Fuß vom Parkplatz am Santuario Madonna del Granato aus erreichen. Auf dem Parkplatz bzw. am Landeplatz, der am Fuße des Santuario in Nähe des Ristorante „Le Trabe" in der Località Capo di Fiume liegt, bekommt man schnell Kontakt zu anderen Drachen- und Gleitschirmfliegern. Die Mitglieder von „Tappeti Volanti" sind sehr hilfsbereit und Neuankömmlingen gegenüber aufgeschlossen. Wer über eine eigene Ausrüstung und Erfahrung verfügt, erhält gute Tipps, braucht aber nichts zu zahlen.

◆ Angels Fly Team, Mobil 33 94 40 11 12 (Magno Ferrara), www.angelsflyteam.com. Auf Anfrage Kurse und touristische Flüge in Zweisitzern. Auf der Website Tipps zu Start- und Landeplätzen bei Capáccio und in den Monti Picentini.

◆ Club Volo Libero „Tappeti Volanti", Mobil 33 88 21 48 89 (Ermanno Lombardi), 33 91 63 82 07 (Carlo Raito), www.tappeti volanti.com. Auf der Website der „Fliegenden Teppiche" neben Kontakten v. a. wichtige technische Hinweise zu Start- und Landeplätzen bei Capáccio, Trentinara und Roccadáspide.

Die Costa di Maratea aus der Luft

Vom 624 m hohen Monte S. Biágio (siehe W 28) blickt der monumentale Beton-Christus mit ausgebreiteten Armen auf die Costa di Maratea und den Golf von Policastro (tatsächlich wendet er der Traumküste den Rücken zu). Nur Fliegen ist schöner! Nichts leichter als das. Fly Maratea kontaktieren, Start- und Landeplätze auf der Website checken.

◆ Fly Maratea, Maratea Porto. Fly Maratea, ein Zusammenschluss von („Sports-")Freunden, ist als Associazione Sportiva organisiert. Gegen eine Jahresgebühr von ca. 25 Euro wird man Club-Mitglied, dafür gibt es dann eine Reihe von Vergünstigungen. Start- und Landeplätze an der Costa di Maratea, im Cilento und an der nahen Costa dei Cedri in der südlichen Nachbarregion Kalabrien werden auf der Website vorgestellt. Auch Tandem-Flüge, Kurse im nahen Praia a Mare in Kalabrien (siehe unten). Zu den angebotenen Aktivitäten zählen außerdem Tauchen, Kajakfahren, Wandern, MTB- und Radfahren. Alle wichtigen Infos und Kontakte auf der Website www.flymaratea.it.

◆ Fly Tireno – AeC Riviera dei Cedri, c/o Lido „La Perla", San Nicola Arcella, Mobil 3 47 57 05 95, 33 36 44 33 36, www.fly tireno.it. Die sich südlich an die Costa di Maratea anschließende Costa dei Cedri in der Nachbarregion Kalabrien ist ein Top-Revier für Gleitschirmflieger. Nicholas Rinaldi bietet Kurse und Tandem-Flüge an. Start- und Landeplätze auf der Website.

TIPPS
Von A bis Z

An- und Weiterreise

... mit dem Auto

Die Entfernung München – Marina di Camerota beträgt 1.285 km, die Strecke ist nur mit Zwischenübernachtung zu bewältigen. Nördlich Neapel gabelt sich die Autobahn auf Höhe von Caserta. Die viel befahrene A 3 führt an Neapel und Pompeji vorbei nach Salerno, meist entspannter ist die Fahrt Richtung Salerno durchs Hinterland auf der A 30. Südlich Salerno verlässt man die A 3 über die Ausfahrt „Battipaglia". Anfänglich nur zweispurig und stark befahren, setzt sich ab Paestum die neue S.S. 18 „Tirrena Inferiore" (bzw. Variante) als vierspurige Schnellstraße, vorbei an Agròpoli und Vallo della Lucania, durch das landschaftlich reizvolle Landesinnere bis an den Golf von Policastro fort.

Als kurvenreicher Hochgenuss führt ab Ausfahrt „Agròpoli Sud" der S.S.-18-Variante die S.R. ex S.S. 267 vorbei an Santa Maria di Castellabate die Cilento-Küste entlang. Südlich von Vélia setzt sich die Küstenstraße als S.R. ex S.S. 447 und ab Palinuro als S.R. ex S.S. 562 fort.

Die A 3 führt nordöstlich der Monti Alburni durch das Vallo di Diano. Unterwegs zweigen Staatsstraßen in den Cilento ab. Der Golf von Policastro und die Costa di Maratea sind von der A 3 am besten über die Ausfahrt „Lagonegro" zu erreichen.

◆ www.autostrade.it, aktuelle Verkehrsinfos für die italienischen Autobahnen, Maut-Kostenrechner.

... mit der Bahn

Ab München täglich durchgehend DB City Night Line mit Schlaf- und Liegewagen über Innsbruck bis Rom (www.db-nachtzug.de). EuroNight-Züge von Wien über Florenz nach Rom (www.oebb.at), Nachtzüge zwischen Zürich und Rom wurden bereits mit dem Fahrplanwechsel 2009/10 eingestellt. Weitere Infos auf www.bahn.de, www.sbb.ch, www.trenitalia.com. Über Fahrradmitnahme informieren die Radfahrer-Hotline der DB Tel. (01 80) 5 99 66 33, www.bahn.de – und der ADFC (www.adfc.de).

Autoreisezüge schonen die Nerven, aber selten den Geldbeutel (www.db-autozug.de). Sie verkehren von Mai bis Ende September

von Berlin, Düsseldorf und Hamburg nach Verona bzw. von Düsseldorf, Neu-Isenburg, Hamburg oder Hildesheim nach Alessandria (südwestlich Mailand). Von Mai bis Ende September verkehren Autoreisezüge zwischen Wien und Rom (www.oebb.at).

Um den nördlichen Cilento zu erreichen, empfiehlt sich die Weiterfahrt ab Bahnhof Salerno oder Agròpoli-Castellabate mit dem Bus. Züge von Neapel über Salerno Richtung Reggio di Calabria passieren die Cilento-Küste und machen Halt u. a. in Ascea, Pisciotta und Centola (unweit von Palinuro und Marina di Camerota). Zentral im Landesinneren liegt der Bhf. Vallo Scalo, von wo aus viele Linenbusse starten. Die Costa di Maratea ist bestens mit der Bahn zu erreichen, von Scário aus auch mit dem Bus.

◆ Titanic-Reisen, Oppelner Str. 7, 10997 Berlin, Tel. (030) 61 12 97 97, Fax (0 30) 61 88 04 0, www.kopfbahnhof-berlin.de. Auch wenn die Beratung in der Regel nicht kostenlos ist, sparen Kompetenz und große Süditalienerfahrung bares Geld – von den geschonten Nerven ganz zu schweigen. Titanic-Reisen berät auch beim Fahrrad-Transport.

.... mit dem Bus

Fast alle Orte im Cilento sind mit Linienbussen zu erreichen. Die Fahrpläne der teils privaten Busgesellschaften und der Bahn sind nur selten aufeinander abgestimmt, das Auskundschaften der Abfahrtszeiten und -orte erfordert meist etwas Geduld. Aktuelle Fahrpläne (ital. *orari*) stehen online (meist auch als Download), in Tageszeitungen und hängen in Tabacchi und bestimmten Bars aus, dort gibt es dann auch Tickets. An Sonn- und Feiertagen, in den Schulferien und im Winterhalbjahr ist der Busverkehr eingeschränkt.

◆ CSTP (Tel. 0 89 48 71 11, www.cstp.it) aus Salerno (Piazza della Concordia) über Paestum nach Agròpoli, S. Maria di Castellabate, Acciaroli und Póllica bzw. nach Vallo della Lucania. Zwischen Vallo della Lucania, Casalvelino, Pioppi, Acciaroli, S. Marco di Catellabate, S. Maria di Castellabate und Agròpoli. Von Vallo della Lucania nach Piaggine bzw. Palinuro.

◆ Curcio (Tel. 09 75 39 12 13, www.curcio viaggi.it) im Vallo di Diano, am Golf von Policastro und zwischen Scário und Maratea.

Unico Campania

Die Fahrkarten für das kampanienweite Verkehrsverbundsystem Unico Campania (www.unicocampania.it) gelten in der Bahn und den meisten Linienbussen. Auch auf Vorrat zu kaufen am Kiosk, in Bars und Tabacchi. Fahrkartenpreise sind entfernungsabhängig. Es gibt auch die Kombi-Tickets Unico Terra & Mare für Schiffe und Busse bzw. Bahn.

◆ De Rosa (Tel. 08 28 94 10 65, www.auto lineederosa.it) vom Bhf. Capáccio nach Roccadáspide bzw. Castelcívita ins Calore-Tal.

◆ Giuliano (Tel. 09 74 83 61 85, www.giu lianobus.com) u. a. zwischen Sessa Cilento und Agròpoli und Vallo della Lucania. Von Neapel über Salerno, Agròpoli nach Vallo della Lucania. Von Salerno über Paestum und Pioppi nach Acciaroli. Von Salerno über Paestum nach Giungano und zwischen Agròpoli und Giungano.

◆ Infante (Tel. 09 74 93 29 38, www.agen ziainfanteviaggi.it) zwischen Pisciotta, Palinuro, Marina di Camerota, Camerota, San Giovanni a Piro und Scário.

◆ SITA (Tel. 0 89 38 67 11, www.sitabus.it) aus Salerno (Piazza della Concordia) über Capáccio Scalo nach Agròpoli. SITA (Tel. 09 71 50 68 11) auch an der Costa di Maratea zwischen Sapri und Maratea.

◆ SLA (Tel. 09 73 21 02 16, www.slasrl.it) u. a. von Lagonegro an den Golf von Policastro (Sapri, Villamare, Policastro Busentino, Scário).

... mit dem Flugzeug

Auf dem internationalen Flughafen Neapel (www.gesac.it) landen Linien-, Charter- und Low-Cost-Flieger aus Deutschland, Österreich und der Schweiz. Busse (www.anm.it) und Taxis zum Bahnhof Neapel. Busse ab Flughafen Neapel 4 x tägl. nach Salerno (www.sitabus.it). 2008 hat der Flughafen Salerno-Costa d'Amalfi (www.volasalerno.it) den Flugbetrieb aufgenommen – wieder eingestellt und wieder aufgenommen ...

... mit dem Schiff

Zwischen Juni und September Schnellfähren zwischen Neapel, Capri, Amalfi-Küste, Salerno und den Hafenorten im Cilento (Callcenter 1 99 60 07 00, www.metrodelmare. com).

... mit Mietfahrzeugen

An den Flughäfen Neapel und Salerno sowie in Salerno selbst sind die bekannten

Mietwagenagenturen gut vertreten. Bei Fluganreise empfiehlt es sich, das Fahrzeug bereits von zu Hause aus zu buchen; oft ist es billiger, Flug und Mietwagen getrennt zu buchen. Unbegrenzte Kilometer, Vollkasko- und Diebstahlversicherung sollten im Preis enthalten sein. Bei Buchung erst nach Ankunft in Italien wird man oft an den Haftungsrisiken beteiligt, und auf den Mietpreis werden noch 19 % IVA (Mehrwertsteuer) gerechnet. Im Folgenden ein paar gute Anbieter vor Ort:

Agròpoli

◆ Alba Rent Car, Via Alcide de Gasperi 82/a, Tel. 09 74 82 80 99, Fax 09 74 84 64 24, Mobil 33 34 49 90 79, www.albarentcar.it. Auto, Roller- und Fahrradverleih. Taxi-Service. Tägl. 9–13 und 15.30–19.30 Uhr.

Maratea

◆ Eurotravel, Piazza Vitolo 4, Maratea Borgo, Tel. 09 73 87 60 77, Mobil 33 96 99 18 78, eurotravel@hotmail.it. Mo bis Fr 8–13 und 15.30–19.30 Uhr, Sa 8–13 Uhr.

Marina di Camerota

◆ Taxi Calicchio, Via M. Marsicano 27, Tel./ Fax 09 74 93 50 54, Mobil 32 81 55 88 09, www.calicchioviaggi.it. Taxidienste, Autoverleih.

Palinuro

◆ Travel Car c/o Cilento Viaggi, Via Acqua dell'Olmo 248, Tel. 09 74 93 13 62, Fax 09 74 93 15 77, info@cilentoviaggi.com. Reisebüro am Ortseingang. Auch gute Infos zum Nationalpark und Autoverleih. Tägl. 9–13 und 16.30–20 Uhr.

S. Maria di Castellabate

◆ Antares 91, Via Pagliarola 2 (Ecke Corso Matarazzo), Tel./Fax 09 74 96 02 41, Mobil 33 56 38 97 19, www.antares91.com. Franco Nigro verleiht Autos, Mountainbikes. Mo bis Sa 9–12.30 und 17–21 Uhr, So 9–12.30 Uhr.

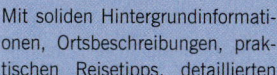

Buchtipps

Peter Amann:
Golf von Neapel, Kampanien, Cilento.
Reise Know How, Bielefeld 2011⁵ (612 S.).

Mit soliden Hintergrundinformationen, Ortsbeschreibungen, praktischen Reisetipps, detaillierten Unterkunfts- und Restaurantempfehlungen die ideale Ergänzung zum vorliegenden Aktiv-Reiseführer! "Reichhaltiger Führer zu den klassischen, von Einzel- und Pauschalreisenden viel besuchten Zielen Neapel mit Vesuv, den Inseln und Küstenebenen; darüber hinaus auf fast einem Viertel der Seiten das von den meisten Autoren ausgesparte bäuerliche Hinterland und die wilden unberührten Berglandschaften des Cilento und Caserta, Benevento und Avellino. (…) breit verwendbar und nachdrücklich empfohlen" (Friedrich Andrae, ekz-Informationsdienst).

Premio-ENIT 2011 "Bester Reiseführer Italien" auf der Frankfurter Buchmesse!

Peter Amann:
Kalabrien-Basilikata.
Reise Know How, Bielefeld 2011⁴ (540 S.).

Eine weitere gute Ergänzung zum vorliegenden Aktiv-Reiseführer, v. a. bei Ausflügen in den Parco Nazionale del Pollino oder an die kalabrische Costa dei Cedri. "Sehr ausführliches Reisehandbuch zu diesen beiden eher selten beschriebenen süditalienischen Regionen. Die vor allem für Individualreisende nützlichen, ausführlichen praktischen Reisetipps mit Unterkunftsempfehlungen, Restaurants, Verkehrsverbindungen, Veranstaltungshinweisen, Einkaufsmöglichkeiten und Adressen sind erweitert um Beschreibungen von 30 Wanderungen. 1. Wahl!" (Anja Wirths, ekz-Informationsdienst). "Peter Amann ist ein intimer Kenner und Liebhaber der Regionen Kalabrien und Basilikata. Praktisch keine Frage bleibt offen, wenn man die Neuauflage seines Reiseführers Kalabrien & Basilikata auf Reisen dabei hat" (Doreen Brüggemann, in-italy.de).

Wochenmärkte

Trotz Alimentari und Supermercati, es gibt sie immer noch: Wochenmärkte als eine Art „Woolworth unter freiem Himmel". Sie werden meist nur am Vormittag abgehalten, und neben Textilien, billigen Küchengeräten, Käse und Wurst gibt es oft frisches Obst und Gemüse von Bauern der Umgebung.

◆ Acciaroli: Mo am Fischerhafen (Parkplatz).

◆ Agròpoli: Do auf der Piazza Mercato.

◆ Camerota: Mi auf der Piazza San Vito. Von Mitte Juni bis Ende August jeden Mi Abend Markt mit regionaltypischen Produkten (Lebensmittel und Handwerk).

◆ Casal Velino: Di.

◆ Maratea: Jeden 2. und 4. Sa des Monats auf der Piazza Europa.

◆ Marina di Ascea: Do am Lungo mare.

◆ Marina di Camerota: Jeden 2. Mi auf dem großen Parkplatz östlich des Hafens.

◆ Marina di Casalvelino: Fr auf dem Piazzale del Porto (Parkplatz).

◆ Novi Vélia: Mi.

◆ Palinuro: Jeden 2. und 4. Mo und Do des Monats unterhalb der Hauptstraße, die zum Hafen führt.

◆ Pisciotta: Mi auf der Piazza Raffaele

◆ Pinto, im Sommer teils am Hafen von Marina di Pisciotta.

◆ Santa Maria di Castellabate: Sa auf der Piazza Pio (ex Matarazzo).

◆ Scário: Mo auf der zentralen Piazza dei Marinai in Hafennähe.

◆ S. Giovanni a Piro: Di auf der Piazza Vittoria.

◆ Vallo della Lucania: So.

◆ Villamare: Di nahe der Post.

Sapri

◆ Colicchio, Via Manzù – Zona P.I.P., Tel. 0973391015, Fax 0973603000, Mobil 336931063, www.colicchiogroup.it. Mo bis Fr 8–19 Uhr.

Information

◆ ENIT, www.enit-italien.de. Das Staatliche Italienische Fremdenverkehrsamt erteilt außerhalb Italiens touristische Auskünfte mit Büros in Frankfurt a. M, Wien und Zürich.

◆ AAST Paestum, Via Magna Graecia 889 (neben Museo Archeologico), Paestum, Tel. 0828811016, Fax 0828722322, www.infopaestum.it. Gute Infos zum Cilento, auch auf der Website.

◆ APT Basilicata, Piazza del Gesù 32, I-85046 Fiumicello di Maratea, Tel. 0973876908, Fax 0973877454, www.aptbasilicata.it. Touristenamt der Region Basilikata. Prospekte, Wanderkarten, Unterkunftsverzeichnisse. Mo bis Fr 8 – 14 Uhr, Mo und Do auch 15 – 18 Uhr. Im Sommer länger.

◆ EPT Salerno, Via Vélia 15, I-84125 Salerno, Tel. 089230411, Fax 089251844, www.eptsalerno.it. Touristenamt der Provinz Salerno. Freundliches Info-Büro an der Piazza Vittorio Veneto vor dem Bahnhof. Unterkunftsverzeichnisse, Infos zum Parco del Cilento u.v.m.

◆ Parco Nazionale del Cilento e Vallo di Diano, Piazza S. Caterina 8, I-84078 Vallo della Lucania, Tel. 0974719911, Fax 0974719921 7, www.cilentoediano.it. Verwaltung und Auskunft, v. a. Wanderkarten. Das Gratis-Material des Nationalparks liegt auch in Touristenbüros aus.

Internet

◆ www.archemail.info, privates Archäologie-Portal Kampanien (ital.).

◆ www.cilentando.com, Cilento-Blog mit aktuellen (Umwelt-)Themen (ital.).

◆ www.cilento-aktiv.info, aktuelle Infos zu diesem Reiseführer, plus viele nützliche Links.

◆ www.cilento-ferien.de, gute Cilento-Infos auf der Site des engagierten Ferienwohnungsanbieters.

◆ www.discover-basilicata.de, deutschsprachige Site des Fremdenverkehrsamtes der Regione Basilicata.

◆ www.in-campania.com, offizielles Tourismus- und Kulturportal der Region Kampanien.

◆ www.infrastrutturetrasporti.sa.it, Portal der öffentlichen Verkehrsmittel zu Lande, Wasser und in der Luft der Provinz Salerno.

◆ www.mankau-verlag.de, auf der Verlagsseite ist ein Cilento-Forum eingerichtet. Teilen Sie Ihre Reiseerfahrungen und Cilento-Tipps hier auch anderen Lesern mit!

◆ www.pompeiisites.org, Bilderbuchseite der Altertümerverwaltung mit guten Hintergrundinfos zu den Ausgrabungen von Pompeji, Herkulaneum, Oplontis, Boscoreale und Stabiae. Auch für Kinder spannend (ital./engl.)!

◆ www.turismoinsalerno.it, umfangreiches Tourismusportal der Provinz Salerno, zu der auch der Cilento gehört.

Reisewetter / Reisezeit

Mit mildem Mittelmeerklima und Blütenpracht lockt der Cilento bereits ab März, wenn auch noch mit gelegentlichen Schauern zu rechnen ist und man über eine Unterkunft mit funktionierender Heizung froh ist. Mai bis Mitte Juli ist eine ideale Reisezeit, das Meer erreicht Badetemperaturen, aber die Strände sind noch völlig leer. Auch im Sommer sorgen Meeresnähe bzw. höhere Berglagen für angenehmes Klima. Morgens bläst eine frische Brise von der Küste ins Landesinnere, abends weht der Wind in umgekehrter Richtung. Im italienischen Ferienmonat August ist mit großem Ansturm zu rechnen, Temperaturen und Preise erreichen den Höchststand. Kenner kehren ab Mitte September zurück und genießen die Zeit bis Anfang November. Inzwischen ist wieder mit Niederschlägen zu rechnen. Das Meer hält immer noch Badetemperaturen, und man kann herrlich wandern und Rad fahren. Im Winter bleiben die höheren Berge wochenlang von Schnee bedeckt, und selbst an der Küste nähert sich das Thermometer gele-

Mildes Mittelmeerklima im Cilento

Capo Palinuro 184 m

	Jan.	Feb.	März	April	Mai	Juni	Juli	Aug.	Sep.	Okt.	Nov.	Dez.
mittl. Temp. °C	10,5	10,6	11,7	13,5	17,6	21,5	23,7	24,3	21,6	17,6	13,8	11,7
mm Regen	94,6	87,2	72,8	68,7	41,5	14,9	14,8	30,7	73,6	104,6	111,4	68,4
Tage mit Niederschlag	10,7	9,4	8,8	9,5	5,7	2,6	2,2	3,1	5,8	9,0	10,0	9,3
Sonnenscheindauer h	5	6	7	7	9	11	11	10	8	7	5	4
Wassertemp. °C	13	13	15	15	18	23	25	27	25	23	19	15

Piaggine 710 m

	Jan.	Feb.	März	April	Mai	Juni	Juli	Aug.	Sep.	Okt.	Nov.	Dez.
mittl. Temp. °C	8,1	9,4	10,8	11,2	15,6	18,2	22,2	22,3	20,5	16,6	14,3	11,5
mm Regen	182,8	152,6	117,8	174,5	78,0	52,5	50,5	59,6	101,0	142,6	241,0	150,4
Tage mit Niederschlag	10,8	10,0	9,8	13,0	6,7	6,7	3,4	7,4	6,4	9,7	9,7	11,0

Abendstimmung in Santa Maria di Castellabate.

gentlich der 0 °C-Grenze. Dank des hohen Sonnenstandes sind die Tage viel heller als nördlich der Alpen.

◆ Reisewetter im Internet: www.campania-meteo.it, www.meteo.it, www.tempoitalia.it, www.wetteronline.de, www.wetter.net.

Sprache

◆ Cilentano (siehe „Unterkunft") vermittelt den Erlebnissprachkurs „Tra mare, tradizione e cucina" in Pisciotta.

◆ Pisciotta Lingua, Via Foresta 23, I-84066 Pisciotta, Tel. 09 74 97 38 64 (priv.), Fax 09 74 97 08 14, Mobil 33 56 60 35 52 (Mauro), www.pisciottalingua.it. Mauro Di Matteo organisiert von Ende Juni bis Anfang September Sprachkurse in einem der nettesten Cilento-Städtchen.

Unterkunft

Der Cilento ist von den „Segnungen" des Massentourismus verschont geblieben. Die Gesetze zum Schutze des Nationalparks werden hoffentlich auch künftig solchen Entwicklungen einen Riegel vorschieben.

Das größte Hotelangebot konzentriert sich am Meer bei Paestum, S. Maria di Castellabate, Palinuro und in Marina di Camerota. Einige der kleinen familiengeführten Hotels, auch solche im Landesinneren, bleiben ganzjährig geöffnet. Die einzige offizielle Jugendherberge des Cilento befindet sich in Agròpoli. Campingplätze, die meisten mit einer nur kurzen Sommersaison, finden sich an der Küste um Paestum, bei S. Maria di Castellabate und landschaftlich am reizvollsten zwischen Palinuro und Marina di Camerota. Bed & Breakfast-Unterkünfte und Agriturismi sind ideal, um den Cilento und seine gastfreundlichen Bewohner kennen zu lernen, Ferienwohnungen bieten Platz auch für ganze Familien.

◆ Cilentano: Vermittlung von persönlich vor Ort ausgewählten Ferienhäusern, Ferienwohnungen, Landgütern und familiären Hotels im Cilento und an der Costa di Maratea.

Cilentano, Mitglied im Forum Anders Reisen, engagiert sich seit Jahren für einen umweltfreundlichen und nachhaltigen Tourismus im respektvollen Umgang mit den Einheimischen. Dafür wurde das Unternehmen 2010 auf der ITB in Berlin mit dem CSR-Tourism-Siegel für Corporate Social Responsibility ausgezeichnet. Margaretenstr. 14, D-93047 Regensburg, Tel. (0941) 5 67 64 60, www.cilento-ferien.de.

Veranstaltungen und Sagre

Der monatliche Veranstaltungskalender unter www.cilento-ferien.de informiert aktuell über Konzerte, religiöse Feierlichkeiten, sportliche und kulinarische Höhepunkte und wöchentliche Markttage im Cilento.

Mit dem Begriff *sagra* wurden ursprünglich Kirchweihfeste bezeichnet, heute sind damit in erster Linie Volksfeste gemeint, bei denen ein kulinarisches Produkt im Vordergrund steht. Eine ideale Gelegenheit, die lokale Küche zum kleinen Preis kennen zu lernen! Termine auch in der Gratis-Publikation „Life on Cilento" bzw. online auf www.life oncilento.it.

Italienisch für Wanderer

Richtungsangaben

sempre dritto	immer geradeaus
a destra	nach rechts
a sinistra	nach links
attraverso	durch, über
attraversare	überqueren
sali-scende	Auf und Ab
salire/scendere	aufsteigen/ runtersteigen
qui	hier
lì/là	dort
da	aus, bei, von
davanti	vor
di fronte	gegenüber
dietro	hinter
dopo	nach
fino a	bis zu
lontano	weit
vicino	nahe
sotto/sopra	unter/über, darüber
su	auf
verso	nach, in Richtung
il nord/il sud	Norden/Süden
l'ovest/l'est	Westen/Osten

Beim Wandern

l'area attrezzata	Picknickzone
il bivio	Abzweig
il bosco	Wald
il campo	Acker, Feld
la casa	Haus
la cava	Steinbruch, Schlucht
la cima	Gipfel
la collina	Hügel
la costa	Küste
la falesia	Kliff
la grotta	Grotte, Höhle
l'incrocio	Kreuzung
il mare	Meer
la montagna	Gebirge
il monte	Berg
la mulattiera	Maultierpfad
il paese	Land, Ort
la pianura	Ebene
la cima, il pizzo	Spitze
il poggio	Anhöhe, Hügel
la punta	Landzunge, Gipfel, Spitze
il rifugio	Schutzhütte
la roccia	Gestein, Fels
la rupe	Fels
il santuario	Heiligtum
la sella	Sattel
il sentiero	Pfad, Weg
la spiaggia	Strand
la sponda	Ufer
la strada (bianca)	Straße (Schotterstraße)
il tempo	Wetter, Zeit
la torre	Turm
la valle	Tal

Der Autor

Peter Amann, 1962 in Kronstadt geboren, lebt in München und im Cilento. Nach dem Studium der Geografie, Botanik, Archäologie und Kunstgeschichte in München und Rom ist er als Studienreiseleiter, Autor und Fotograf viel unterwegs – am liebsten in Süditalien und Sizilien. Den Cilento kennt und schätzt er seit vielen Jahren, u. a. hat er auch das Reisehandbuch „Golf von Neapel, Kampanien, Cilento" (Reise Know-How) verfasst. Mehr Infos auf seinen Internetseiten www.cilento-aktiv.info und www.italien-aktiv.info.

Viele haben bei der Entstehung dieses Reiseführers aktiv mitgewirkt. Für wertvolle Tipps, Wegbegleitung und Gastfreundschaft danken wir:

Doris Amann, Wolf Amann, Gundula Anders, Ida Budetta und Mario Corrado, Salvatore Calicchio, Vienna Cammarota, Mario Caramuta, Giovannino Carrano, Antonio Casaburi, Samuele Cella, Giacomo Ciociano, Ida und Mario Corrado, Mariella und Vincenzo Giacomantoio, Pino Giovinale, Maria Luisa Grifo, Peter Hoogstaden, Romeo Januzzi, Liewen Loots, Birte Kokocinski, Bernhard Krieger, Pompeo Limongi, Vincenzo Morinelli, Alberino Mutalipassi, Mimmo Pandolfo, Roberto Paollilo, Franco Perazzo, Marco Radano, Karl Heinz Simon, Bettina und Roberto Simoni, Gino Troccoli und Carmine Tolomeo (PNCVD). Die Entstehung und Fortentwicklung dieses Buches ist nicht zuletzt dem Engagement des Verlegers Raphael Mankau und Matthias Baldauf (Cilentano) geschuldet. Ein besonderer Dank geht an Andreas Heinebokel! Von ihm stammen die meisten unserer Radtouren-Vorschläge.

Mille grazie auch den Lesern, die mit ihren nützlichen Hinweisen und aktiver Kritik helfen, das Buch aktuell zu halten (wir entschuldigen uns bei allen, deren Namen wir falsch geschrieben oder ganz vergessen haben). Stellvertretend für viele sei gedankt Angelika Aronica-Schwarz, Claudia Bingel, Markus A. Boxleitner, Stephan Breihof, Hiltrud Fischer, Harald Hummel, Sabine Lange, Elke Nissen, Bernd Schneider, Madeleine Schlecht, Oswald Stimpfl, Walter Quast, Christa Vielhauer, Bettina und Thorsten Volz, Doris und Gerhard Warnecke, Werner Wesbrodt, Dorothea Westerberg und Benno F. Zimmermann.

Wir möchten Urlauber und Reisende bei der respektvollen Entdeckung des Cilento unterstützen und damit den Menschen vor Ort zeigen, dass der Nationalpark-Gedanke und ein verantwortungsvoller Tourismus durchaus ökonomisch harmonieren können. Wir freuen uns über Kritik, Kommentare, Verbesserungsvorschläge und natürlich Lob. Schreiben Sie dem Verlag, wenn Sie feststellen, dass eine der beschriebenen Wander- oder Radrouten nicht mehr stimmt, Adressen sich geändert haben oder wichtige Hinweise fehlen. Schreiben Sie uns bitte auch, wenn Sie einen neuen Weg, eine nette Trattoria oder einen tollen Strand entdeckt haben. Ihre Verbesserungsvorschläge veröffentlichen wir vor Erscheinen der nächsten Auflage auf der Internetseite **www.cilento-aktiv.info**. Auf der Verlagsseite **www.mankau-verlag.de** haben wir ein Forum eingerichtet.

Ortsregister

A

Acciaroli → 5, 32, 65ff., 107, 121f., 124, 134, 136

Acquavena di Roccagloriosa → 38, 95f., 118

Agnone → 10, 107

Agròpoli → 5, 18, 28, 38, 50, 57ff., 122f., 133ff.

Alento, Fiume → 6, 10, 21ff., 28, 47, 50, 68, 80, 107ff., 115

Amalfitana, Costiera → 5, 52, 54, 59f., 67, 132

Ascea → 13, 36, 47, 111, 114, 121, 133

Ascea Marina → 5, 36, 47, 80, 111, 115, 125, 136

Atena Lucana → 25

B

Baia di Trentova → 57ff., 122

Basilikata, Region → 7f., 11, 24, 35, 46, 48, 79, 83, 96, 102, 122, 135f.

Bellosguardo → 109

Bosco → 30, 38, 118, 137, 139

Bussento, Fiume → 6, 10f., 15, 25, 38, 46f., 49, 51, 98f., 119f., 130

C

Calore, Fiume → 3, 6, 8, 10f., 15, 39, 41f., 47, 51, 67ff., 73ff., 78, 109f., 130f., 134

Camerota → 3, 13, 38, 47, 86ff., 117, 134, 136

Cannicchio → 67

Capáccio → 9, 18, 20f., 29f., 52, 57f., 67, 108ff., 122, 132, 134

Capáccio Scalo → 36, 44, 52, 106, 134

Capáccio Vecchio → 3, 8f., 21, 52f.

Capizzo → 67f.

Capo Palinuro → 3, 5, 10f., 13, 66, 79, 82, 84f., 88, 122, 125, 127f., 130, 137

Capri → 11, 43, 54, 59f., 67, 108, 126f., 132, 134

Casa del Conte → 124

Casal Velino → 38, 65f., 106, 109, 115, 131, 136

Casalbuono → 131

Caselle in Pittari → 4, 11, 38, 98f., 120

Castel San Lorenzo → 131

Castelcívita → 6, 11, 134

Castellabate → 13, 28, 32, 38, 58, 60, 62, 107, 121, 123, 133

Castelluccio → 63f., 81ff.

Catona → 113f.

Cava dei Tirreni → 7, 28

Celle di Bulgherìa → 117ff.

Celso → 64ff.

Centola → 86, 112, 114, 133

Cicerale → 35, 38

Ciolandrea, Belvedere → 92, 94, 118

Controne → 35

Corleto → 109

Corleto Montforte → 29, 73, 109

Costa degli Infreschi → 6, 10f., 24, 127, 130

Costa di Maratea → 8, 11, 35, 46ff., 93, 97, 101f. 121f., 128, 132ff., 138

Costa Masseta → 96, 128

Costa Palomba → 3, 73

Cúccaro Vétere → 113, 116

E

Elea (Vélia) → 7, 19, 21f., 24, 27, 63, 80

Felitto → 38, 41, 45, 69f., 130f.

F

Foria → 86, 112ff., 116f.

G

Gioi → 35f.

Giungano → 36ff., 48, 55, 134

Gola Tremonti → 3, 54ff.

Gole del Calore → 3, 67, 69

Golf von Ascea → 66, 79, 84, 113

Golf von Neapel → 5, 12, 24, 135, 140

Golf von Policastro → 4ff.,

Golf von Salerno → 5, 9, 21, 38, 52, 59, 64, 67, 108, 132

Grava del Vesalo → 11, 75

Grotta di Pertosa → 11f.

Grotta di S. Michele Arcangelo → 73

Grotte del Bussento → 98

Grotte di Castelcívita → 11

K

Kalabrien, Region → 7, 35, 48, 79, 96, 101ff., 110, 132, 135

Kampanien, Region → 6, 9, 17, 19, 24, 33, 35, 48, 53, 63, 121, 130, 134ff.

L

La Vaccuta (Monte Vaccuta) → 3, 91, 93

Laureana Cilento → 28, 47

Laurino → 28, 69, 74, 109, 130

Lentiscosa → 88, 91, 94, 106, 117ff.

Licusati → 36, 96, 112, 117

Lipari → 7, 10, 17, 104

M

Magliano Nuovo → 67, 70, 109

Magliano Vétere → 3, 67ff., 109

Maratea → 8, 36, 39, 47, 100ff., 128ff., 134ff.

Marina di Camerota → 5, 17, 40, 46f., 86ff., 91f. 94, 105f., 111ff., 122, 127f., 130, 133ff., 138

Marina di Casal Velino → 5, 47, 65, 106ff.

Mercato Cilento → 63f., 107

Mingardo, Fiume → 4, 6, 10, 15, 25, 46, 49, 51, 81, 84ff., 112ff., 127f., 134

Moio della Civitella → 24, 109, 115

Molpa 42, 84, 114, 131

Monte (della) Stella → 4, 32, 46f., 50f., 54, 57, 60, 62ff., 77, 79f., 105ff.

Monte Alburno (Monte Panormo) → 3, 71ff.

Monte Bulgherìa → 4, 6, 38, 77, 81, 84ff., 89, 91f., 94ff., 113, 116f.

Monte Cervati → 3, 6, 11, 54, 69, 74, 76ff., 131

Monte Chianello → 9

Monte Crivo → 4, 102

Monte di Capáccio Vecchio → 52f., 55, 57

Monte Gelbison (Monte Sacro) → 3, 6, 54, 63, 65, 78, 80f., 109, 115

Monte Licosa → 3, 60ff., 106

Monte Panormo (Monte Alburno) → 3, 71ff.

Monte S. Biágio → 4, 100f., 122, 132

Monte Sacro (Monte Gelbison) → 4, 78, 115

Monte Sottano → 56

Monte Vaccuta (La Vaccuta) → 3, 91, 93

Monte Vésole → 3, 52f., 55ff.

Monti Alburni → 3, 6, 11, 49ff., 54, 67, 71, 73, 79, 81, 106, 110, 113, 133

Monti Picentini → 52, 54, 132

Morigerati → 4, 11, 38, 40, 98ff., 119f.

N

Neapel → 18, 26, 29f., 32f., 133ff.

Novi Vélia → 40, 78f., 115, 136

O

Ogliastro Marina → 13, 40, 60, 107f., 123f.

P

Padula → 7, 25ff., 29, 31, 41, 49, 51

Paestum (Poseidonia) → 17ff., 24, 26, 28, 30, 36, 41, 52, 55, 59, 108, 110, 122f., 132ff., 138

Palinuro → 5, 13, 15, 41, 43, 84, 106, 111ff., 125, 128, 131, 133ff.

Parco Nazionale del Cilento e Valle di Diano → 7, 42ff., 105, 136

Passo della Sentinella → 109

Pattano → 28, 115

Perdifumo → 64, 107

Piaggine → 42, 76, 78, 109, 134, 137

Piana del Sele → 9, 13

Pioppi → 3, 32, 34, 42, 65, 107, 121f., 124, 134

Pisciotta → 3, 6, 10, 42f., 81ff., 111f., 114f., 121, 133f., 136, 138

Pisciotta Marina → 35, 37, 42, 121, 125, 136

Poderia → 94, 106, 117ff.

Policastro Bussentino → 26, 28, 43, 120

Póllica → 32, 43, 65ff., 105, 124, 134

Polveraccio → 52

Porto degli Infreschi → 3, 5, 10, 49, 89ff., 101, 106, 127ff.

Poseidonia (Paestum) → 17ff., 22, 24, 63

Prignano Cilento → 37, 108

Punta Licosa → 3, 5, 10, 13, 46, 58ff., 107, 122ff., 130

Punta Ogliastro → 60f.

Punta Tresino → 3, 10, 13, 37, 45, 57, 59f., 123, 130

R

Ripe Rosse → 10, 47, 107, 124

Rocca Cilento → 29f.

Roccadáspide → 35f., 52ff., 109, 132, 134

Roccagloriosa → 25f., 38, 83, 96, 117, 119

Rodío → 4, 82, 113f.

Rofrano → 49, 79

Roscigno → 25, 31, 109

Roscigno Vecchia → 51, 109

Rutino → 36, 107f., 110

S

Sacco → 51, 109

Salerno → 5, 7, 9, 17, 20ff., 27ff., 33f., 43, 46ff., 106, 122f., 130, 132ff., 136f.

Sammaro, Fiume → 15, 51

San Cono (S: Cono) → 3, 86ff.

San Giovanni → 36f., 41, 57, 120

San Giovanni a Piro → 28, 91, 95, 118f., 134

San Marco di Castellabate → 37, 43, 60, 107, 122ff.

San Mauro Cilento → 37, 43, 63

San Mauro la Bruca → 112f., 116

San Severino di Centola → 3, 31, 86

Sant'Angelo a Fasanella → 73

Santa Maria di Castellabate → 5, 13, 28, 37, 43, 57f., 60, 62, 106f., 111, 122ff., 130, 133ff.

Sanza → 31, 77, 99

Sapri → 9, 30, 100, 129f., 134, 136

Sassano → 13

Scário → 4, 10, 44, 94, 96, 119f., 122, 128, 133f., 136

Secca di Castrocucco → 4, 104

Sele, Fiume → 6f., 9f.,13, 15, 18, 20f., 53, 59, 130

Sessa Cilento → 63, 134

Sicili → 99f.

Silla di Sassano → 49

Solofrone, Fiume → 55f., 110

Stio → 24, 109

Stromboli → 64, 102

Sybaris → 18f.

T

Tanagro, Fiume → 6, 10, 71f., 109, 130

Teggiano 13, 25, 29

Terradura → 4, 36, 113f.

Timpa del Piombo → 92ff.

Torre Orsáia → 44, 46, 117, 119

Trentinara → 30, 44, 47f., 51, 53ff., 109, 132

V

Valico di Vésole → 52f.

Valle del Calore → 11, 73

Valle dell'Angelo → 74

Vallo della Lucania → 24, 44, 51, 109, 115, 133f., 136

Vallo di Diano → 6f., 9, 11, 13, 23, 26f., 46, 48, 51, 105f., 109, 131, 133f., 136

Vallone del Marcellino → 3, 91ff., 96, 128

Vélia (Elea) → 3, 7, 21ff., 27, 47, 66, 78, 80, 111, 113ff., 133, 136

Via Appia → 26f.

Via Popilia-Annia → 6, 9, 23

Villammare → 44, 119, 128

Barbara Poggi
La Cucina Cilentana
*Köstlichkeiten aus der Cilento-Küche –
Ein Süditalien-Kochbuch*

ISBN 978-3-938396-02-5

*„Barbara Poggis ‚Cucina Cilentana' begleitet als zuverlässiger
Einkaufsführer vor Ort und stellt die besten Restaurants und
Trattorien des Cilento mit ausgewählten Rezepten vor (...)."*

Peter Amann, Süditalien-Experte und Buchautor

Sven Sommer
Sven Sommers Homöopathische
Haus- und Reiseapotheke
*Mit schulmedizinischen Tipps
von Dr. med. Werner Dunau*

ISBN 978-3-86374-010-8

Der clevere Ratgeber für fast jede Lebenslage –
im praktischen Handtaschenformat. Sven Sommer gibt
wertvolle Tipps zur Diagnose und Behandlung aller
gängigen Beschwerden von A bis Z.

Kai Ehlers
Die Zukunft der Jurte
Kulturkampf in der Mongolei?

ISBN 978-3-938396-01-8

*„Für jeden Mongoleireisenden liegt eine hochinformative
Lektüre vor, die man vor und nach dem Besuch des Landes
zur Hand nehmen sollte, um ein Weltkulturerbe richtig
oder besser zu bewerten (...)."*

Prof. Dr. Michael Stubbe, u. a. Ehrenprofessor
der Nationalen Universität Ulaanbaatar